요한복음

Vol.2 · 5-9장

(주)죠이북스는 그리스도를 대신한 사신으로
문서를 통한 지상명령 성취와 하나님 나라 확장을 위해 노력합니다.

《요한복음 vol.2》
© 2018 노진준

이 책의 저작권은 저자와 독점 계약한 (주)죠이북스에 있습니다.
신 저작권법에 의하여 한국 내에서 보호받는 저작물이므로 무단 전재와 무단 복제를 금합니다.

• 읽는 설교 •

요한복음
John

Vol. 2 • 5-9장

• 노진준 지음 •

죠이북스

차례

들어가는 글 … 007
1장_ 생명이 없는 곳, 베데스다 연못 … 011
2장_ 나를 고치신 이는 예수라 … 023
3장_ 세상과 구별된 시간, 안식 … 035
4장_ 지금 여기에서 살아야 할 하나님 나라 … 047
5장_ 성경의 목적 … 059
6장_ "내 말을 믿겠느냐?" … 071
7장_ 잊힌 사람들 … 083
8장_ 기적을 가능케 한 사람들 … 093
9장_ 기적, 그 후 이야기 … 105
10장_ 물 위로 걸어오신 예수님 … 117
11장_ 하나님의 일 … 129
12장_ 원색적 복음 … 141
13장_ 우리는 가룟 유다가 아니다 … 153
14장_ 반복되는 이야기 … 165

15장_ 은밀하게, 사람이 아닌 하나님 앞에서	177
16장_ 혼란의 이유	189
17장_ 믿는 자들이 받을 성령	201
18장_ 조직의 힘	211
19장_ 나도 너를 정죄하지 아니하노니	223
20장_ 질문 뒤에 감춰진 신싸 의노	235
21장_ 많은 사람이 믿더라	247
22장_ 참된 자유	257
23장_ 누가 더 문제일까?	269
24장_ 하나님이 하시는 일	281
25장_ 왜 그렇게 하셨을까?	293
26장_ 다양한 반응들	305
27장_ 소신과 독선	317
28장_ 주님이 보이십니까?	329
29장_ 만나셨습니까?	341

들어가는 글

　한 가지 사고방식에 익숙해지면 다르게 생각하는 것이 말처럼 쉽게 되지 않습니다. 남의 입장에서 생각해 보라는 말은 쉽게 들리지만 막상 남의 입장에서 사고하고 이해하려고 하면 굉장한 절제와 자기 비움이 있어야 가능한 일이라는 것을 깨닫습니다. 예를 들면 여자와 남자는 매우 달라서 행복한 결혼생활을 위해서는 배우자의 입장에서 이해해야 한다고 하지만 굳어진 사고방식을 가진 사람이 서로를 이해하는 일은 마음먹는다고 해서 저절로 되는 일이 아닙니다. 이것은 이해의 필요를 인정하더라도 상당한 시간의 사고 훈련이 필요한 일입니다. 이 세상에는 마음만 먹으면 바로 되는 일도 있지만 아무리 마음먹어도 훈련이 없으면 절대로 안 되는 일도 있습니다.

　저는 대학생 때 피아노를 배운 적이 있습니다. 그때 만나던 자매가 저에게 피아노를 가르쳐 준다고 해서 한 달 정도를 배웠습니다. 솔직히 피아노 치는 것이 뭐 그렇게 어렵습니까? 그냥 악보를 보고 오른손으로는 오른손

악보를 치고, 왼손으로는 왼손 악보를 치면 되는 것 아닙니까? 저는 〈작은 별〉이라는 동요를 한 손으로 칠 때는 무척이나 쉬워서 1-2개월이면 사람들을 감동시킬 만큼 칠 수 있을 거라고 생각했습니다. 그런데 다음 단계로 넘어가 왼손과 오른손을 모두 사용하여 쳐 보니, 두 손을 따로 움직이는 게 그렇게 어려운 일인지 몰랐습니다. 결국 제가 좋아하는 찬송가를 몇 번 치고 나서 피아노 배우기를 그만두었습니다. 피아노를 잘 치는 분들은 왼손과 오른손이 따로 치는 게 뭐 어려우냐고 하시겠지만 그것은 남의 사정을 모르고 하는 말입니다.

훈련이 필요한 것은 비단 피아노를 치는 것뿐만이 아닙니다. 우리 사고도 다르게 생각하기 위해서는 훈련이 필요한 법입니다. 그런데 우리는 이것을 매우 쉽고 당연하게 생각하는 것 같습니다. 성경 전체에 해당하지만 특히 요한복음을 보면 사고 패러다임의 전환을 요구하는 내용이 참 많이 나옵니다.

가령 많은 학자는 요한복음의 주제 중 하나가 믿음이라고 말합니다. 그런데 믿음을 단순히 지적인 동의로 생각하는 성향이 강한 현대인들로서는 요한이 말하고자 하는 믿음을 제대로 이해하기가 쉽지 않습니다. 예수님의 예지적 발언을 듣고 나다나엘이 예수님을 믿었다고 했고, 가나의 혼인 잔치에서 예수님이 물을 포도주로 바꾸었을 때에도 제자들이 믿었다고 했고, 예수님이 성전을 청결하게 하신 후 당신을 성전이라고 하셨을 때에도 제자들이 믿었다고 했고, 사마리아 여인의 증언에 사마리아인들도 예수님을 믿었다고 했고, 왕의 신하를 고쳐 주셨을 때에도 온 가족이 믿었다고 했고, 태어나면서부터 시각 장애인이던 사람도 믿었다고 했습니다. 반면 떡을 찾는 무리에게 주님은 믿지 않는다고 했고, 안식일에 병을 고쳤다고 문제 삼는 당시 지도자들에게도 믿지 않는다고 하셨으며 예수님의 친형제들도 예수님을 믿지 않았다고 했습니다. 믿는다는 게 무엇일까요?

생명은 요한복음의 또 다른 주제입니다. 사도 요한이 생명에 관해 거듭 말하고 있기 때문입니다. 그런데 요한이 말하는 생명은 단순히 사후의 영생이 아니고 적어도 이 땅에서는 삶의 길이보다는 완전히 달라진 삶의 질에 관한 것입니다.

저는 요한복음의 주제를 "다르게 생각해 보기"라고 정했습니다. 그 이유는 요한복음에서 예수님이 사람들과 나누시는 대화 가운데 사고의 관점이 몹시 달라서 마치 동문서답하는 것 같은 내용이 유난히 자주 등장하기 때문입니다. 특히 종교 지도자들과의 마찰, 혹은 제자들과의 대화에서 보이는 소통의 부재는 예수님이 말씀하시는 관점과 당시 사람들의 관점이 매우 달랐음을 보여 줍니다. 그리고 문제는 현대 교회와 교인의 관점이 당시 종교 지도자들과 제자들의 관점에 더 가까워 보인다는 것입니다. 무엇이 달랐을까요? 그 다름을 어떻게 극복할 수 있을까요? 본질의 회복, 성경이 말하고자 하는 의도의 회복은 결국 우리가 잘 알고 있다고 생각하는 부분들을 재조명함으로 가능하겠다 싶습니다.

저의 부족함과 한계 때문에 요한복음을 통한 예수님의 마음이 충분히 전달될 수 있을지는 잘 모르겠지만 여러분과 함께 다르게 생각하는 훈련을 해보는 자세로 요한복음 강해를 시작하려고 합니다. 단순한 정보와 지식의 습득이 아닌 입체적인 사고의 훈련을 기대해 봅니다.

노진준 목사

John
요한복음

요한복음 5장 1-9절

그 후에 유대인의 명절이 되어 예수께서 예루살렘에 올라가시니라 예루살렘에 있는 양문 곁에 히브리 말로 베데스다라 하는 못이 있는데 거기 행각 다섯이 있고 그 안에 많은 병자, 맹인, 다리 저는 사람, 혈기 마른 사람들이 누워 [물의 움직임을 기다리니 이는 천사가 가끔 못에 내려와 물을 움직이게 하는데 움직인 후에 먼저 들어가는 자는 어떤 병에 걸렸든지 낫게 됨이러라] 거기 서른여덟 해 된 병자가 있더라 예수께서 그 누운 것을 보시고 병이 벌써 오래된 줄 아시고 이르시되 네가 낫고자 하느냐 병자가 대답하되 주여 물이 움직일 때에 나를 못에 넣어 주는 사람이 없어 내가 가는 동안에 다른 사람이 먼저 내려가나이다 예수께서 이르시되 일어나 네 자리를 들고 걸어가라 하시니 그 사람이 곧 나아서 자리를 들고 걸어가니라 이 날은 안식일이니

1장

생명이 없는 곳, 베데스다 연못

　워싱턴에는 세이비어 교회(The Church of the Saviour)라는 유명한 교회가 있습니다. 인종 차별이 심했던 시기인 1947년에 세워져 어려움을 극복하고 지역을 섬기는 데 모범이 된 교회입니다. 그 교회를 개척하신 분이 고든 코스비(Gordon Cosby) 목사입니다. 고든 코스비 목사는 그 영향력에 비해 그리 유명한 분은 아니지만 제 생각에는 20세기 최고의 목사 중에 한 분이 아닐까 싶습니다. 한 교회에서 65년 동안 사역하면서 교회가 커질 수 있는 기회가 많았지만 그럴 때마다 분립 개척을 하며 지역 사회를 돕는 데 최선을 다했습니다. 교인 한 사람 한 사람에게 제자로서 실천적인 삶을 한결같이 강조한 참으로 존경스러운 분입니다.

　고든 코스비 목사는 버지니아 린치버그에서 출생했습니다. 열여섯 살

때 그의 형과 함께 흑인 마을을 지나게 되었습니다. 어떤 한 작은 교회에 들렀는데 그 교회의 교인들이 자기들은 목사가 없다고 했습니다. 그때 그가 "만일 여러분이 괜찮다면 제가 형과 함께 여러분을 섬기겠습니다"라고 제안했습니다. 교인들은 열여섯 살짜리 백인 소년이 흑인 교회의 설교자가 되겠다고 하니까 몹시 망설였지만 한 번만 기회를 달라고 간청을 하는 바람에 그 제안을 받아들였습니다. 그렇게 고든 코스비 목사는 열여섯 살에 흑인 교회에서 첫 사역을 시작했고 신학대학원에 갈 때까지 그곳에서 사역했습니다.

그 교회에 아이 여섯을 둔 홀로 된 여인이 다니고 있었는데, 한 달에 40달러를 가지고 생활하고 있었습니다. 1930년대 이야기니까 40달러의 가치가 지금보다는 높겠지만 일곱 식구가 살기에는 턱없이 부족한 돈이었습니다. 그런데 이 여인이 한 달에 4달러씩 꼬박꼬박 헌금을 했습니다. 우연히 이 사실을 알게 된 코스비 목사는 그 여인을 찾아가 헌금을 꼭 해야 할 의무를 느끼지 않아도 되니까 그 돈을 생계 유지와 가족을 위해 써도 된다고 말했습니다. 하지만 그 여인은 힘들고 어려운 상황에서도 하나님 은혜에 감사하며 하나님을 온전히 의지하는 믿음을 표현하고 싶다며 코스비 목사의 제안을 정중히 거절했습니다.

저는 힘든 상황에서도 헌금하려고 한 그 여인의 믿음이 참 귀하다는 생각이 듭니다. 동시에 그 여인을 찾아가 헌금을 하지 않아도 하나님이 당신을 사랑하시고, 당신이 하나님을 사랑한다는 사실을 하나님도 아시니까 헌금을 하지 않아도 괜찮다고 말할 수 있었던 코스비 목사의 용기도 존경합니다. 일부 목사들이 진위 여부를 확인조차 할 수 없는 전설 같은 이야기나 특별한 경험을 일반화해서 헌금은 투자이고 축복받는 비결이라고 교인들에게 가르치기도 합니다. 어렵고 절박한 사람들이 더 열심히, 더 많이 헌금을 하게 만든 애석한 현실에서는 코스비 목사의 이런 용기가 더욱 그립습니다.

누구도 원하지 않는 곳

오래전 부흥회에 참석하면 어김없이 들어야 했던 이야기들이 있습니다. 끼니조차 해결할 수 없는 형편이었지만 죽으면 죽으리라는 심정으로 가진 재산 전부를 헌금했더니 하나님이 복을 주셨다는 이야기입니다. 또 하는 일마다 안되어서 낙심하던 차에 집회에 참석했다가 용기를 얻고 남겨둔 장사 밑천을 건축 헌금으로 다 드렸더니 하나님이 귀인을 만나게 하셔서 죽어가던 사업이 다시 살아났다는 전설 같은 이야기들입니다. 마치 공식이라도 되는 것처럼 전혀 검증되지 않은 이런 이야기를 듣고 헌금하는 사람들 중에는 부자보다는 오히려 어렵고 가난한 사람이 많았을 거라 생각합니다.

저는 그런 간증들이 모두 꾸며 낸 것이라고 생각하지는 않습니다. 그러나 한 두 사람에게 일어날 수 있는 기적과 같은 일을 보편화하는 것은 매우 위험하다고 생각합니다. 그래서 교회는 건물을 올리고, 목사는 주의 종이라는 구실로 좋은 대접을 받으며 잘살았는지 모르지만 복을 받았다는 사람보다는 실망과 배신감으로 교회를 떠난 사람이 많습니다. 긴 시간을 가난과 아픔과 싸우면서 여전히 하나님의 축복의 때를 기다리고 있는 사람이 더 많다는 현실은 마음을 아프게 합니다.

교회는 희망적인 것 같으나 사실은 잔인한 곳, 절박하고 어려운 상황에

처한 사람이 모여 있지만 사실은 답이 없는 곳입니다. 오히려 그렇게 안타깝게 답을 찾는 사람들을 이용하고 착취하려는 사람들이 기승을 부리는 곳은 누구도 원하지 않는 곳입니다.

예수님이 살던 시대에도 그런 곳이 있었습니다. 바로 베데스다 연못입니다. 예루살렘 도시의 북동쪽으로 양의 문이라고 불리는 문이 하나 있었습니다. 그 문 근처에 큰 연못이 두 개 있었는데 그중 하나가 베데스다 연못이었습니다. 다른 연못과는 달리 베데스다 연못 주변에는 많은 사람이 몰려 있었습니다. 그들은 대부분 앞을 보지 못하는 사람, 다리 저는 사람, 혈기 마른 사람, 오늘 본문의 주인공처럼 제대로 일어나 앉지도 못하는 사람 등 신체 어느 한 곳에 장애가 있는 사람이었습니다.

그런 사람들이 그곳에 모여 든 이유는 전혀 근거 없는 한 전설 때문이었습니다. 그 전설에 따르면 가끔씩 천사가 그 못에 내려와 물을 휘젓고 가는데 그때 그 연못에 처음으로 들어가는 사람은 어떤 병이든지 낫는다는 것이었습니다. 무슨 이유인지는 모르지만 가끔씩 그 연못의 물이 움직였습니다. 어쩌면 어느 정도 치유 효과도 있었는지 모르겠습니다. 사람들은 그렇게 물이 움직이는 것은 천사들이 내려와서 물을 휘젓기 때문이라고 생각했습니다. 그래서 많은 병자가 병이 나을 수 있다는 희망으로 그곳에 모여 있었던 것입니다.

어찌 생각하면 그 장소가 병들어 소망 없이 살아가는 사람들에게 치유의 가능성을 보여 주는 자비의 장소인 것 같습니다. 하지만 진짜 하나님이 천사들을 내려 보내 그 연못에서 병을 고쳐 주시는 특별한 일이 일어났다고 해도 그곳은 정말 잔인한 곳입니다. 그 잔인함은 물이 움직일 때 그 물속에 가장 먼저 들어가는 한 사람만 병이 낫는다는 사실에서 더욱 두드러지게 나타납니다.

　물이 움직이기 전에는 곁에 있는 사람들이 동료이고, 친구이고, 서로 아픔과 불편을 말하면서 눈물을 흘리며 공감해 주는 사람들이지만 일단 물이 움직이기 시작하면 그곳은 순식간에 아수라장이 됩니다. 옆에 있는 사람이 얼마나 오랫동안 힘들게 살았든지 상관없습니다. 함께 점심을 나눠 먹고, 형제처럼 친했던 사람이라도 상관없습니다. 병이 나아야 한다는 이유로 자기가 먼저 물속에 들어가야 합니다. 물이 움직이기 전까지는 친구였던 사람들이 물이 움직이는 순간 경쟁자가 되고, 적이 됩니다. 도대체 누가 어떤 이유로 그런 전설을 만들어 냈는지는 모르지만 그곳은 자비를 가장한 치열한 경쟁과 잔인함이 난무하는 장소였습니다.

예수님이 그를 고쳐 주셨다

　예수님이 베데스다 연못을 찾으셨습니다. 그리고 38년 동안 장애를 가지고 살아온 사람을 만나셨습니다. 그가 무슨 병을 앓았는지는 모르지만 스스로 몸을 움직이는 게 많이 불편할 만큼 중증 장애인임에는 틀림이 없었습니다. 예수님이 그에게 물으셨습니다. "낫고 싶습니까?" 이것은 물으나마나 한 당연한 질문입니다. 하지만 이 질문은 그의 마음속에 있는 간절한 소망을 다시 확인하는 질문입니다. 그리고 지난 38년 동안의 설움과 아픔을 다시 생각나게 하는 질문입니다. 아니, 이렇게 관심을 가지고 물어 봐 주는 것만으로도 자신의 생명의 존엄과 가치를 인정해 주는 것 같아 고마웠을 것입니다. 그래서 그는 대답했습니다.

움직일 때에 나를 못에 넣어 주는 사람이 없어 내가 가는 동안에 다른 사람이 먼저 내려가나이다(5:7).

여러분은 이 상황이 이해되십니까? 이 병자의 절망적이고 안타까운 현실이 느껴지십니까? 많은 병자가 그 연못 주변에서 대기하고 있는데 제대로 운신도 못하면서, 그렇다고 도와줄 가족이나 친구가 있는 것도 아닌데 그 연못에는 왜 나가 있는 겁니까? 연못에 들어가는 것이 불가능하다는 것을 알지만 그렇다고 다른 희망이 있는 게 아니기 때문입니다. 믿어지지 않는 이야기여도, 그 이야기가 현실이 될 가능성은 매우 희박하더라도 고통스러운 현실을 벗어날 수 있는 다른 방법이 없기 때문입니다. 빚더미에 앉아 있는 사람이 밥 먹을 돈은 없으면서도 복권을 사는 심정이 이런 심정일까요?

그가 한 대답을 다시 한 번 보시기 바랍니다. "물이 움직일 때 나를 못에 넣어 주는 사람이 없어서 내가 가는 동안 다른 사람이 먼저 내려가나이다." 낫고 싶냐는 질문에 그는 그가 낫지 못하는 이유가 넣어 줄 사람이 없어 다른 사람이 먼저 내려가는 것이라고 대답했습니다. 그는 병이 낫고 싶어서 거기에 있었지만 언제부터인지 낫고 싶은 열망은 남들보다 먼저 내려가야 한다는 열망으로 바뀌어 버렸습니다. 물에 먼저 내려가는 것을 문제의 궁극적인 해결인 것처럼 생각하게 되었습니다. 그래서 남들이 먼저 내려가는 것과 나를 데려다 줄 사람이 없다는 것이 인생의 문제가 되었습니다. 이것이 생명에 대한 소망을 잃어버린 사람들의 열망입니다. 마치 우리 문제는 우리에게 좋은 학벌이 없다는 것이고, 돈이 많지 않다는 것이고, 나보다 앞서가는 사람이 항상 있다는 것인 양, 남들보다 먼저 물에 내려가는 것이 인생의 궁극적인 목적이 되고 말았다는 것입니다.

목회를 하다 보면 교회를 성장시키고 교인들을 변하게 하는 것이 소명인 줄 착각하게 됩니다. 그래서 최선을 다해 열심히 노력하는데도 부흥이 안되고 사람이 잘 변하지 않으면 낙심합니다. 그 좌절과 낙심 가운데 하게 되는 말이 있습니다. "아무도 나를 데려다 주는 사람이 없고, 항상 나보다 먼저 다른 사람이 내려갑니다." 행복하고 싶다는 열망은 부자가 되어야겠다는 열망으로 둔갑하고, 하나님과 동행하겠다는 열망은 사람들에게 인정받는 최고가 되겠다는 열망으로 변질됩니다. 하나님의 말씀을 깨닫고 순종하겠다는 열망은 인정받는 학자로 빨리 자리매김하겠다는 열망이 되고, 하나님의 사랑을 전하겠다는 열망은 큰 교회의 목회자가 되어야 한다는 열망과 혼동됩니다. 그런데 항상 누군가가 나보다 먼저 내려가고, 누군가가 나보다 먼저 물속에 들어갑니다. 그래서 좌절합니다.

> 예수께서 이르시되 일어나 네 자리를 들고 걸어가라 하시니 그 사람이 곧 나아서 자리를 들고 걸어가니라 이 날은 안식일이니(5:8-9).

주님께서는 그에게 일어나 걸으라고 말씀하셨고, 그는 일어나 걸을 수 있었습니다. 움직이는 물이 그를 고쳐 준 것이 아니라 예수님이 그를 고쳐 주셨습니다. 주님은 그를 움직이는 물속에 넣어 고쳐 주신 것이 아니라 당신의 능력으로 고쳐 주셨습니다. 움직이는 물에는 치유도 없었고, 생명도 없었습니다. 베데스다 연못은 누구든지 먼저 들어가면 병이 낫는다는 소문이 무성했지만 실제로는 힘들고 아픈 사람일수록 그 혜택을 누릴 수 없습니다. 오히려 극심한 경쟁 가운데 비참하리만큼 좌절과 실망을 경험할 수밖에 없는 끔찍한 곳이었습니다.

생명은 연못에 있는 것이 아니라 예수님에게 있었습니다. 그 장애인에게 희망은 주님이 그를 찾아오셨다는 것이고, 그를 불쌍히 여기셨다는 것입니다. 그 연못의 물이 아무리 그럴듯하고, 많은 사람이 모여 있어서 마치 그 안에 희망이 가득하고 당장 엄청난 일이 일어날 것처럼 요란했어도 그를 고쳐 준 것은 연못의 움직이는 물이 아니라 예수님이셨습니다.

아무리 좋아 보여도 예수 그리스도가 없다면

언제부터인지 교회가 베데스다 연못과 비슷해졌다는 생각이 듭니다. 가난하고 약한 자들의 편이라고 말하지만 사실은 가난하고 약한 자들이 소외되는 곳이라고 여겨질 때 그렇습니다. 축복과 형통이라는 명목으로 어렵고 힘든 사람들의 헌신과 헌금을 강요할 때 그렇습니다. 돈이 없어 헌금을 못하면 몸으로라도 때워 교인의 의무를 다하라며 야단을 맞았다는 어느 청년의 이야기를 들을 때, 아버지의 죽음에 슬퍼하는 유족들에게 장례식 때 아버지를 명예장로로 세워 줄테니 헌금하라는 말을 들었다며 분노하는 이야기를 들을 때, 장애인이나 가난한 사람이 많은 교회는 분위기가 우중충해서 다니기 싫다는 말을 들을 때, 교회가 베데스다 연못과 같다는 생각이 듭니다.

몹시 간절한 마음으로 사람들이 도움을 구하며 모여 있었지만 베데스다 연못은 생명이 없는 곳이었습니다. 거기에 고침이 있다는 소문을 듣고 몰려든 사람들이지만 시간이 지날수록 상처만 깊어질 뿐 그 어떤 문제도 해결해 줄 수 없었습니다. 예수님이 계시지 않으면 교회는 이와 같은 베데스다 연못이 되고 맙니다. 얼마나 많은 사람이 모였든지 그냥 베데스다 연못입니다. 그렇게 모인 사람에게 구원과 생명을 주지 못한 채 많은 사람이 모여 있다는 것만 자랑하거나, 더 많은 사람을 모으려고만 한다면 그것은 절실하게 도움이 필요한 약한 사람들을 기만하는 것입니다.

연못 주변을 아무리 멋있고 화려하게 치장해도, 물이 움직일 때까지 그곳에 모인 사람들이 지루하지 않도록 세련된 이벤트로 사람들을 즐겁게 해주어도, 물이 움직이도록 간절하게 부르짖고 기도해도 거기에는 생명이 없습니다. 38년 된 병자를 구원할 수 있는 것은 소문만 무성한 움직이는 연못물이 아니라 예수 그리스도입니다. 사람들의 초점을 그리스도가 아닌 움직이는 물로 향하도록 하는 것은 본질을 왜곡시키는 것이고 거짓된 소망으로 약하고 불쌍한 사람들의 마음을 현혹하는 것입니다.

저는 베데스다의 움직이는 물이 목사일 수 있다고 생각합니다. 교회 봉사일 수도 있고, 교인들 간의 교제일 수도, 행사일 수도 있다고 생각합니다. 그것은 직분일 수도 있고, 교회에서 받는 인정일 수도 있습니다. 아무리 좋아 보이는 것이라도, 그래서 나쁘고 유해한 것은 아니라 할지라도 거기에는 영혼을 구원하고, 인간의 궁극적인 문제를 해결할 수 있는 생명이 없다는 것은 분명한 사실입니다. 예수 그리스도를 통한 생명과 구원을 말하지 않는다면 그것은 그냥 사회적 활동으로서의 종교일 뿐입니다. 아니 어쩌면 거짓된 평안과 소망으로 사람들의 약한 마음을 흔드는 아주 불건전한 집단일 수 있습니다. 힘이 센 사람이 인정받고, 유능한 사람만 살아남을 수 있는 타락의 원리가 주도하는 곳은 그리스도께서 머리되신 교회일 수 없습니다.

베데스다 연못 같은 교회

　교회에는 문제 있는 사람들, 상처 받은 사람들, 죄인들, 약하고 소외된 사람들이 들어옵니다. 그들은 문제를 해결해 줄 수 있다는 소문을 듣고, 벼랑 끝에 몰린 자의 심정으로 찾아옵니다. 가난해서 오고, 아파서 오고, 지치고 힘들어서 옵니다. 그런데 우리는 압니다. 가난을 해결하고, 질병을 해결하고, 신분을 해결하는 것이 당장은 시급한 문제이지만 그것이 근본적인 인생의 문제를 해결해 주지는 못한다는 것을 말입니다. 사람들이 가지고 있는 당장의 시급한 인생의 문제를 해결해 주기 위해 최선을 다하는 것은 귀하다고 생각합니다. 예수님이 병자를 고쳐 주신 것처럼 저는 할 수 있다면 무엇이든지 돕고 섬기고 싶습니다. 그런데 베데스다 연못은 그런 곳도 아니었습니다.

　사람들은 교회가 생명을 주지 못하면서 약한 자들 편에서 그들을 배려해 주는 그런 곳도 아니라는 데 분노하고 있습니다. 교회가 가난한 사람들에게 먹을 것을 주는 것도 아니고, 외롭고 지친 사람들에게 쉼을 주는 것도 아니면서, 문제를 해결해 주겠다는 빌미로 봉사를 요구하고, 헌금을 강요하고, 순종을 강요하는 것처럼 보이기 때문에 베데스다 연못 같다는 말입니다.

　예수님을 믿으면 부자가 된다는 말은 맞는 말이 아닙니다. 예수님을 제대로 믿으면 부자가 못 되어도 자유와 자존감을 회복하게 된다는 말이 맞는 말입니다. 예수님을 믿으면 고난을 받지 않는다는 말은 맞는 말이 아닙니다. 예수님을 믿으면 오히려 고난을 자초할 만큼 영광스러운 기업의 상속자가 된다는 말이 맞는 말입니다. 제가 이렇게 말하면 어떤 분들은 이런 반론을 제기할 수도 있습니다. "하지만 예수님을 믿고 부자가 될 수도 있잖아요." 물론 그렇습니다. 예수님을 믿어서 부자가 되었다는 것을 어떻게 증명할 수 있을지는 모르겠지만 설령 그렇다 할지라도 그것은 우리가 예수님을 믿음으로 궁극적으로 추구하는 최고의 가치가 될 수 없음을, 예수님을 믿음으로 생명을 얻는 것에 비할 수 있는 가치가 될 수 없음을 말하고 싶습니다.

예수님은 우리가 가난해도, 병들어도, 심지어 죽음 앞에서도 오히려 감사할 수 있는 우리의 생명입니다. 교회가 성공과 형통의 비결을 말해 주고 그 대가로 성장하는 장사를 멈추었으면 합니다. 오직 예수 그리스도를 인격적으로 만나 그분을 주님으로 모시고 살 때만 생명이 있다는 복음을 말하지 않으면 교회는 예수님이 계시지 않는 베데스다 연못이 되고 말 것입니다.

예수님이 베데스다 연못을 찾으셨습니다. 그리고 그곳에 모인 사람들에게 참 생명의 역사가 나타났습니다. 오늘날 교회들이 회복해야 할 것은 병 고치는 능력이 아니라, 부자 되게 하는 능력이 아니라 바로 예수님이 생명이요, 인생의 궁극적인 문제 해결이 되신다는 복음입니다. 고된 삶에 지치고 상처 받은 사람들은 교회를 찾아와 당장의 문제 해결을 원한다 해도, 교회는 그들의 약함과 안타까움을 이용하거나 호도하지 말아야 합니다. 그들에게 예수 그리스도의 복음을 소개하고 그 복음으로 살아 내도록 도와야 합니다. 이제 교회는 예수님 없이 움직이는 물로 사람들을 호도하고 호객하는 베데스다가 아니라 예수님이 찾아오신 생명이 있는 베데스다가 되어야 할 것입니다.

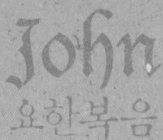

요한복음 5장 9b-15절

이 날은 안식일이니 유대인들이 병 나은 사람에게 이르되 안식일인데 네가 자리를 들고 가는 것이 옳지 아니하니라 대답하되 나를 낫게 한 그가 자리를 들고 걸어가라 하더라 하니 그들이 묻되 너에게 자리를 들고 걸어가라 한 사람이 누구냐 하되 고침을 받은 사람은 그가 누구인지 알지 못하니 이는 거기 사람이 많으므로 예수께서 이미 피하셨음이라 그 후에 예수께서 성전에서 그 사람을 만나 이르시되 보라 네가 나았으니 더 심한 것이 생기지 않게 다시는 죄를 범하지 말라 하시니 그 사람이 유대인들에게 가서 자기를 고친 이는 예수라 하니라

2장
나를 고치신 이는 예수라

우리가 흔히 하는 말 중에 화장실 가기 전과 화장실 간 후가 다르다는 말이 있습니다. 일반적으로는 도움을 받기 전 아주 절박한 모습과 도움을 받은 후의 여유로운 모습을 대조해서 하는 말이지만 사람들이 경험하는 생리 현상이 그만큼 사람을 절박하게 만들 수 있다는 사실을 전제로 하고 만들어진 말입니다. 아마 여러분도 생리 현상으로 위기감을 경험해 보셨을 것입니다. 정말 죽을 것 같고, 이것만 해결할 수 있다면 뭐든지 할 수 있을 것 같습니다. 아무리 중요한 인터뷰가 있어도, 비행기를 놓치더라도 과속으로 비싼 벌금을 물더라도 생리 현상이 급해지면 우선 그것부터 해결해야 합니다.

그러나 일단 해결하고 나면 그것 때문에 다른 손해를 보았다는 게 그렇게 허무하고 억울할 수 없습니다. 아주 급할 때는 화장실 사용료로 아주 비싼 돈을 요구해도 내겠다고 하지만 일단 화장실을 사용하고 나면 그 일에 돈을 지불해야 하는 것만큼 비합리적이고 허무한 일이 없습니다.

목회를 시작했을 때 저는 설교에 대한 부담감이 커서 설교하기 전에는 항상 긴장이 되었습니다. 물론 20여 년이 지난 지금도 설교를 할 때면 긴장하지만, 그때는 지금보다 훨씬 심했던 것 같습니다. 그래서 설교하다가 어려움을 당하는 꿈을 자주 꾸었습니다. 강단에서 설교하는데 교인들이 자꾸 웃어서 왜 그런가 했더니 제가 잠옷 바지를 입고 서 있는 게 아닙니까. 또 차를 운전하며 교회 근처를 지나가는데 교회에 교인이 많이 모여 있어서 무슨 일인가 봤더니 그날이 주일인 것입니다. 저는 월요일인 줄 알고 설교 준비를 하나도 못해 아주 당황하는 꿈입니다. 열심히 설교하는 중인데 갑자기 화장실을 가고 싶어 온몸을 비틀면서 힘들게 설교하는 꿈을 꾸다 식은땀을 흘리며 깬 적도 있습니다. 그래서 지금도 저는 설교하기 전에 화장실을 다녀와야 하고, 설교하기 전에는 가급적 식사를 하지 않거나 소식을 하려고 합니다.

급해 보이는 것보다 중요해 보이는 일

사람들이 인생을 살면서 경험하는 심각하고 절박한 일들을 생리 현상에 비유한다는 것 자체가 그리 적합하지 않을 수도 있습니다만 위기 상황이 닥쳤을 때와 그 위기 상황을 넘겼을 때의 사람 심리가 달라지는 것은 이와 크게 다르지 않은 것 같습니다. 아니, 그보다는 절박한 상황이 생기면 그 상황이 매우 커 보여서 더 크고 궁극적인 문제들을 살필 겨를이 없어진다는 점에서 더욱 흡사한 것 같습니다. 사람들은 원래 중요한 것보다는 긴박해 보이는 것에 마음이 빼앗기게 되어 있습니다. 가령 아주 중요한 모임을 하는 중에도 전화나 문자가 오면 우선 그 문자나 전화를 확인해야 합니다. 중요한 전화나 문자를 기다리고 있는 것이 아님에도 전화나 문자가 왔다는 신호는 마치 긴박한 일이 생긴 것처럼 사람의 마음을 초조하게 만들기 때문입니다. 그래서 저는 중요한 모임이나 예배에는 전화기를 가지고 가지 않으려고 합니다. 설교나 모임을 하는 중에도 전화기에 진동이 있으면 설교나 회의 내내 그쪽으로 마음이 쏠리기 때문입니다.

항상 뭔가에 쫓기듯이 사는 현대인들은 급해 보이는 것보다 중요해 보이는 일을 먼저 하는 훈련이 필요합니다. 사람들은 당장 급해 보이는 일을 따라 정신없이 사느라 가장 궁극적이고 훨씬 중요한 일을 놓치며 살고 있는지도 모릅니다. 그렇기 때문에 정말 바쁘고 열심히 살았는데도 인생을 잘못 산 것 같은 뒤늦은 후회를 하게 되는지도 모릅니다.

오늘 본문에 앞서 1장에서 38년이라는 세월 동안 중증 장애인으로 살았던 사람을 생각해 봅시다. 그에게 인생의 궁극적인 문제는 당장 먹을 것을 얻거나 일할 곳을 찾는 것이 아니라 병이 낫는 것이었습니다. 그래서 그는 베데스다 연못에서 물이 움직이기를 기다리고 있었습니다. 그것이 그에게는 유일한 희망이었기 때문입니다. 그때 예수님이 그곳에 오셔서 그를 고쳐 주셨습니다. 그의 평생의 문제가 해결되었습니다. 그런데 문제는 그날이 안식일이었다는 것입니다.

하나님은 안식일에 일하는 것을 금하셨습니다. 그 이유는 우리가 이 땅에 살면서 물질과 소유를 주인 삼지 않고 오직 하나님이 주인이심을 고백하며, 소유가 아닌 하나님이 진정한 안식과 자유를 줄 수 있다는 믿음으로 살도록 하기 위함이었습니다. 그러니까 안식일은 처음부터 사람을 구속하기 위함이 아니라 바쁜 삶에 얽매이지 않고 진정한 자유를 누리게 하기 위해서 주신 계명이었습니다. 하나님은 우리가 이 땅에서 살지만 영원한 나라를 소망하며 그 안식을 바라보는 믿음을 고백할 수 있도록 과감하게 하루를 쉬며 안식일에는 일을 하지 않도록 하셨습니다.

유대인들은 그런 의도와 상관없이 안식일에는 일하지 말아야 한다는 말씀을 문자적으로만 해석해서 안식일에 일을 했는가, 안 했는가에 더 집중했습니다. 그래서 그들은 안식일에 하지 말아야 하는 일을 서른아홉 가지로 구분했습니다. 그중에 하나가 거주지를 옮기면 안 되는 것입니다. 그런데 오늘 본문의 주인공은 자기가 누워 있던 자리를 들고 걸어 다녔기 때문에 안식일을 범하는 죄를 범한 것입니다. 이 사람은 잘 몰랐겠지만 예수님은 다분히 의도적으로 그렇게 하신 것 같습니다. 예수님은 그에게 그냥 "일어나 걸으라"고 말씀하지 않으시고 "일어나 네 자리를 들고 걸어가라"고 하셨습니다. 평생 걸을 수 없던 사람이 갑자기 걷게 되었다면 아무리 정든 자리일지라도 그 자리를 버려두고 뛰어다닐 것입니다. 그런데 예수님은 그 사람에게 자리를 들고 일어나 걸으라고 명령하신 것입니다. 이것은 그 사람으로 하여금 안식일을 범하게 하려고 의도적으로 그러신 것 같습니다. 왜 그랬을까요? 바로 주님만이 주실 수 있는 안식일의 진정한 자유와 쉼을 강조하기 위해서입니다.

공관복음에서는 예수님이 안식일에 병을 고치신 것이 문제가 되었고 안식일에 병을 고치는 것은 당시 유대 랍비들 사이에서도 논쟁이 있었던 일이었다면, 오늘 본문에서 문제는 주님이 안식일에 병을 고치셨다는 것이 문제가 아니라 그 병자에게 자리를 들고 걸어가라고 명하시고 그가 안식일에 자기가 누웠던 자리를 들고 걸어갔다는 것이 문제입니다. 자리를 들고 걸어가는 병자를 본 유대인들이 안식일에 자리를 들고 걸어가는 것은 옳지 않다고 그의 잘못을 지적했습니다. 저는 이 유대인들이 오늘 본문의 주인공이 어떤 처지에 있던 사람인지를 알고 있었는지 모르겠습니다. 하지만 안식일을 범했다고 그를 죽이려 하거나 아주 심하게 책망하지 않은 것을 보면 알고 있던 것 같기도 합니다. 그들은 한 사람이 인생에서 더할 수 없이 소중한 치유를 경험했다는 사실보다는 그가 안식일에 자리를 들고 걸어갔다는 사실에 집중했습니다. 그들은 온통 그 일에 마음이 빼앗겨서 더 중요한 것은 잊은 채 안식일에 자리를 들고 걸어갔다는 사실에 긴박한 알람이 울려 긴장했습니다.

더 심한 것이 생기지 않게

병자는 병이 나았지만 병을 고쳐 준 예수님이 누군지 몰랐습니다. 그는 인생의 문제가 해결되어서 말로 다할 수 없는 감동과 감격이 있었지만 정작 자신을 고쳐 준 분이 누구인지 이름도 몰랐습니다. 이름보다는 정체가 궁금했을 것입니다. 예수님은 그 사람의 병을 고쳐 주신 후에 그곳에 모인 많은 사람을 피해 어디론가 사라지셨습니다.

그러나 저는 이 사건을 보면서 아쉬움이 남습니다. 예수님은 왜 이 사람의 병만 고치시고 그에게 구원이 임했다든지, 죄 사함을 받았다든지 하는 말씀을 해주지 않으셨는가 하는 것입니다. 사람들의 궁극적인 문제는 병을 고치는 게 아닙니다. 비록 병을 고치고 경제적인 위기를 넘기는 것이 시급한 일이기는 하지만 죽음을 해결하는 것만큼 중요하지는 않습니다.

그런데 예수님은 "네 죄가 사함을 받았다"든지, "오늘 구원이 네게 임했다"든지 하는 이야기는 한마디도 하지 않고 병만 고쳐 주고 사라지셨습니다. 그는 병 고침을 받기는 했지만 복음은 듣지 못했고 그의 구원을 보장하는 어떤 이야기도 듣지 못했습니다.

하지만 기대를 저버리지 않고 주님은 성전에 오셔서 이 사람을 만나 주셨습니다. 그런데 그 사람에게 하신 말씀이 석연치 않습니다. 주님은 "네가 나았으니 더 심한 것이 생기지 않게 다시는 죄를 범하지 말라"(요 5:14)고 하셨습니다. 이 말씀이 무슨 뜻일까요? 당장 병을 고쳐 주기는 했지만 죄를 지으면 더 심한 장애를 가지게 될 것이라는 경고인가요? 만약 주님이 이런 의미로 말씀하셨다면 차라리 병 고침을 받지 않는 편이 낫습니다. 인간은 죄를 지을 수밖에 없는 존재니까요. 그렇다면 더 심한 것이란 무엇일까요?

우선 이 말씀은 사람이 장애를 가지거나 고난을 당하거나 몸이 아픈 것은 언제나 그 사람이 지은 죄 때문이라는 의미는 아닙니다. 오늘 본문과 아주 비슷한 사건이 요한복음 9장에 나옵니다. 태어나면서부터 시각 장애인이던 사람을 예수님이 고치신 사건입니다. 당시 유대인들은 모든 장애와 질병은 죄에서 온 것이라고 생각했습니다. 하지만 사람들은 그 맹인을 보면서 혼란스러웠습니다. 태어나면서부터 장애를 가지고 있던 사람은 대체 누구의 죄 때문에 그렇게 된 것인지 궁금했습니다.

제자들이 그 시각 장애인을 보면서 "저 사람이 장애인이 된 것이 누구의 죄 때문입니까?"(요 9:2 참조)라고 물었을 때 주님은 "이 사람이나 그 부모의 죄로 인한 것이 아니라 그에게서 하나님이 하시는 일을 나타내고자 하심이라"(요 9:3)고 말씀하셨습니다. 재앙을 만난 사람들은 그들에게 죄가 더 있어서 그런 것이 아니라고 누가복음 13장에서도 말씀하신 바 있습니다. 그러니까 고난을 당한 사람들은 죄가 더 많아서 그런 것이 아닙니다. 그렇다면 주님이 이 사람에게 하신 말씀은 어떤 의미일까요? 크게 두 가지로 해석이 가능합니다.

하나는 우리는 알지 못하지만 그 사람에게 습관적이고 고질적인 죄가 있었다고 보는 것입니다. 그리고 그 사람의 장애는 바로 그 습관적이고 고질적인 죄로 인한 것이었다고 보는 것입니다. 그래서 주님이 그의 병을 고쳐 주시면서 다시는 그 죄를 짓지 말라고, 죄를 지으면 다시 장애가 생기거나 상태가 더 악화될 것이라는 의미로 말씀하셨다고 볼 수 있습니다. 가능한 또 다른 해석은 요한복음 8장에서 간음하다 현장에서 잡힌 여인에게 예수님이 하신 말씀에서 찾아볼 수 있습니다. 그 여인에게 "나도 너를 정죄하지 아니하노니 다시는 죄를 범하지 말라"(요 8:11)고 말씀하신 것처럼 그의 죄를 용서하시고 그를 구원하기 위해서 죄를 회개하고 그리스도를 통해 사함을 받으라는 의미로 보는 것입니다. 그렇게 본다면 더 심한 것이란 비록 병이 나았지만 그 영혼이 구원을 받지 못하는 것입니다. 저는 두 번째 해석이 더 마음에 듭니다.

병 고침을 받고 부자가 되어도, 죄 사함을 받아 생명을 소유하지 못한다면 그 인생은 불행합니다. 이 사람이 지금은 38년간 그를 괴롭히던 장애의 문제가 해결되어 마치 천하를 소유한 것처럼 기뻐하지만 그것은 인생의 궁극적인 문제 해결이 아닙니다. 그렇다고 여러분, 오해 마십시오. 이 사람이 뛸 듯이 기뻐하는 것은 당연하고 정당합니다. 마땅한 일입니다. 기뻐하는 그 사람에게 왜 안식일에 자리를 들고 다니느냐고 말하는 것은 마치 대단한 정의를 말하는 것 같지만 몹시 무정한 말입니다. 그럼에도 분명한 사실이 있습니다. 주님이 그에게 주실 생명은 그 어떤 것보다 훨씬 귀하다는 것입니다. 38년 된 장애인이 일어나 걸을 수 있는 것이 엄청난 일임에는 틀림없지만 우리 죄를 용서하시고 하나님의 영원한 기업을 이어갈 상속자가 되게 하신 것은 병 고침과 비교할 수 없을 만큼 훨씬 큰 기쁨입니다. 병 고침을 받는 것은 긴박하고 절실한 문제일 수 있지만 영혼 구원만큼 중요한 문제는 아닙니다.

몸이 아프고 경제가 어려우면 알람이 울어서 우리의 관심이 온통 그 문제에 빼앗기지만 그럴 때일수록 그리스도인들은 무엇이 더 중요한 것인지, 무엇이 더 심한 것인지 잊지 말아야 합니다. 제가 여러분의 시급하고 절실한 문제를 모르겠습니까? 그런 문제들이 발생해서 주변 여기저기에서 알람이 울리기 시작하면 긴장하고 두려워하며 그것에 집중할 수밖에 없는 인간의 연약함을 제가 몰라서 이런 말씀을 드리는 것이 아닙니다. 하지만 우리가 잊지 말아야 할 것은 어떤 문제가 시급하게 보일지라도 그것보다 더 중요한 궁극적인 고백이 우리에게 있어야 한다는 것입니다.

진정한 제자의 고백

예수님은 그 사람의 병을 고쳐 주실 뿐만 아니라 그를 다시 만나 그에게 더는 죄를 짓지 말라고 하셨습니다. 주님은 병을 고쳐 주신 사람을 죄의 문제로 다시 대면하셨습니다. 재미있는 것은 그 사람이 주님을 만난 후에 유대 지도자들을 찾아갔다는 것입니다. 그리고 말했습니다. "나에게 자리를 들고 걸어가라고 한 사람이 예수였습니다"(요 5:15 참조). 이 부분도 이해가 쉽지 않습니다. 어떻게 이해하느냐에 따라 이 사람은 아주 배은망덕한 사람이 되기도 하고, 예수님의 은혜를 증언하는 증인이 될 수도 있기 때문입니다.

 어떤 사람들은 병 고침을 받은 이 사람이 안식일을 어기고 벌을 받을 수 있는 위기에 처하자 처음 보는 사람이 자기를 고쳐 주면서 자리를 들고 걸으라고 해서 걸었을 뿐이라고 발뺌했다가 나중에 그가 예수님인 것을 알고 유대 지도자들에게 말함으로 책임을 회피하려 했다고 이해했습니다. 하지만 그렇지 않을 것입니다. 예수님을 성전에서 다시 만났을 때 예수님과 그가 나눈 대화는 단순히 서로 누구인지를 소개하고 통성명하는 그런 정도의 대화가 아니었을 것입니다. 평생의 문제를 해결해 주신 분을 만났는데 그냥 자신이 처한 또 다른 위기를 극복하기 위해서 예수님의 정체를 알아보려 하지 않았을 것입니다. 아무리 병을 고쳐 주었어도 다시는 죄를 짓지 말라는 말씀에 마음이 상해서 유대인들을 찾아가 예수라는 사람이 율법을 어겼다고 고발한 게 아니었을 것입니다. 만일 그렇다면 그는 정말 배은망덕한 자입니다.

 요한복음이 예수님을 만난 사람들의 고백을 지속적으로 다루고 있다면 이 사람도 그중에 한 사람일 것입니다. 제자들이 그랬고, 니고데모가 그랬고, 나다나엘이 그랬고, 사마리아 여인이 그랬습니다. 그리고 오늘 이 사람이 유대인들을 찾아가 증언했습니다. "나를 고쳐 준 사람이 예수였습니다." 비록 그의 고백 때문에 예수님은 유대인들에게 미움받게 되지만 중요한 것은 그에게 "그분이 예수"라는 고백이 있었다는 사실입니다. 정말 감격스러운 만남이고, 남은 생애를 바쳐도 아깝지 않을 만큼 감사한 만남이었을 것입니다. 누가 자기를 고쳐 주었는지 알리고 싶었을 것입니다.

 선교지에서 여러 소수 민족 지도자들을 만난 적이 있습니다. 그들을 대하면서 벅찰 만큼 감동이 된 것은 그들의 헌신도 아니고, 그들의 지식도 아니었습니다. 먹고사는 문제가 시급한 상황에서도 드러내고 싶고 전하고 싶어 애쓰는 그들의 진실한 고백이었습니다. "나를 부르신 이가 예수라. 나를 구원하신 이가 예수라. 나를 고치시고 나를 살리신 이가 예수라." 그들은 그 진실한 고백 때문에 고난의 길을 가고 복음에 인생을 바칠 수 있는 것입니다.

가만히 생각해 보시기 바랍니다. 일주일에 한 번 우리는 교회에 모여서 뭘 하고 싶은 것입니까? 단순한 사회 활동이나 여가 선용이나 의미 있는 거창한 사업이 아니라면 도대체 교회의 궁극적인 본질은 무엇이며 예배의 궁극적인 목적은 무엇입니까? 바로 "그가 예수라"는 고백의 확인이 아닙니까? 비록 피곤하고 힘든 인생 여정이지만, 눈앞에 있는 현실적인 문제들이 다 온전히 해결된 것은 아니라서 여전히 갈급하지만, 그럼에도 분명히 말할 수 있는 "나를 고치신 이는 예수라"는 이 믿음의 확신이 저와 여러분을 이 자리에 있게 만든 것이 아닙니까? 가난과 질병으로 인한 고난보다, 실패와 배신으로 인한 절망보다 더 심한 것이 해결되었음을 확신하는 하나님의 사람들은 어떤 상황과 여건에서도 기꺼이 이렇게 고백할 수 있습니다. "나를 고치신 이는 예수라." 이 고백이 살아 있는 사람들이 예수님의 진정한 제자입니다.

지금 당장은 눈앞에 있는 문제들이 온통 우리 마음을 빼앗고 우리 생각과 신경이 온통 거기에 쏠려 있지만, 그런 시급해 보이는 것들이 아닌 궁극적인 것들, 더 심한 것이 해결되었다는 사실에 주목하고 싶습니다. 오늘도 눈을 들어 우리를 고치신 주님을 보고 싶고, 주님이 우리에게 주신 생명을 느끼며 누려 보고 싶습니다.

John
요한복음

요한복음 5장 16-18절

그러므로 안식일에 이러한 일을 행하신다 하여 유대인들이 예수를 박해하게 된지라 예수께서 그들에게 이르시되 내 아버지께서 이제까지 일하시니 나도 일한다 하시매 유대인들이 이로 말미암아 더욱 예수를 죽이고자 하니 이는 안식일을 범할 뿐만 아니라 하나님을 자기의 친 아버지라 하여 자기를 하나님과 동등으로 삼으심이러라

3장
세상과 구별된 시간, 안식

옛날에 아버지들은 적어도 집안에서는 법 위에 있는 분으로 간주되었습니다. 자녀들에게 밤 9시가 넘으면 텔레비전을 보지 말라고 하시고 아버지는 보셨습니다. 자녀들에게 절대로 낮잠을 자지 말라고 하시고 아버지는 낮잠을 주무셨습니다. 그럴 때 용기 있는 자식이 "왜 아버지는 밤에 텔레비전을 보세요?"라고 하면 혼이 나거나 "어른은 괜찮아", "억울하면 너도 나중에 아버지 되라"는 답을 들었습니다. 분명히 차이가 있어 차별화되어야 함에도 불구하고, "왜 선생님들이 자기들은 담배를 피우면서 우리는 못 피우게 하지?"라든지, "왜 자기들은 당구를 치면서 우리에게는 못하게 하지?"라고 불만을 가진 학생들도 있습니다. 물론 어떤 것들은 터무니없는 불만이었지만 그들의 기본적인 논조는 "법과 규칙은 만든 사람들에게도 적용되어야 하지 않느냐?"는 것이었습니다. 세상이 바뀌어서 요즘 부모들은 애들 눈치를 보며 삽니다. 자기가 지킬 자신이 없으면 자녀들에게도 하지 말라는 말을 못하고, 초등학생들에게조차 "아버지는 예외야"라는 말을 하지 못합니다.

저는 제 아들이 게임을 하지 않으면 좋겠는데 그러면 저도 바둑을 못하게 될까 봐 적당히 합의를 봐야 합니다. 제 아들이 새벽 4시에 일어나서 하루를 시작하고, 하루에 4시간 이상 자지 않으면 좋겠는데 저도 그렇게 살아야 할 것 같아서 그런 규칙을 만들기가 무섭습니다. 반대로 철저하게 솔선수범하는 아버지 때문에 피곤하게 사신 분도 있을 것입니다.

전제 국가에서는 왕이 곧 법이고, 왕은 법 위에 있었으니까 법을 지키지 않아도 용납했고 왕이 임의로 법을 바꿀 수도 있었습니다. 하지만 법치 국가에서는 일단 법이 만들어지면 법을 만든 사람까지 포함해서 모든 사람이 법을 지켜야 합니다. 법치 국가에서 법을 준수하지 않고, 임의대로 편법을 쓰거나, 법을 마음대로 어기면서도 처벌을 받지 않아서 법 위에 있는 것처럼 행세하는 세도가들이 있어서 눈살을 찌푸리게 하는 경우가 종종 있는데 대부분의 사람은 그런 사람들을 혐오합니다.

하나님도 법을 지켜야 하는가

법 위에 서고 싶어 하는 유혹은 매우 강력합니다. 교회에서도 담임목사는 교회의 법에서 항상 예외로 간주되려 했고, 집에서도 가장은 법을 만들고 재판을 하는 사람으로 법 위에 군림하는 사람이 되려고 했습니다. 법에 제한되지 않고, 법 위에 있고 싶은 것이 권력의 속성입니다. 법 위에

서고 싶은 사람에게 법이란 내가 사람들을 다스리기 위해서 필요한 것이지 모두의 질서를 위해 필요한 것이라고 생각하지 않습니다.

"하나님도 법을 지켜야 하는가?" 이것은 유대 랍비들이 고민하던 문제였습니다. 유대인들이 법을 지키는 데 있어서 편법적인 요소가 매우 많아 율법주의에 빠졌다는 것이 아쉽지만 이런 고민을 할 정도로 법에 대해서 진지하고 철저했다는 것은 대단히 인상적입니다. 한번은 예루살렘 랍비들이 로마에 방문한 적이 있습니다. 그때 로마의 철학자들이 랍비들에게 질문했습니다. "당신들은 안식일에 일하지 말라고 하신 하나님의 계명 때문에 일을 하지 않는데 그렇게 명하신 하나님도 안식일에는 일하지 않는가? 만일 하나님이 안식일에는 일하지 않는다면 우주는 어떻게 운행되는가?" 그때 랍비들이 대답했습니다. "하늘과 땅이 다 하나님의 집이기 때문에 우주를 운행하는 것은 거주지를 옮긴 것이 아니므로 우주를 운행하는 것은 일이 아니다." 유대 랍비들은 하나님도 율법을 어기지 않는다는 입장을 고수했지만 일에 대한 정의를 새롭게 해서 하나님이 세상을 다스리시는 것은 일이 아니라고 말한 셈입니다.

오늘 본문에서 예수님도 비슷한 논지에서 말씀하신 것 같습니다. 예수님은 안식일에 38년 된 병자를 고치셨습니다. 그리고 그에게 자리를 들고 일어나 걸으라고 말씀하셔서 당시 유대인들의 규례에 어긋나는 행동을 하게 하셨습니다. 유대인들은 이것을 매우 못마땅하게 생각해서 예수님을 핍박하기 시작했습니다. 주님이 성전에 계시던 그 짧은 시간에 그들이 어떻게 예수님을 핍박했는지는 잘 모르겠습니다. 예수님을 핍박해서 죽이려 했다고 기록한 유력한 사본도 있기는 하지만 구체적으로 어떻게 예수님을 힘들게 했는지는 잘 모릅니다. 그들의 핍박에 예수님이 대답하셨습니다.

> 내 아버지께서 이제까지 일하시니 나도 일한다(5:17).

하나님이 안식일에도 일을 하신다고 말씀하신 것입니다. 안식일에 하나님이 일을 하신다는 말씀은 유대인들이 듣기에 충격적인 발언이었을 수도 있습니다. 이 말씀은 무슨 뜻일까요?

마가복음 2장에 보면 예수님이 밀밭 사이로 지나가실 때 제자들이 이삭을 자르며 길을 낸 적이 있습니다. 유대인들은 밀이나 곡식이 무릎 이상 자라 있는 밭으로 걸어가면 일을 하려는 의사가 있는 것으로 간주해서 안식일에는 곡식이 많이 자란 밭으로 걷는 것을 금했습니다. 그런데 제자들이 예수님과 함께 밀밭 사이를 걸으면서 길을 내기 위해 밀을 자른 것입니다. 그때 주님이 "안식일이 사람을 위해 있는 것이요 사람이 안식일을 위해 있는 것이 아니니 인자는 안식일에도 주인이니라"(막 2:27-28)고 말씀하신 적이 있습니다. 사실 저는 이 말씀이 마음에 많이 걸렸습니다. 사람이 안식일을 위해 있는 것이 아니라 안식일이 사람을 위해 있는 것이라는 말은 마치 사람이 법 위에 있다는 말처럼 들렸기 때문입니다. 이 말로 얼마나 자주, 얼마나 쉽게 사람들이 법을 어기는지 잘 알기 때문입니다. 이런 식이면 사람을 위한다는 이유로 어떤 법이든 어길 수 있겠다는 생각이 들었습니다. 하지만 주님은 한 번도 법을 무시한 적이 없습니다. 마가복음 2장에 기록된 사건도 법에 대한 유대인들의 잘못된 이해를 시정해 주신 것입니다. 이 부분과 관련된 말씀이 율법에 있습니다. 신명기 23장 25절입니다.

> 네 이웃의 곡식밭에 들어갈 때에는 네가 손으로 그 이삭을 따도 되느니라 그러나 네 이웃의 곡식밭에 낫을 대지는 말지니라.

가난하고 배고픈 사람들이 허기를 채우기 위해서 곡식을 따는 것이 허락되었고, 안식일의 경우에도 허기진 배를 채우는 것은 일로 간주되지 않았습니다. 그런데 유대인들이 나름대로 일에 대한 엄격한 규례를 만들어 사람들을 위해 세워진 자유와 특권을 무거운 규제로 만들어 버린 것입니다. 이때 예수님은 인자가 안식일의 주인이라고 하셨습니다. 그러니까 예수님은 안식일에 아무렇게나 해도 된다는 의미로 이 말씀을 하신 것이 아니라 안식일의 진정한 의미와 의도가 무엇인지를 규정하는 분이 예수님이라는 의미로 말씀하신 것입니다. 그리고 죽음과 부활을 통해 그 안식의 진정한 의미를 완성하신 분이라는 의미로 이 말씀을 하신 것입니다.

부활을 통해서 완성된 안식

예수님이 안식일의 주인이라는 말씀을 구속적으로 이해하기 위해서는 하나님이 안식일 계명을 우리에게 주신 이유가 무엇인가를 살펴보는 것이 중요합니다. 저는 오늘 주님이 하신 말씀에서 답을 찾을 수 있을 것 같습니다. 예수님은 아버지께서 아직도 일하신다고 했고, 그래서 예수님도 일하신다고 했습니다. 당시 사람들에게, 그리고 우리에게도 이 말씀이 난해한 이유는 '안식'과 '일'을 서로 대조되는 개념으로 이해하기 때문입니다. 그래서 대체로 사람들은 일을 하지 않는 것이 안식이라고 생각합니다. 까다롭게 안식일 규례들을 만든 사람들은 일하기 위해서는 움직여야 하니까 할 수 있으면 적게 움직이거나 아예 움직이지 않는 것이 안식이라고 생각했습니다. 그런데 주님은 이들에게 아버지께서 지금까지 일하신다고 한 것입니다.

성경은 주님이 6일 동안 세상을 창조하시고 7일째 되는 날 모든 일을 쉬고 안식하셨다고 했습니다. 하지만 이 말은 하루를 쉬고 다음 날부터 다시 일을 하셨다는 의미가 아니라 창조를 '완성'하셨다는 의미입니다. 하나님은 6일 동안 세상을 지으신 후에 부동의 상태에 들어가신 것도 아니고, 하루 쉬셨다가 다시 창조 활동을 시작하신 것도 아닙니다. 그러니까 하나님의 안식은 창조된 세상을 다스리고 그 세상을 누리는 것입니다.

하나님은 창조된 세상을 다스리십니다. 창조된 세상과의 관계를 즐거워하며 누리십니다. 그것이 하나님의 안식입니다. 그러니까 하나님이 안식일에 일하지 말라고 하신 것은 아무것도 하지 말고 쉬라는 말이 아니라 피조물로서 하나님의 주 되심과 다스림을 인정하고 그분을 즐거워하라는 의미입니다. 하나님이 세상을 창조하시고 7일째 되는 날 안식하셨지만 그렇게 창조된 인간은 7일째 되는 날 안식할 필요가 없었습니다. 다른 모든 계명과 마찬가지로 안식일 계명이 주어진 것은 타락의 결과입니다.

인간이 타락하지 않았다면 매일이 하나님의 안식에 참여하는 날이었겠지만, 타락으로 인해 하나님을 떠난 백성은 다시 하나님과 언약을 맺어야만 했습니다. 하나님은 일주일에서 하루를 정해 인간이 하나님의 주 되심을 고백하고 언약의 기쁨을 누리도록 하셨습니다. 그리고 이스라엘 백성과 맺은 언약을 예수님을 통해 완성하심으로 그를 믿는 자들이 영원한 안식에 들어갈 수 있도록 하셨습니다.

바로 이것을 예수님은 "하나님이 지금도 일하시니 나도 일한다"고 표현하신 것입니다. 그래서 요한복음 5장 19절 이후에 기록된 대로 주님이 말씀하신 안식은 영생이고 생명의 부활이고, 사망으로부터의 옮김입니다. 창조를 마치신 7일째가 아닌 주님이 부활하신 후 첫 번째 날을 교회가 구별하여 모임을 갖고 예배하는 이유 중 하나도 창조를 마치고 시작하신 안식의 의미가 예수님의 부활을 통해서 완성되었기 때문입니다.

죄성에 대한 저항

안식은 의무가 아니라 특권이고, 일을 하지 않는 것이 아니라 일을 하는 것입니다. 하나님은 안식일에 아무 일도 하지 말라고 하셨습니다. 아무 일도 하지 말라고 하신 것은 타락한 세상에서 사람들이 스스로 주인이 되어 수입과 소유에서 안전을 찾고, 성공을 추구하려는 죄성에 대한 저항입니다. 주일에 일하지 않는 것은 단순히 하루를 잘 쉬어서 6일 동안 열심히 일하기 위함이 아니라 우리는 이 세상에 살지만 영원한 안식을 사모하며 살아가는 사람들임을 스스로 확인하고 세상에 증거 하기 위한 세상을 향한 저항입니다. 안식일에 일하지 않는 것은 막연한 의무가 아닙니다. 안식일에 예배하는 것도 의무가 아닙니다. 우리는 주님의 부활로 인해 일곱째 날인 토요일이 주일로 바뀌었다고 믿고 그 전통대로 주일에 예배를 하니까 주일이라고 부르는 것입니다. 주일에 일을 하면 벌을 받고, 주일에 예배를 하면 복을 받는 것이 아닙니다.

만일 정말 그렇게 생각해서 복을 받기 위해 주일을 지키고 예배를 한다면 우리는 또다시 궁극적인 안식을 세상에 두는 것이 되고 맙니다. 주일에 일을 해도 되는가, 주일에 일을 하지 말아야 하는가, 주일에 어떤 일들이 가능한가를 논하기 전에 하나님이 왜 일을 하지 말라고 하셨는지를 잊지 말아야 합니다. 유대인들은 하나님이 왜 안식일에 일하지 말라고 하셨는지 그 이유를 잊었습니다. 그리고 그들은 일하지 말아야 한다는 것에만 주목했기 때문에 하지 말아야 할 서른아홉 가지 일들을 정하고, 그것을 기준으로 의와 불의를 규정했습니다. 그들에게 안식의 의미는 할 수 있는 만큼 철저하게 아무것도 하지 않음으로 하나님의 벌을 피하고 복을 받는 데 있었습니다.

구별된 시간과 구별된 행동

현대인들에게는 안식일에 관한 율법이 폐지되었고, 율법에서 자유해졌기 때문에 그에 따르는 규례들을 지킬 필요가 없다는 주장에 저는 동의하지 않습니다. 안식일에 일하지 말라는 의도가 아직 유효하다면 그 의도에 따른 구체적인 헌신이 필요하다고 믿습니다. 다시 말하면 물질과 쾌락이 인생의 궁극적인 목적인 것 같은 이 세상에 저항하고, 우리가 바라보는 안식은 바로 거기에 있음을 확인할 수 있는 구체적인 헌신이 필요하다는 말입니다. 이를 위해서 주일에 일을 하지 않을 수도 있고, 예배를 드리거나, 다른 사람들을 돌아볼 수도 있습니다. 아무것도 하지 않고 조용하고 경건하게 하루를 보낼 수도 있습니다. 하지만 그 모든 경우에 우리가 주목해야 하는 것은 우리가 누리게 될 안식과 지금 우리에게 주어진 자녀로서의 특권과 세상을 향한 공동체적 저항입니다.

사람들이 가끔 저에게 묻습니다. "목사님은 언제 쉬세요?" 그러면 저는 "주일에 쉽니다"라고 대답합니다. 일반적으로 사람들은 주일에 목사가 가장 바쁠 것이라고 생각하고, 목사는 주일에 일하고 월요일에 쉰다고 생각합니다. 하지만 주님이 말씀하신 일과 안식의 개념에 따르면 목사가 주일에 하는 일도 안식이어야 합니다.

설교는 의무가 아니라 누림이 되어야 하고, 교인들과 함께 찬양하고 예배함은 이 세상에 있으나 세상에 속하지 않았다는 고백이어야 합니다. 주님이 말씀하신 안식은 노는 것도 아니고, 일하지 않는 것도 아니고, 나만의 시간을 가지는 것도 아닙니다. 구별된 시간과 구별된 행동을 통해 우리가 주님의 것임을 확인하고 그 안에 거하는 것입니다. 그렇게 구별된 것이기 때문에 식당 봉사도 안식이고, 주차 봉사도 안식이고, 설교도 안식입니다. 주일에 우리가 모여 예배함은 세속적 가치에 대한 저항이고, 천국 백성이라는 정체성의 확인입니다. 그런데 목사가 설교를 돈벌이로 생각하거나, 교인들이 봉사를 축복받는 수단으로 여긴다면, 안식일에 아무것도 하지 않음으로 자기의 의를 세우고 다른 사람들과 차별되어 대접받으려 했던 바리새인들의 행위와 크게 다르지 않습니다.

진지하게 생각해 보시기 바랍니다. 우리가 주목하는 것은 이 세상이 아니라 영원한 나라임을 무엇으로 어떻게 보일 수 있습니까? 그리고 그 관점에서 우리가 주일에 무엇을 해야 할지 생각해 보시기 바랍니다. 성도가 모여 우리의 주 되신 예수 그리스도를 예배하고, 함께 떡을 떼며 교제하고, 이 험한 세상에서 어떻게 믿음을 지키며 살 수 있을지를 배우고 함께 기도하는 것보다 합당한 것이 있을까요? 율법적 차원이 아니라 구속적 차원에서 주일 예배와 모임, 섬김은 지극히 합당합니다.

주님의 은혜 안에서 예배와 섬김을 통해 우리가 장차 누릴 영원한 안식을 맛보시기를 바랍니다. 이 구별된 시간을 통해서 우리는 세상에 있으나 세상에 속하지 않은 하나님의 사람임을 스스로 확인하고 세상에 증거할 수 있기를 바랍니다. 그것이 하나님이 하신 일이고, 주님이 하신 일입니다. 그리고 그것이 이제 우리의 일입니다.

쾌락주의와 물질 만능주의에 저항하십시오. 편협한 이기주의에 저항하십시오. 우리 안에 있는 욕심과 안일함에 저항하십시오. 우리가 이 세상에 살고 있지만 세상에 속하지 않았음을, 우리가 궁극적으로 주목하는 것은 잠시 있다 없어지는 것이 아니라 영원한 것임을 고백하시기 바랍니다. 그것이 우리가 예배의 자리에 있는 이유입니다. 여러분, 한 주간 참 힘들고 고되게 살았고, 몸도 마음도 많이 지쳐 있지만 거룩하고 영원한 안식에 참여한 사람들로서 몸과 영혼에 쉼을 얻고 새 힘을 얻을 수 있기를 간절히 바랍니다.

John
요한복음

요한복음 5장 24-29절

내가 진실로 진실로 너희에게 이르노니 내 말을 듣고 또 나 보내신 이를 믿는 자는 영생을 얻었고 심판에 이르지 아니하나니 사망에서 생명으로 옮겼느니라 진실로 진실로 너희에게 이르노니 죽은 자들이 하나님의 아들의 음성을 들을 때가 오나니 곧 이 때라 듣는 자는 살아나리라 아버지께서 자기 속에 생명이 있음같이 아들에게도 생명을 주어 그 속에 있게 하셨고 또 인자 됨으로 말미암아 심판하는 권한을 주셨느니라 이를 놀랍게 여기지 말라 무덤 속에 있는 자가 다 그의 음성을 들을 때가 오나니 선한 일을 행한 자는 생명의 부활로, 악한 일을 행한 자는 심판의 부활로 나오리라

4장

지금 여기에서 살아야 할 하나님 나라

저희 어머니께서는 1975년에 먼저 미국에 오셨고, 저는 어머니의 초청으로 1976년 6월 12일에 미국에 왔습니다. 대학 입시 준비로 공부에 지쳐 있던 저에게 미국 이민은 완전한 피난처였습니다. 어머니가 먼저 미국으로 가신 후부터 저는 학교생활보다 교회 생활에 더 열심이었습니다. 그러다가 1976년 3월, 고등학교 3학년이 되면서 학교를 그만두었습니다. 어차피 미국에 갈 건데 학교를 계속 다니면서 공부를 한다는 게 크게 의미 있어 보이지 않기 때문입니다. 학교를 그만두고 시간이 많이 남아서 교회 일을 열심히 하기는 했지만 사실 논 시간이 더 많으니 돌아보면 그때 낭비한 시간이 무척 아깝습니다.

그런데 저는 당연히 문제가 없을 것이라 생각한 비자 면접에서 떨어졌습니다. 아마도 그날이 지금까지도 제 삶에서 가장 당황스럽고 무서웠던 날일 것입니다. '지금 학교로 돌아가서 대학 입학 시험을 볼 수 있을까? 일단 검정고시를 봐야 하나? 내가 재수를 할 수 있을까? 아니면 대학을 가지 않고 뭘 할 수 있을까?' 머릿속이 온통 걱정으로 가득했습니다. 그때 저는 "미국에 가게 해주시면 뭐든지 다 하겠다"고 며칠 동안 정말 간절하게 기도했습니다. 기도 응답인지 아버지의 인맥 때문이었는지 다시 비자 면접을 보고 미국에 무사히 올 수 있게 되었습니다. 비자를 받기 전이었지만 온 가족이 미국 이민을 결정하면서부터, 그리고 어머니가 떠나면서부터 제 삶은 미국을 중심으로 돌아갔습니다. 제 입에는 항상 미국이라는 단어가 있었고, 인생의 모든 구상은 미국을 중심으로 이루어졌고, 제가 하는 모든 행동도 미국과 연관이 있었습니다.

저는 미국에 와서 나그네 삶을 경험한 것이 아닙니다. 어머니가 먼저 미국으로 떠나시면서 홀로 지낸 한국에서의 일 년이 나그네 삶이었습니다. 미국에는 가 본 적도 없었고, 미국에서 어떤 삶이 기다리고 있는지도 몰랐지만 이민을 가기로 마음먹으면서부터 적어도 제 삶의 관점과 자세는 이미 미국을 향하고 있었습니다. 미국을 대학 입시라는 힘든 일의 피난처로 생각했든, 꿈을 실현할 수 있는 동경의 장소로 생각했든, 미국을 무척 좋아하신 아버지의 끊임없는 세뇌였든 저는 미국에 갈 수 있다는 것이 몹시 설레고 좋았습니다. 이것은 막연한 동경이었을 것입니다.

미국에 오자마자 저는 고등학교 2학년으로 편입해서 한마디도 알아들을 수 없는 수업에 들어가야 했습니다. 또다시 밤을 새우며 공부해야 하는 피곤한 현실과 마주해야 했습니다. 그리고 하루도 빠짐없이 학교에서 인종 차별적인 언사와 놀림을 경험하면서 다시 돌아갈 수 없는 한국을 그리워하며 울던 기억이 지금도 생생합니다.

영생과 이 세상은 분리되는 것이 아니다

저는 그리스도인의 시민권은 이 땅에 있는 것이 아니라 하늘에 있으며 그렇기 때문에 영원한 나라를 소망하며 살아야 한다는 설교를 한 적이 있습니다. 지금 이 땅의 삶이 나그네의 삶임을 잊지 말고 힘든 일이 있더라도 참고 기다리자고 했습니다. 지금도 그 말이 맞는 말이라고 생각하면서도 그 말에 별로 힘이 없다는 생각이 듭니다. 천국을 소망하며 사는 현대 그리스도인들의 삶을 보면 절실한 도피처로 미국 이민을 결정하고 준비하던 저의 모습보다는 오히려 미국 이민을 신청하고 10년 넘게 막연히 기다리는 모습에 더 가깝다고 생각합니다. 이 세상도 살 만해서 천국에 가고 싶은 마음이 그렇게 간절해 보이지는 않기 때문입니다. 10여 년을 기다려야 했던 사람도 처음에는 틈만 나면 대사관에서 온 편지가 있을까 하는 기대감으로 우체통을 열었겠지만 2년이 지나고 3년이 지나면 별 다른 기대도 없이 점점 무기력증에 빠지게 됩니다. 어디 한 군데 확실하게 뿌리 내려 정착하지 못하는 애매함 때문에 그렇습니다.

요한은 요한복음에서 생명에 관한 이야기를 많이 했는데 영생과 생명을 호환해서 사용한 듯합니다. 그러니까 그가 말하는 생명은 어느 때는 우리가 이 땅에서 호흡하며 살아가는 순간들을 말하는 것 같다가 어느 때는 이 땅에서의 생명이 아니라 우리가 장차 누리게 될 영원한 생명을 말하는 것 같기도 합니다. 예를 들면 요한복음 11장에 예수님이 마르다에게 "나는 부활이요 생명"이라고 하신 후에 "나를 믿는 자는 죽어도 살겠고, 무릇 살아서 나를 믿는 자는 영원히 죽지 아니하리라"(요 11:25-26)고 하신 말씀이 있습니다. 이 말씀의 의미는 무엇일까요? 죽은 사람이 다시 살아나는 것은 알겠는데 살아서 믿는 자는 영원히 죽지 않을 것이라는 말씀은 난해합니다. 예수님을 믿는 사람은 죽음을 경험하지 않을 것이라는 의미에서 이 말씀을 하신 것은 아닐 것입니다. 예수님을 믿는 사람도 다 죽으니까요. 단순히 영혼은 불멸이라서 죽지 않는다는 말씀도 아닐 겁니다. 그렇다면 신자들의 영혼뿐 아니라 불신자들의 영혼도 불멸일 것입니다. 그러나 영원히 죽지 않는 일은 예수님을 믿음으로 발생하는 일입니다.

제가 이해하기에 이 말씀은 예수님을 믿음으로 얻는 생명은 죽은 다음에야 얻게 되는 것이 아니라 예수님을 믿음으로 이 땅에서부터 누리는 것이라는 의미입니다. 그러니까 영생은 죽음과 관련해서 죽지 않고 영원히 사는 것을 의미하는 것이 아니라, 믿음과 관련해서 믿음 이후에 누리게 되는 것입니다. 영생과 이 세상은 분리되는 것이 아니라 이 땅에서부터 그 놀라운 특권과 생명의 풍성함을 누리기 시작할 수 있는 것이라서 영생을 곧 생명이라고 불렀습니다. 그러니까 요한에게는 예수를 믿는 것과 죽은 후에 부활하는 것에 큰 차이가 없어 보입니다. 24절과 25절을 다시 보겠습니다.

> 내가 진실로 진실로 너희에게 이르노니 내 말을 듣고 또 나 보내신 이를 믿는 자는 영생을 얻었고, 심판에 이르지 아니하나니 사망에서 생명으로 옮겼느니라 진실로 진실로 너희에게 이르노니 죽은 자들이 하나님의 아들의 음성을 들을 때가 오나니 곧 이 때라 듣는 자는 살아나리라(5:24-25).

조금 복잡한 이야기지만 이것은 아주 중요합니다. 요한이 '생명'이라고 표현한 것이 마태복음에서는 '하나님 나라'라고 표현되어 있습니다. 그러니까 예수님이 이 땅에 오심으로 하나님 나라가 임하고, 그를 믿는 제자들의 삶 속에는 그리스도의 주 되심과 다스림이 시작됩니다. 하지만 주 되심과 다스림이 온 땅에 온전히 실현되는 때는 주님이 다시 오실 때인 것처럼 우리가 예수님을 믿음으로 새 생명을 얻고 영생이 시작되어도 이 영원한 생명을 온전히 누리는 것은 주님이 다시 오시고 우리 몸이 부활할 때입니다. 다시 말하면 제자들은 이 땅에서 새 생명을 얻고 살아가지만 아직 임하지 않은 하나님 나라에 대한 긴장을 가지고 있는 모습입니다. 이 모습은 저희 가족이 미국 이민을 결정하고 어머니가 미국으로 떠나신 후부터 제가 미국에 올 때까지의 긴장된 삶의 모습과 비슷한 느낌이라면 이해가 되십니까?

요한은 우리가 부활하여 영원히 살 것인데 그 생명의 풍성함은 이 땅에서 이미 누리기 시작한다고 말했습니다. 하나님 나라든 영생이든 이것을 우리가 자꾸 현재의 삶과 분리된 미래의 일로만 보려고 하는 것은 바람직하지 않습니다. 사람들은 보통 천국을 죽어서 가는 곳이라고만 생각하고, 영생도 죽은 다음에 시작하는 것이라고만 생각합니다.

물론 저는 우리가 죽어서 갈 천국이 있다고 믿습니다. 사람이 죽었다 부활해야 영화로운 삶을 시작할 수 있다고 믿습니다. 하지만 천국이 하나님의 다스림을 말하고 영생이 하나님의 임재를 말한다면 하나님의 사람들은 이 땅에 사는 동안에도 하나님의 통치와 임재를 경험할 수 있어야 합니다.

하나님의 통치는 죽어서 시작되는 게 아니라 믿을 때 시작되는 것이고,

하나님의 임재와 그로 인한 생명은 죽을 때 경험되는 것이 아니라 그 아들을 믿을 때 시작되는 것입니다. 그러니까 우리는 단순히 죽으면 천국에 갈 수 있는 보험을 들어 놓고, 혹은 입장권을 사 놓고 이 땅에 사는 동안 안심하고 마음대로 사는 것이 아닙니다. 예수를 믿는 순간부터 나그네의 삶을 시작하는 것이고, 주님과의 동행을 누리며 살아야 하는 것입니다. 천국은 천국이고 이 세상은 이 세상이라서 이 세상에서는 세상 방식을 따르면서 마치 보험료 지불하듯이 교회에 나와 봉사와 선교를 하며 천국에 투자하는 게 아니라는 말입니다.

하나님 나라를 믿는데도 낙심되는 이유

역설적이게도 많은 사람은 이 땅에서도 하나님의 다스림을 받으며 영생을 누린다고 믿기 때문에 오히려 답답함을 느끼실지 모릅니다. 차라리 이 세상은 원래 그런 것이니 그냥 대충 살고 천국에 가서 보자고 생각하면 나을 텐데 여기서도 천국을 누리고, 주님과 동행하자고 하니 더 답답한 것입니다. 인간이기에 그렇게 살지 못함을 잘 알기 때문입니다. 예수님은 천국에서 만나는 분이 아니라 지금도 우리 안에 계시다고 분명히 믿으면서도 우리 삶에 기쁨과 감격보다는 슬픔과 아픔이 더 크기 때문입니다. 이 땅에 사는 동안에도 하나님과 동행하며 하나님의 임재를 경험하고 싶은데 현실에서는 주님의 임재와 동행보다 세상의 물결이 더 커 보이기 때문입니다. 분명히 예수님을 믿는데, 영생을 믿는데, 분명히 하나님 나라를 믿는데 왜 이렇게 지치고 낙심되는 걸까요? 어떤 분들은 믿음이 부족해서 그렇다고 생각합니다.

물론 저는 하나님을 온전히 신뢰한다는 차원에서 믿음이 없다는 것은 인정하지만 믿음이 부족하다는 말은 정리가 필요한 것 같습니다. 믿음이 부족해서 이 세상에서 되는 일이 없다는 말입니까? 아니면 믿음이 부족해서 아직도 세상일에 관심을 가지고 있다는 말입니까? 어떤 사람들은 믿음이란 이 세상에 연연하지 않고 우리가 장차 갈 천국에만 마음을 두는 초월적, 내세적 힘을 의미한다고 말합니다. 어떤 사람들은 하나님의 도우심을 구함으로 이 땅에서도 형통할 수 있는 현세적 힘을 의미한다고 말합니다. 다시 말하면 하나님을 믿는데도 고난이 있는 것은 하나님을 잘못 믿었기 때문이라고 생각하거나, 고난도 이 땅에서의 삶의 일부분이니까 아무런 의미도, 관심도 두지 말고 무시해야 한다고 생각하는 것입니다. 그런 의미라면 저도 믿음이 없음을 인정하겠지만 그런 믿음이 없음으로 인해 그리 안타까워하지는 않겠습니다.

저는 또 다른 이유로 어쩔 수 없는 인간의 한계도 있다고 생각합니다. 이 한계 때문에 지속적으로 확인하고 믿음을 붙들지 않으면 자꾸 제자리로 돌아가려고 합니다. 어차피 인간의 연약은 죄성에서 비롯된 것이니까 그걸 죄성이라고 불러도 크게 문제될 것은 없습니다. 그럼에도 저는 죄와 연약을 구분하고 싶습니다. 죄성을 합리화하고 싶지는 않지만 불필요한 죄책감이 사람을 낙심하게 만들 수는 있다고 생각하기 때문입니다. 예를 들면 이런 것입니다. 저는 오늘 설교를 준비하면서 5장 19-29절까지 여러 번 읽었습니다. 오늘 이 설교를 하기 위해서 주님의 마음과 의도를 이해하려고 본문을 여러 번 읽었습니다. 그런데 읽을수록 답답했습니다. 처음에는 이 본문을 가지고 어떤 설교를 해야 할지 준비가 안 되어서 느끼는 답답함이었는데 나중에는 머리로는 이해되는데 도대체 이 말씀이 마음에

와 닿지 않음으로 인한 답답함이었습니다.

"하나님이 우리를 사랑하셔서 아들을 주시고, 그 아들로 인해 아무도 심판하지 않기로 하시고, 그 아들을 믿는 자들에게 영생을 주시고, 사망에서 생명으로 옮기셔서 생명의 부활로 나오도록 하셨다." 이 말씀은 분명 눈물 나게 감사하고 감격스러운 말씀인데 별로 가슴이 뛰지 않는 것입니다. 이 말씀이면 다 된 것인데 그렇게 생각되지가 않는 것입니다. 이 말씀은 이 세상에서 우리가 경험하는 고난과 슬픔쯤이야 정말 아무것도 아니겠다 싶을 만큼 엄청난 선언인데 왜 이 말씀을 읽으면서 마음이 건조할까요? 이 말씀이 이해되지 않는 것도 아니고, 안 믿어지는 것도 아닌데 이 엄청난 선언을 들으면서도 가슴이 뛰도록 설렘이 없는 것은 제가 병들었기 때문일까요?

그런데 그것도 아닌 것 같습니다. 이런 말씀을 시시하게 여기는 것도 아니고, 그래서 다 귀찮다거나 별로 중요하지 않아서 의미가 없다고 생각하는 것도 아닙니다. 이것이 얼마나 중요한지도 알겠고, 제게는 생명과 같은 말씀이라는 분명한 고백도 있습니다. 다 믿어지고 다 알겠는데 이 말씀이 그냥 아직은 먼 이야기로만 들렸습니다. 영생, 생명, 죽음, 심판, 이런 말들이 지금 당장 저와는 크게 상관없는 이야기로만 들렸단 말입니다.

'내가 오늘 이 이야기를 하면 우리 교인들이 정말 위로를 받을 수 있을까, 좀 더 현실적인 이야기를 해야 하는 건 아닐까.' 이런 생각을 하며 마음이 흔들렸던 것도 사실입니다. 그리고 저는 이것이 제가 죄를 짓고 있는 것이라기보다는 어쩔 수 없는 인간의 연약이고 한계라고 생각합니다. 은혜가 아니면 안 되는 어쩔 수 없는 저의 한계입니다.

지금 어떻게 살아야 하나

사실 죽음과 심판의 문제가 살아 있는 모든 사람에게도 가장 심각하고 궁극적인 문제임에 틀림없지만 그렇게 시급하게 다가오지는 않습니다. 죽음은 모든 사람이 반드시 경험해야 하는 가장 현실적인 것이지만 죽음을 실감할 때까지는 가장 비현실적인 것입니다. 가까운 친지나 친구의 죽음 앞에서 죽음을 실감한다 해도 일종의 감상에 젖을 뿐 하루만 지나도 죽음은 비현실적인 일이 됩니다. 가까운 사람의 죽음 앞에서 인생의 무상함을 느끼지만 당장의 허기진 배가 인생무상보다 더 시급해지는 것은 시간 문제입니다. 하지만 아마 지금 병상에서 치열하게 투병하는 분들, 죽음이 눈에 보이는 분들에게는 죽음, 심판, 영생이라는 말들이 그 어떤 단어보다 살아 움직일 것입니다.

그래서 지금 여러분에게 죽음, 영생, 심판, 부활에 관한 설교는 틀림없이 분명한 것이라 할지라도 이 설교를 듣고 감격하기를 기대하는 것은 힘듭니다. 가족 초청으로 이민 수속을 밟고 10년 즈음 기다려야 하는 분들에게 미국으로 인한 설렘과 흥분이 있기를 기대하는 것과 다르지 않습니다. 물론 처음에는 감격이 있겠지만 10년, 20년을 기다리면서 그 감격을 지속적으로 유지할 수 없는 것이 연약한 인간의 한계입니다.

그래서 요한은 영생을 얻었다는 말을 과거 시제로 말하고 있습니다. 미래의 일이지만 매우 확실한 일이라서 과거로 말하고 있는 것이 아니라 영생을 단순히 미래에 누리게 될 것이 아니라 지금 그리스도와 동행하며 누리기 시작해야 할 삶으로 말하고 싶었기 때문입니다. 천국과 영생은 내세적인 것으로 말하지 말고, 지금 우리 삶의 방식으로 말해야 합니다. 영생에 대한 감정적 흥분이 있는가, 무엇이 느껴지는가보다 지금 어떻게 살아야 하나를 고민해야 합니다.

현실의 문제들은 사라지지 않습니다. 당장 눈앞에 있는 문제를 보지 않고 천국을 바라보는 것은 한계가 있을 뿐만 아니라 위험할 수도 있습니다. 당장 눈앞에 있는 문제들을 고민하셔야 합니다. 무시하면 안 됩니다. 소홀히 여겨서도 안 됩니다. 그런데 영생의 관점에서 고민하셔야 합니다. 여러분이 누구인지 그 정체성을 잃지 않도록 정신을 차려야 합니다. 고난 중에 있는 성도들에게 베드로가 우리는 "왕 같은 제사장들이요 거룩한 나라요 그의 소유가 된 백성"(벧전 2:9)이라고 한 말은, 그러니까 세상에서 대충 살자는 말이 아닙니다. 하루하루 성실하고 치열하게 살자는 말입니다.

죽음과 생명, 영생, 심판은 미래의 일이 아니라 지금 여기에서 벌어지는 우리의 일입니다. 주님은 죽은 후의 상태를 말씀하신 것이 아니라 제자들의 살아 있는 상태를 말씀하신 것입니다.

영생과 부활이 실감 나지 않아 무기력해진다면 이것은 잘못된 한계입니다. 죽음과 심판에 대한 두려움에서 해방되고 구속받은 것으로 인한 감동이 살아나지 않아서 아무것도 할 수 없다면 인간에 대한 과대평가입니다. 지금 여기서 내가 무엇을 해야 하는지, 지금 내가 당면한 현실적인 문제들을 어떻게 보아야 하는지 진실하게 고민하는 모습이 지금 이 땅에서 영생을 살아가는 사람의 모습입니다. 우리가 가야 할 천국이 있지만 지금 우리에게 천국은 지금 여기에서 제자로 살아가는 삶의 현장이어야 합니다.

John
요한복음

요한복음 5장 39-40절

너희가 성경에서 영생을 얻는 줄 생각하고 성경을 연구하거니와 이 성경이 곧 내게 대하여 증언하는 것이니라 그러나 너희가 영생을 얻기 위하여 내게 오기를 원하지 아니하는도다

5장

성경의 목적

 어떤 부자가 자기 엄마 생일에 무슨 선물을 하면 좋을까 고민하다가 우연히 인터넷에서 여러 나라 말을 할 줄 아는 새에 관한 기사를 보았습니다. 외로운 엄마에게 말벗이 있으면 좋겠다 싶어서 5만 달러라는 거금을 주고 그 신기한 새를 사서 엄마에게 보냈습니다. 그는 배달된 다음 날 엄마에게 전화를 걸어 물어 보았습니다. "엄마, 제가 보내 준 선물 마음에 드세요?" 엄마가 대답했습니다. "응, 고맙다. 정말 마음에 들었어. 아주 맛있더라."

 새는 먹을 수도 있습니다. 새를 잡아먹는 것은 엄마의 자유이고 맛있게 먹었으면 되었다고 말할 수도 있습니다. 하지만 대부분은 5만 달러짜리 말할 줄 아는 새를 먹었다는 것은 상식적으로 말이 안 되는 낭비라고 생각할 것입니다. 확인해 보지 않았지만 아마도 이 이야기는 실제로 있었던 일은 아닐 것입니다.

사실 우리 주변에는 원래 목적대로 사용하지 않아서 낭비되었다고 생각되는 것이 의외로 많습니다. 때로는 그 가치를 모르기 때문에, 때로는 자기의 편리대로 가치를 왜곡시키기 때문에 낭비합니다. 인생을 바꿀 만한 귀한 책을 읽지는 않고 장식용으로 사용한다든지, 최고급 보석이 박힌 시계를 돼지 목걸이로 사용한다든지, 그리 많지 않은 소중한 시간을 게임하는 데 써 버린다든지, 교인들이 땀 흘려 낸 헌금을 도박하는 데 사용한다든지 하는 경우들이 이에 속할 것입니다. 물론 사람마다 가치 기준이 달라서 "그걸 꼭 낭비라고 할 수 있는가" 혹은 "최고의 가치는 자유롭게 쓸 수 있는 인간의 자유에 있는 게 아니냐" 하는 논쟁은 얼마든지 가능하겠지만 원래의 목적과 기능을 상실해서 그 가치가 왜곡되는 것이 아쉬운 일임은 틀림이 없습니다.

서로 사랑해서 결혼했지만 각자 돈벌이로 바빠 넓고 좋은 집에서 살더라도 서로 대화할 시간조차 잃어버린 경우는 어떨까요? 좋은 집에 사는 것이 최고의 가치라고 말하는 사람은 없겠지만 이것은 편안하고 안락한 삶을 위한 일종의 수단에 매여서 좋은 집의 가치가 왜곡된 것입니다. 부모가 자녀에게 컴퓨터를 사 줄 때에는 공부하는 데 도움이 되라고 사 줍니다. 그 컴퓨터로 음악을 들을 수도 있고 영화를 볼 수도 있고 게임을 할 수도 있어서 여러모로 유용하게 사용될 수 있습니다. 그런데 정작 공부하는 데 사용하지 않는다면 다른 여러 유용한 용도가 본래의 목적을 이루는 데 오히려 방해가 될 수 있습니다.

저는 모든 사물이 원래의 목적대로만 사용되어야 하는 것은 아니라는 말에 동의합니다. 볼펜이 꼭 글씨를 쓰는 데만 사용되는 것은 아닙니다. 볼펜으로 귀를 후빌 수도 있고, 사람을 찌를 수도 있습니다. 하지만 다른 여러 기능으로 사용될 수 있다는 유용성이 원래 의도된 기능을 방해할 수 있음을 인정해야 합니다. 예수님 당시의 유대인들도 그랬습니다. 예수님은 그들의 열심 있는 성경 공부와 연구가 오히려 성경의 목적에 방해가 되었다고 지적하셨습니다.

최고의 베스트셀러, 성경

성경은 최고의 베스트셀러입니다. 1955년에 발간된 기네스북은 25개 언어로 번역되었는데 지금까지 판매량은 에베레스트 산 높이의 120배가 넘는다고 합니다. 스티븐 코비가 쓴 「성공하는 사람들의 7가지 습관」은 32개국 언어로 번역되어 지금까지 2,500만 권이 팔렸습니다. 최근에 가장 많이 팔린 책은 해리포터 시리즈인데 약 4억 권 정도 팔렸다고 합니다. 정말 엄청납니다. 하지만 이런 책들도 성경과는 비교가 되지 않습니다. 신구약 전체는 404개 언어로 번역이 되었고 지난 10년 동안에만 39억 권 정도 팔렸다고 합니다. 제가 가지고 있는 성경만 해도 스무 권 정도는 될 것입니다.

성경은 쉽지 않은 책이지만 여러 면에서 유익한 책입니다. 믿는 사람이든 믿지 않는 사람이든 한 번쯤은 꼭 읽어 보고 싶은 책이기도 합니다. 이스라엘의 역사를 공부하는 데도 도움이 되고, 마음 수련을 위해서 깊이 묵상하기에도 좋은 책입니다. 기본 사상이 사랑이기 때문에 윤리적 기준으로 삼아도 유익이 있습니다. 특히 교회를 다니는 그리스도인들의 경우는 성경을 삶과 교리의 기준으로 생각하기 때문에 하루하루를 경건하게 살고자 한다면 성경을 가까이 하는 일이 절대적으로 필요합니다. 성경에서 하라는 것은 하고 하지 말라는 것은 하지 않으면, 적어도 기독교적인 관점에서는 거룩하게 살 수 있습니다.

교회에서는 성경에 관한 공부도 많이 하고, 성경으로 제자 훈련도 하고, 성경으로 큐티도 하고, 성경 구절로 달력을 만들거나 표구를 만들어 항상 말씀과 가까이 하길 권장합니다. 교회 생활을 잘 하려면 기본적으로 성경을 잘 알아야 하며, 교회 직분자가 성경 내용을 잘 모르면 자격 논란이 될 수도 있습니다. 특히 목사인 저는 성경을 가지고 먹고사는 사람이라고 말해도 과언이 아닐 것입니다. 성경을 읽기도 하고, 성경에 관한 책들도 찾아 읽고, 성경으로 설교도 하고, 성경 공부도 인도합니다. 제 주변에는 성경을 사랑하고, 성경의 내용에 아주 해박한 지식을 가지고 있는 분도 많습니다. 성경을 가까이 하고 성경을 읽고 공부하는 사람들이 훌륭한 그리스도인이라고 생각한다면 오늘 본문에서 예수님이 하신 말씀에 당황스러움을 느낄 수 있습니다.

말씀이 너희 속에 거하지 않는다

유대 지도자들은 성경을 정말 소중하게 생각했고 성경을 열심히 공부한 사람들입니다. 랍비로 교육받은 바울이 감옥에 있으면서 편지를 쓸 때 구약 성경을 자유자재로 인용한 것을 보면서 바울은 아마도 구약 성경을 거의 다 외우다시피 했을 것이라고 주장하는 학자도 있습니다. 성경을 읽고 연구한 랍비들은 다양한 해석에 관심을 보였고, 안식일이면 회당에서 랍비들의 강론을 듣기도 하고, 몇 시간씩 율법서를 읽기도 했습니다. 그들이 왜 성경을 그렇게 가까이 했을까요?

오늘 본문에서 예수님은 그들이 성경에서 영생을 얻는 줄 생각하고 성경을 연구했다고 했습니다. 그들은 영생, 혹은 생명에 대한 관심으로 성경을 읽은 것입니다. 그러니까 그들은 성경의 의도와 목적을 정확하게 알고 있었습니다.

그런데 주님은 38절에서 "말씀이 너희 속에 거하지 않는다"고 하셨습니다. 그렇게 열심히 말씀을 읽고 묵상하는데 말씀이 그 안에 거하지 않는다니요? 그들은 성경의 가르침에 대한 확신 때문에 이방인들과 원수가 되기도 하고, 개인에게는 아무런 이득이 없음에도 말씀의 순수성을 지키기 위해서 몸싸움까지 불사했습니다. 심지어 말씀의 가르침에 대한 확신 때문에 타 종교를 믿는 사람들과 전쟁도 마다하지 않았는데 말씀이 그 안에 거하지 않는다니요? 이들은 요즘 기독교인들처럼 성경을 가지고 다니기는 하지만 한 번도 읽지 않는 사람들이 아니었습니다. 이들은 성경에 무슨 내용이 있는지도 모른 채 성경은 하나님 말씀이라고 고백하던 사람들과는 달랐습니다. 그들 안에 말씀이 없다는 말은 정말 억울한 말입니다.

예수님은 그들이 성경을 가까이 하지 않고, 성경을 성실하게 공부하지 않는 것을 책망하신 것이 아니었습니다. 그러면 그들이 무식했다는 말일까요? 영생을 얻는 길이 성경에 있는 줄 알고 열심히 연구하고 공부했지만 성경에 감추어진 심오한 뜻을 깨닫지 못한 것입니다. 그들은 성경을 정말 열심히, 그리고 진실 되게 읽고 연구했지만 성경이 워낙 어렵고 난해한 책이라서 영생 얻는 길을 엉뚱한 곳에서 찾은 것입니다.

지난 2,000년 동안 수많은 사람이 성경을 연구했어도, 그리고 구약의 의미와 상징을 설명해 주는 신약 성경을 가지고 있어도 성경은 여전히 어렵습니다. 그러니 당시 사람들이 성경의 맥을 짚기는 정말 어려웠던 것입니다. 오직 그리스도를 믿음으로 영생을 얻는 것인데, 거룩하게 살면 되는 줄 알고 거룩하게 살려고만 애쓴 것입니다. 그래서 예수님은 말씀이 그들 안에 거하지 않는다고 하신 겁니다. 정말 그런 걸까요? 저는 그것도 아니라고 생각합니다.

예수님이 이 땅에 오셨을 때 동방 박사들이 예루살렘에 와서 헤롯왕에게 메시아의 탄생에 관해 물었습니다(마 2:2 참조). 그때 헤롯왕이 대제사장과 서기관들을 모아서 메시아가 어디서 나겠느냐고 물었을 때(마 2:4 참조) 그들은 베들레헴이라고 정확하게 답할 수 있었습니다(마 2:5 참조). 그들은 성경이 메시아의 예언에 관해 말하고 있다는 것도 알았습니다. 메시아가 그들의 유일한 소망이라는 고백도 있었습니다. 그들은 결코 무지하지도, 무식하지도 않았습니다. 그런데도 예수님은 그들에게 말씀이 너희 안에 거하지 않는다고 했습니다. 그 이유가 뭘까요? 38-40절에서 주님은 이렇게 말씀하십니다.

> 그 말씀이 너희 속에 거하지 아니하니 이는 그가 보내신 이를 믿지 아니함이라 너희가 성경에서 영생을 얻는 줄 생각하고 성경을 연구하거니와 이 성경이 곧 내게 대하여 증언하는 것이니라 그러나 너희가 영생을 얻기 위하여 내가 오기를 원하지 아니하는도다(5:38-40).

그들은 예수님이 메시아인지 아닌지에 확신이 없던 게 아닙니다. 영생을 얻기 위해 성경을 읽는다고 하면서도 그들의 관심은 영생이나 하나님 나라에 있지 않았던 것입니다. 그들은 메시아를 기다린다고 했지만 자기의 의를 드러내는 일에 더 관심이 있었습니다. 성경을 읽고 연구했지만 자신들이 성경 내용을 많이 안다는 것으로 그렇지 못한 사람들과 차별되려 했고, 율법에 여러 규정을 만들어서 자기들이 얼마나 의로운 사람들인지를 보이고 싶어 했습니다. 그래서 그들은 마치 진리의 수호자라도 된 것처럼 자신들의 신학적인 입장과 맞지 않는 사람들을 정죄했고, 자기들이 만든 전통과 규례로 울타리를 만들어 그 안에서 영생을 얻을 수 있다고 생각했습니다.

예수님을 찾아와 어떻게 하면 영생을 얻을 수 있는지 물은 율법사(눅 10:25)도, 그리고 부자 청년(마 19:16)도 진정으로 영생을 얻는 방법을 알고 싶어서 물은 것이 아니라 자신들의 의와 경건함을 통해 그들이 영생을 얻었음을 확인하고 싶었던 것입니다. 그런데 그들에게 주님이 이렇게 선언하시는 것입니다. "말씀이 너희 안에 없다. 성경은 나에 대해서 증거하고 있지만 너희는 나에게 오기를 원치 않는다." 성경에 영생의 길이 있다고 믿어 성경을 연구하면서도 예수님을 믿고 싶지는 않았습니다. 성경 연구는 자신의 의를 드러내고 경건함을 보이는 수단일 뿐 그 말씀에 순종할 마음은 전혀 없었던 것입니다.

그들은 성경을 연구하면서도 자신의 죄를 보지 못했고, 하나님의 의를 보지 못했고, 메시아를 통한 영생의 길을 보지 못했습니다. 성경은 그들을 겸손하게 만드는 것이 아니라 교만하게 만들었고, 하나님을 바라보게 만드는 것이 아니라 자기의 의를 보게 만들었습니다. 예수님은 그들에게 정말 진지하게 영생에 이르는 길을 말씀하시며, 성경은 예수님이 영생을 얻는 길이라고 증거한다고 말씀하셨습니다.

예수를 통해 생명을 누리라

저는 성경에 윤리적인 가르침이 있다고 믿습니다. 인간이 어떻게 살아야 의미 있는 삶을 사는 것인가에 관한 지혜도 있다고 생각합니다. 아주 심오한 우주의 원리도 성경에서 찾을 수 있고, 역사적으로나 과학적으로 신뢰할 수 있는 정보들도 성경에 있다고 생각합니다. 심지어 건강하게 장수하는 비결도 찾을 수 있을지 모릅니다. 그런 것들은 우리가 세상을 살아가는 데 유용한 것들입니다. 성경이 가장 오랜 시간 최고의 베스트셀러가 될 수 있었던 것은 단순히 기독교인이 많아서는 아닐 것입니다. 인문학적으로 누구나 한 번 쯤 읽어 보아도 좋은, 다양한 장르로 엮어진 고전이기 때문에 그렇게 오랜 시간 많은 사람에게 사랑받은 것이며, 문학적, 역사적 가치 때문에 해석적 차이로 인한 싸움도 가능했을 것입니다.

그런데 바로 이런 다양한 유익들이 성경이 말하고자 하는 본래의 의미를 가렸습니다. 저는 성경을 통해서 우리가 믿는 바를 체계적으로 정리한 교리의 중요성은 인정하지만 교리에 대한 확신과 중요성이 예수님을 믿고 사랑하기보다는 학문적 아성에서 자기의 의를 드러낼 수 있음을 인정하고 경계해야 한다고 생각합니다. 성경을 가까이 함으로 죄인임을 알게 되는 것이 아니라 지식을 자랑하는 교만에 빠질 수 있다는 말입니다.

신학을 공부해서 성경에 대한 체계적인 지식을 가지고 있어도, 성경을 달달 외울 정도로 성경을 많이 읽고 경건 훈련을 했어도 그 성경이 증거하는 예수 그리스도를 믿고 의지함으로 생명에 이르지 못한다면 성경의 참된 가치를 왜곡시킨 것입니다. 예수님이 말씀하신 대로 성경은 예수님에 관해서 증거하는 책이기 때문입니다. 성경을 가지고 설교하면서 자녀가 좋은 대학을 가고 부자가 되는 법, 세상의 염려에서 자유하고 마음을 비우는 인격 수양을 하는 법을 말하고, 더는 현대인들에게 맞지 않는 영생이니 예수 그리스도의 대속이니 하는 이야기는 하지 말자고 한다면 설령 틀린 말이 아니라 할지라도 본질에 대한 왜곡이라는 말입니다. 그토록 철저하게 성경을 연구한 유대인들이 성경이 증거 하는 예수님을 죽이려 한 것은 성경이 말하고자 하는 것을 믿으려고 하지 않고, 자기의 만족과 편리를 위한 목적으로 성경을 이용하려 했기 때문입니다. 그들은 생명에 관심이 있는 사람들이 아니라 지식에 관심이 있는 사람들이고, 지식을 통한 신분에 관심이 있는 사람들이었기 때문입니다.

그러나 오해하지 마시기 바랍니다. 지식이 유용하지 않다는 말이 아닙니다. 지식의 유용함이 원래의 목적에 방해가 될 수 있다는 말입니다. 모임도 하고, 제자 훈련도 하고, 저처럼 성경을 가지고 설교도 하고, 매일 아침 성경을 읽어도, 성경이 증거 하는 바 예수 그리스도를 통해 영원한 생명을 주신 하나님의 사랑에 확신을 가지지 않는다면 아무리 성경에 대한 지식이 가득할지라도 예수님은 그 안에 말씀이 거하지 않는다고 하실 것입니다.

애석하게도 성경의 중요성을 강조하고, 성경을 가까이 한다고 하면서도 예수님을 통한 은혜와 사랑에 더욱 감격하기보다 오히려 성경을 많이 아는 사람들 때문에 파벌과 분쟁이 일어나고, 정죄와 판단이 흥하는 것을 우리는 교회 역사를 통해 목격했습니다. 성경의 목적은 인격 수양이나 인생에 필요한 지혜와 지식을 제공하는 데 있는 것이 아닙니다. 비슷한 확신을 가지고 있는 사람을 모아 제국을 세우는 데 있는 것도 아닙니다. 성경의 목적은 죄로 말미암아 하나님과 단절되어 아무런 소망도 없는 인간들을 구원하여 영원히 살 수 있도록 하기 위한 길로서 예수 그리스도를 증거 하는 것입니다. 그렇다면 예수가 없는 성경 공부, 설교, 경건 훈련은 생명이 없는 종교 행위일 뿐입니다.

목사, 학자, 교회 지도자는 "네가 성경을 연구하고, 많은 지식이 있으나 그 안에 말씀이 없도다"라는 주님의 책망을 두려운 마음으로 마음에 새겨야 할 것입니다. 지금도 교리적인 확신 때문에 이단을 색출하는 데 혈안이 되어 있으면서도 정작 그 심령 안에는 은혜로 인한 감격도, 죄인을 불쌍히 여기는 마음도 없다면 모든 것을 멈추고 예수님을 바라보아야 합니다. 예수가 없는 설교와 신학은 아무리 유익해도 생명이 없는 설교이고 신학입니다. 성경의 목적은 생명을 주는 것이고, 그 생명은 예수님을 통해 얻기 때문입니다. 오늘도 여러 모임과 삶의 현장에서 예수 그리스도를 향한 감사와 감격을 나눌 수 있기를 바라고, 그분을 통한 생명을 나누시기 바랍니다.

John
요한복음

요한복음 5장 41-47절

나는 사람에게서 영광을 취하지 아니하노라 다만 하나님을 사랑하는 것이 너희 속에 없음을 알았노라 나는 내 아버지의 이름으로 왔으매 너희가 영접하지 아니하나 만일 다른 사람이 자기 이름으로 오면 영접하리라 너희가 서로 영광을 취하고 유일하신 하나님께로부터 오는 영광은 구하지 아니하니 어찌 나를 믿을 수 있느냐 내가 너희를 아버지께 고발할까 생각하지 말라 너희를 고발하는 이가 있으니 곧 너희가 바라는 자 모세니라 모세를 믿었더라면 또 나를 믿었으리니 이는 그가 내게 대하여 기록하였음이라 그러나 그의 글도 믿지 아니하거든 어찌 내 말을 믿겠느냐 하시니라

6장
"내 말을 믿겠느냐?"

요즘 한국 교회와 이민 교회를 시끄럽게 하는 신천지의 교주인 이만희 씨는 자신을 소개하는 책자에 "만유의 대주재요, 영광의 본체이시나 낮아짐으로 섬김의 본을 보인 보혜사"라고 했습니다. 인터넷에 올라온 그들의 찬송가 가사를 보면 이렇습니다. "구원이 선생님께 있네. 심판이 선생님께 있네. 하나님이 예수님께 주신 것처럼 예수님이 그에게 맡기셨네. 우리는 믿네. 다시 오신 보혜사." 신천지 못지않게 교세를 확장시켜 가는 안상홍증인회의 하나님의교회라는 집단에서는 안상홍 씨가 성령 하나님 아버지이고, 그의 아내 장길자 씨는 하나님 어머니라고 주장합니다. 2018년 현재 한국 신천지의 교인 수는 12만 명이 넘고, 하나님의교회는 세계적으로 250만 명의 교인이 있다고 합니다. 정말 대단한 교세입니다.

상식적으로는 정말 터무니없는 이야기들인데 어떻게 이렇게 많은 사람이 모일까요? 신기하지 않나요? 자신을 하나님이라고 부르라고 하고, 자기 아내를 하나님 어머니라고 부르라고 하는 이런 사람은 어떤 사람일까요? 그런데 그리스도인으로서는 이런 사람을 꼭 터무니없다고만 말할 것이 아니라고 생각합니다. 저도 어제 저녁에 기도하는 중에 하나님의 음성을 들었습니다. 하나님이 저에게 말씀하셨습니다. "내가 너를 통해 전 세계를 복음화하겠다. 물질주의에 물들지 않아서 바알에게 무릎 꿇지 않는 자 70명을 너에게 줄 것이니 그들과 함께 세상을 복음화하라." 저는 믿을 수가 없었습니다. 그래서 다시 물었습니다. "하나님이 저와 동역할 70명을 보내주셔도 제가 어떻게 그들을 알아볼 수 있겠습니까?" 하나님이 이렇게 말씀하십니다. "네가 전하는 말을 믿고 너에게 십만 달러를 가져오는 자들이 바로 나를 위해 헌신된 자이니 내가 그들에게 100배로 갚아 주리라."

"여러분, 믿음으로 하나님께 투자한다면 온 세상이 복음화될 것이고, 여러분은 수년 안에 천만 불을 얻게 될 것입니다. 제발 제 말을 믿어 주세요." 제가 여러분께 진심으로 이렇게 말한다면 제 말을 믿는 분들의 심리 상태도, 제 말을 절대로 믿을 수 없는 분들의 심리 상태도 한번 진지하게 생각해 보아야 하는 건 아닐까요?

아마도 C. S. 루이스가 말한 대로 셋 중 하나일 것 같습니다. 그런 계시를 받은 적이 없는 줄 알고 있으면서도 그런 계시를 받았다고 말한다면 저는 사기꾼입니다. 틀림없이 여러분을 속여서 이득을 취하려는 악한 마음이 있는 것입니다. 그런 계시를 받은 적이 없음에도 계시를 받았다고 확신하기 때문에 그렇게 말한다면 저는 정신병자입니다. 환각 증상이나 과대망상으로 마치 그런 하나님의 음성을 들은 것 같아서 스스로도 속고 있는 것입니다. 이 경우는 병이 든 것입니다. 그렇지 않다면 세 번째 가능성은 정말로 그런 계시를 받은 것입니다. 하나님이 정말로 그렇게 말씀하신 것입니다.

제가 그렇게 악한 마음을 먹고 사람들을 속이거나 정신적인 질환을 앓고 있지 않다는 확신이 있다면, 여러분에게도 극단적인 믿음의 결단이 필요합니다. 저를 통해 전 세계를 복음화하겠다는 계시를 받았다는 제 말은 셋 중 어디에 속할까요? 네 번째 경우에 속합니다. 설교를 하면서 여러분에게 웃음을 주려고 귀여움을 떨고 있는 것입니다. 하지만 생판 모르는 사람이 갑자기 나타나서 아주 진지하게 이렇게 말한다면 정말 황당할 것 같지 않습니까?

신천지와 안상홍증인회에 빠진 사람들은 이만희 씨와 장길자 씨의 엄청난 선언에 믿음으로 반응한 것입니다. 물론 그렇게 교인이 된 사람들 중에는 정말로 그들의 말을 믿는 사람들도 있을 것이고, 그들 나름의 이득과 욕심을 가지고 속는 척하고 있는 사람들도 있을 것입니다.

황당함은 당연하다

예수님이 사시던 당시의 유대인들은 얼마나 당황스러웠을까요? 나사렛 출신 목수의 아들이 갑자기 나타나서 병자들을 고치고 기적을 행하더니 자기가 메시아라고 말할 뿐만 아니라 자기가 곧 하나님이라고 말합니다. 사기꾼이거나 정신병자이거나 정말로 메시아일 텐데 당시 지도자들로서는 아주 신중하고 냉정하게 판단해야 했습니다. 이만희 씨가 정말 보혜사이고, 장길자 씨가 정말 하나님의 어머니이면 어떻게 합니까? 여기까지만 설교를 듣고 제가 드디어 신천지 본색을 드러낸다고 생각하거나, 노 목사가 신천지에 빠졌다고 말하는 분은 없기를 바랍니다.

이만희 씨와 예수님을 비교하는 것 자체가 말도 안 되는 것이지만 당시 유대 지도자들이 느꼈을 황당함과 분노가 어쩌면 우리가 이만희 씨에 대해 느끼는 황당함과 비슷했을 수도 있겠다는 생각이 듭니다. 왜 꼭 당시 유대 지도자들에게 문제가 있었다고 생각해야 할까요? 어찌 생각하면 자신을 하나님이라고 부르는 예수님을 무시한 것도, 믿을 수가 없어서 대적한 것도 당시 상황에서는 당연한 일이었겠다 싶습니다.

그럼 도대체 그들의 문제는 무엇이었을까요? 적그리스도가 워낙 많고 백성을 호도하는 거짓 선지자들의 피해가 많다면 유대 지도자들로서는 기적을 베풀었다고 예수님의 말씀을 무조건 받아들일 수는 없는 일 아닙니까? 정말 기다리던 메시아인지 신중하게 하나님의 말씀을 살펴보고, 예수님의 말씀과 행적을 관찰하고, 겸손하고 진지한 마음으로 메시아를 앙망해야 하는 것 아닙니까?

그건 믿음이 없다고 무조건 책망하거나 정죄할 일이 아닙니다. 사실은 바로 그런 사람들을 위해서 누가도 누가복음을 기록하면서 예수님이 바로 그리스도이심을 이방인들에게 증거 하려고 애썼고, 요한도 여러 표적과 말씀을 통해 예수님이 바로 그리스도였음을 증거 해서 오늘 우리에게까지 이른 것 아닙니까?

오늘 설교의 목적은 예수님이 다른 적그리스도와 어떻게 달랐는지를 증명하거나 예수님이 진짜 그리스도이셨음을 확실하게 증명하는 것에 있지 않습니다. 제게는 그럴 능력도 없거니와 이를 위해서는 우리가 가지고 있는 성경이면 충분하다고 믿습니다. 저와 여러분은 이미 예수를 그리스도시요 살아 계신 하나님의 아들로 믿고 있기에 오늘 설교를 통해서는 예수님이 지적하신 유대인의 문제에 대해 알아보겠습니다. 아울러 우리의 마음도 살펴보겠습니다.

사람의 영광은 받지 않으신다

예수님은 그들이 예수님의 말씀과 표적을 믿지 못하는 이유 중 하나가 서로 영광을 취하는 것이라고 하셨습니다. 그러면서 주님은 사람의 영광을 취하지 않는다고 하셨습니다(5:41). 사람에게서 영광을 취하지 않는다는 말씀이 석연치 않습니다. 그렇다면 우리가 하는 예배는 뭔가요? 우리는 주님의 영광을 위해서 사는데 주님은 우리의 영광을 취하지 않는다고 하시면 참 섭섭한 일 아닌가요? 주님의 이름을 높이기 위해서 예배하고, 주를 영화롭게 하기 위해서 거룩하고 의롭게 살려고 애쓰고 있는데 주님이 "난 그런 것 필요 없다. 난 사람의 영광을 받지 않는다"고 말씀하시면 우리는 어떻게 해야 합니까? 정말 예수님은 사람에게서 영광을 받지 않으시나요?

저는 우리가 주님을 영화롭게 할 때 주님이 가장 기뻐하신다고 믿습니다. 그러니까 이 말씀은 주님이 우리의 찬양과 섬김을 기뻐하지 않으신다는 의미가 아닙니다. 주님은 마치 우리의 찬양에 목말라 하셨던 것처럼 우리의 찬양을 기뻐하시고, 주님의 제자들이 주님의 이름 때문에 고난당하고 주님의 영광을 위해서 희생당할 때 그 수고와 아픔을 귀하게 보십니다.

몇 년 전 제 생일에 집에 들어갔더니 제 아들이 다이어트 콜라 캔 하나하나에 'Happy Birthday Daddy'라고 써 붙여서 침대 모서리에 놔 두었습니다. 자기 아버지가 다이어트 콜라에 중독되어서 몸이 망가지는 것도 모르고 말입니다. 아무튼 저는 그 선물이 몹시 좋아서 사진을 찍어 두었습니다. 제게 살 돈이 없었겠습니까? 그 콜라도 결국 제 돈으로 산 것이나 다름 없습니다. 그래도 매우 기뻤습니다. 주님은 자존하시는 분이고 사람의 영광을 필요로 하는 분이 아니지만, 우리를 사랑하셔서 자녀 삼으시고 우리로 인하여 기뻐하기로 작정하신 분입니다. 그래서 주님을 믿고 사랑하는 우리에게서 영광 받기를 원하시고 영광을 취하기를 기대하시는 분입니다.

그렇다면 하나님이 그냥 겸손함으로 하신 말씀일까요? 당신보다는 자식을 더 걱정하셔서 난 필요 없으니까 용돈을 보내지 말라든지, 외롭고 적적하시면서도 난 괜찮으니까 피곤한데 자꾸 찾아오려고 하지 말라는 부모님의 심정으로 하신 말씀일 겁니다. 어차피 하나님은 스스로 만족하시는 분으로 사람의 영광이 없어도 온전히 영화로운 분이기 때문에 사랑하는 자녀들에게 부담을 주지 않기 위해서 그리 말씀하신 것입니다. 정말 그럴까요? 저는 그것도 아니라고 생각합니다. 처음부터 하나님이 우리에게 하나님을 섬기고 하나님을 영화롭게 하라고 하신 것은 궁극적으로 하나님의 만족을 위해서가 아니라 인간의 만족을 위해서 주신 말씀이기 때문입니다.

하나님의 사랑이 없는 상태

제가 이해하기에 이 말씀은 사람들이 서로 영광을 취하는 것과 같은 그런 영광을 주님은 사람에게서 취하지 않으신다는 의미입니다. 조금 더 설명을 하겠습니다. 예수님이 오셔서 메시아로서의 표적을 보여 주셨을 때 그들은 예수님을 믿지 않았습니다. 그들이 예수님을 믿고 영접하지 않은 이유는 예수님이 메시아라는 확신이 없어서가 아닙니다. 다른 사람들이 와서 허접하고 빈약한 논리와 증거로 자신을 메시아라고 했을 때는 믿었으니까요. 그들은 사기꾼이었고, 백성을 호도해서 자신들의 야망을 채우려는 악한 자였음에도 그들을 따랐습니다. 그 어떤 성경적인 근거도 없고, 그 어떤 표적도 보여 줄 수 없어도 그들을 메시아로 추종하는 사람들이 있었습니다. 어떻게 그럴 수 있는지 신기하지 않습니까? 주님은 그들이 서로 영광을 취하기 때문에 그렇다고 말씀하신 것입니다. 그러니까 그들은 진정으로 생명이나 하나님과의 관계에 관심을 가지고 있던 사람들이 아니었습니다. 그들의 관심은 서로를 이용해서 서로 높아지려는 것에 있었습니다.

메시아가 아님에도 메시아가 되려고 한 것도, 메시아에는 관심도 없으면서 메시아로 떠받들고 따라다닌 것도 서로 영광을 취하기 위해서 한 것이었습니다. 그런 상태를 주님은 그 마음에 하나님의 사랑이 없는 상태라고 하셨습니다. 어차피 아무도 하나님에게는 관심이 없고 자기 자신에게만 관심이 있기 때문에 진짜 메시아가 왔을 때, 그리고 그를 통하여 영광과 부귀를 얻기보다는 고난과 희생이 요구되었을 때, 그들은 예수님을 믿을 수 없었습니다. 아니, 믿지 않기로 했습니다. 그들의 궁극적인 관심은 자신이 영광을 얻는 것이기 때문입니다.

그런데 우리 주님은 달랐습니다. 그런 영광을 원했더라면 주님은 인간이 되시지 않았을 것입니다. 그냥 하늘나라에 계시면서 서로 영광을 취하느라 하나님을 섬기지 않는 인간들을 심판하시면 됩니다. 굳이 인간이 되지 않아도 주님은 영광스러운 분입니다. 주님은 주님을 위해서가 아니라 우리를 위해서 이 땅에 오셨습니다. 서로 영광을 취하려고 하는 인간과는 달리 주님은 사랑으로 당신을 내어 주셨습니다. 그래서 주님은 사람에게서 영광을 취하지 않는다고 하셨습니다. 그러니까 주님이 말씀하신 것은 단순히 사람의 인정이 필요 없다는 말씀이 아니라 남보다는 자기 자신에게 더 관심을 두지 않았다는 말씀입니다. 다시 말하면 영광을 취하려고 사람을 이용하지 않는다는 말씀입니다.

우리에게 자유와 구원을 주기 위해서

사람들은 하나님에게 일종의 공포감을 가지고 있습니다. 절망과 두려움에 빠져 누군가의 도움이 절실히 필요한 상황에서 하나님께 도움을 구한다면 도와주는 조건으로 우리에게 절대적인 복종과 희생을 요구할 것 같습니다. 혹은 꼭 필요한 도움을 받기 위해서는 지금 하나님을 위해 뭔가를 해드려야 할 것 같습니다.

여러분은 주님께만 영광을 돌리라는 말이 부담스럽지 않습니까? 이는 마치 자식의 수술비를 마련하기 위해서 남의 집 하인이 되기로 하고 돈을 빌린 후에 자식이 수술을 잘 마치고 건강해지면 은혜에 보답하는 심정으로 돈을 빌려준 사람을 위해서 평생을 종살이 하면서도 늘 감사해야 할 것 같은, 그런 마음 같지 않습니까? 힘들다는 말을 입에 담는 것조차 배은망덕한 것 같아서 시키는 대로 해야 하고, 늘 감사한 마음을 가져야 합니다. 하나님께 영광을 돌리라는 말은 은연중에 부담이 됩니다. 그것은 자유의 억압이고, 누군가를 위해 살아야 한다는 의무인 것 같아서 차라리 아무리 힘들고 낙심되어도 도움을 요청하고 싶지 않을 정도입니다.

예수님은 그런 게 아니라고 말씀하고 계십니다. 예수님은 사람들과 상하 복종 관계, 채무와 채권의 관계, 혹은 이득을 취하기 위해 서로를 이용하는 관계를 위해 이 땅에 오신 분이 아닙니다. 그래서 주님은 "내가 너희를 아버지께 고발할까 생각하지 말라. 너희를 고발하는 이가 있으니 곧 너희가 바라는 자 모세니라"는 심오한 말씀도 하셨습니다.

예수님은 자기를 믿지 않으면 심판하겠다고 인간들에게 으름장을 놓으러 오신 분이 아닙니다. 당신을 따르지 않는 자들에게 벌을 주러 오신 분도 아닙니다. 인간의 불행과 절망, 심판은 이미 모세의 율법을 통해서 선언되었습니다. 예수님은 38년 된 병자를 고치시고, 시각 장애인의 눈을 뜨게 하시고, 가난하고 불쌍한 사람들에게 용서와 사랑을 선포하셨습니다. 단순한 죽음의 절망뿐 아니라 모세의 율법을 통해 그 죽음이 곧 심판의 시작일 수밖에 없는 인간들에게 참된 자유와 구원을 주기 위해서 주님이 오셨습니다.

안식일을 지키는 것도 이제는 짐일 수 없고, 어떤 율법적 요구도 축복과 저주의 흥정일 수 없는, 무조건적이고 완전한 사랑으로 우리 주님이 이 땅에 오신 것입니다. 그런데도 주님을 영접하지 않았습니다. 그 사랑을 믿지 못했습니다. 오히려 축복과 저주로 흥정하려 하고, 사람의 영광을 취하려 하는 사람들의 말은 믿으면서도 예수님의 말은 믿으려고 하지 않았습니다. 절대로 그럴 리 없다고 생각해서입니다.

이 세상에 살면서 서로 영광을 취하려는 사람들은 수없이 봐 왔지만 아무것도 바라지 않고 무조건 자신을 내어 주는 사랑은 경험한 적이 없기 때문입니다. 차라리 서로 조금씩 이득을 보자는 말이 더 설득력이 있었기 때문입니다. 이단과 교회 지도자들의 강압적이고, 위협적인 말에 차라리 더 편안함을 느끼는 이유도 거기에 있는 것입니다.

처음에는 요한도 그렇게 생각했습니다. 의심도 많았고, 서로 영광을 취하기 위해 주님을 따르는 대신 자신을 오른편이나 왼편에 앉게 해달라고 요청도 했습니다. 하지만 예수님의 사랑은 진짜임을 나중에야 알았습니다. 그 사랑은 사람의 영광을 취하기 위해 내어 준 조건부 사랑이 아니라 사람을 불쌍히 여김으로 영원한 생명을 주기 위해 당신의 생명을 내어 주신 무조건적인 사랑임을 나중에야 알았습니다.

저는 사람들이 이 사랑을 자꾸 영광을 취하려는 사랑으로 이해할 때 주님이 마음 아프시겠다는 생각이 들었습니다. "내가 기도를 하지 않았더니 주님이 섭섭하셔서 나를 힘들게 하시나? 내가 요즘 형편이 어려워서 헌금을 적게 했더니 주님이 이제 나를 사랑하지 않으시나? 하나님도 하나님께 잘하는 사람에게 복을 더 주시지, 말도 안 듣고, 잘 섬기지도 못하는 사람에게 복을 주시겠어?" 저는 저의 알량한 공적으로 때로는 생색을 내기도 하고, 때로는 실망하기도 하고, 때로는 흥정을 하기도 하면서 주님과 서로 영광을 취하려 했습니다. 그래도 하나님은 저를 한결같이 사랑하셨습니다. 물론 저는 하나님의 징계도 있다고 믿고, 하나님이 분노도 하신다고 믿습니다. 하지만 그것도 사랑에서 비롯된 것이라고 믿습니다. 저는 하나님의 사랑을 사업의 형통이나 건강으로 아는 게 아니라 예수님을 통해서 압니다.

주님은 안타까워하며 말씀하십니다. "너희가 모세의 글도 믿지 아니하거든 어찌 내 말을 믿겠느냐? 내가 너를 진정 사랑하여 너를 위하여 이 세상에 왔으며 너에게 영광을 구하기 위함이 아니라 너에게 생명을 주기 위함임을 너희가 정녕 믿을 수 있겠느냐?" 우리는 정말 하나님이 이처럼 세상을 사랑하셔서 무조건 독생자를 주셨음을 믿을 수 있습니까?

John
요한복음

요한복음 6장 1-13절

그 후에 예수께서 디베랴의 갈릴리 바다 건너편으로 가시매 큰 무리가 따르니 이는 병자들에게 행하시는 표적을 보았음이러라 예수께서 산에 오르사 제자들과 함께 거기 앉으시니 마침 유대인의 명절인 유월절이 가까운지라 예수께서 눈을 들어 큰 무리가 자기에게로 오는 것을 보시고 빌립에게 이르시되 우리가 어디서 떡을 사서 이 사람들을 먹이겠느냐 하시니 이렇게 말씀하심은 친히 어떻게 하실지를 아시고 빌립을 시험하고자 하심이라 빌립이 대답하되 각 사람으로 조금씩 받게 할지라도 이백 데나리온의 떡이 부족하리이다 제자 중 하나 곧 시몬 베드로의 형제 안드레가 예수께 여짜오되 여기 한 아이가 있어 보리떡 다섯 개와 물고기 두 마리를 가지고 있나이다 그러나 그것이 이 많은 사람에게 얼마나 되겠사옵나이까 예수께서 이르시되 이 사람들로 앉게 하라 하시니 그곳에 잔디가 많은지라 사람들이 앉으니 수가 오천 명쯤 되더라 예수께서 떡을 가져 축사하신 후에 앉아 있는 자들에게 나눠 주시고 물고기도 그렇게 그들의 원대로 주시니라 그들이 배부른 후에 예수께서 제자들에게 이르시되 남은 조각을 거두고 버리는 것이 없게 하라 하시므로 이에 거두니 보리떡 다섯 개로 먹고 남은 조각이 열두 바구니에 찼더라

7장
잊힌 사람들

제가 대학교에 다닐 때 고대 역사 과목을 들은 적이 있습니다. 교수님이 엄청난 반 기독교인이었습니다. 강의하는 동안 몇 번이나 기독교는 역사적으로 신빙성이 없는 엉터리라고 비웃었습니다. 그 이유 중 하나가 예수가 정확하게 언제 출생했는지도 모르면서 엉뚱한 날 생일잔치를 한다는 것이었습니다. 정확하게 몇 년 몇 월 며칠에 출생했는지도 모른 채 빈약한 역사적 근거를 가지고 왜 그렇게 요란스럽게 생일잔치를 하는지 모르겠다고 말했습니다. 당시 교실에 있던 학생들은 이 말을 듣고 깔깔거리며 웃었습니다.

미국에 온 지 3년밖에 안 된 저로서는 반론을 제기할 만한 실력도 없었지만 괜히 창피하고 화가 났던 기억이 납니다. 하지만 교회 창립기념일을 생각해 보면, 창립 기념 행사를 하는 날이 꼭 그 교회가 실제 창립된 날이 아닐 수도 있습니다. 그날의 의미를 되새기기 위해 그 즈음에 하루를 정해서 기억하고 기념하면 되는 것입니다. 이처럼 성탄절도 역사적 정확성보다는 그 의미를 되새기는 데 더 집중해야 합니다. 사실 교인들이 알고 있는 것 중에는 역사적 근거가 약하고 성경적 증거도 애매해서 항상 비판의 대상이 되는 것이 몇 가지 있습니다.

일반적으로 사람들은 예수님이 12월 25일에 출생하시고 30세에 사역을 시작하셔서 3년간 사역을 마치신 후 33세에 승천하신 것으로 알고 있습니다. 초대 교회는 예수님의 생일을 따로 기념하지 않았으니까 주님이 12월 25일에 탄생하셨다는 전통은 주님이 탄생하시고 몇 백 년이 지난 후에 제정된 것이라서 정확하지 않습니다.

예수님이 공생애를 30세에 시작하셨다는 것도 몇 가지 참고할 만한 역사적인 근거들이 있기는 하지만 성경적으로는 예수님이 가르치심을 시작하실 때에 30세쯤 되었다고 한 누가복음 3장 23절에 근거할 뿐입니다. 하지만 30세 즈음이 정확히 30세를 의미하지 않는다면 28세나 29세였을 수도 있고, 31세였을 수도 있습니다.

그렇다면 예수님이 3년간 사역하셨음은 어떻게 알 수 있을까요? 이것 역시도 추정해 볼 만한 역사적인 근거들이 있기는 하지만 정확하지는 않고 성경에는 예수님이 3년간 사역하셨다는 기록이 없습니다. 3년이라고 짐작하는 이유는 요한복음 때문입니다. 요한복음은 예수님이 지내신 유월절을 세 번 기록하고 있습니다. 사역 기간에 유월절을 세 번 지내셨다면 정확하게 3년일 수는 없습니다. 3년은 넘고 4년이 안 될 수도 있습니다. 마태복음, 마가복음, 누가복음에는 예수님이 지내신 유월절이 한 번밖에 나오지 않고, 요한복음에만 3번 나오는데 예수님이 보내신 유월절을 요한이 모두 기록하고 있는 것이 아니라면 어떤 학자들이 주장하는 대로 요한복음에 명시되지 않은 또 다른 유월절이 있을 수도 있습니다. 그러니까 예수님의 공생애는 3년이 안 될 수도 있고, 3년이 조금 넘을 수도 있습니다. 예수님의 공생애가 4년이었다고 해도, 예수님이 32세에 돌아가셨다고 해도 크게 달라질 것이 없기 때문에 거기에 그렇게 큰 의미를 두지 않는 것이 좋습니다.

유월절을 세 번 기록하다

하지만 요한복음에서 세 번에 걸쳐 예수님이 지내신 유월절을 다루고 있는 것은 신학적으로 깊은 의미가 있습니다. 요한복음에 나오는 첫 번째 유월절에 예수님은 예루살렘에 올라가셔서 성전을 청결케 하시면서 당신이 곧 성전임을 증거하셨습니다. 성전이 곧 하나님의 임재와 언약을 상징했다면, 임마누엘이신 예수님이 언약과 임재의 완성으로 이 땅에 오셨음을, 즉 예수님은 구원자로 이 세상에 오신 분임을 유월절에 증거하셨습니다. 그리고 마지막 유월절에 예수님은 예루살렘에 올라가셔서 세상 죄를 지고 가는 유월절 어린양으로 우리를 위해 십자가에서 돌아가셨다고 요한은 증거합니다. 그리고 오늘 본문은 그 사이에 있는 두 번째 유월절을 언급하면서 오병이어 기적을 소개하고 있습니다.

사실 유월절이면 유대인들은 예루살렘에 올라가서 명절을 지켰고, 오병이어 기적이 따로 유월절과 관계가 있어 보이지 않는데도 요한은 마침 유월절 명절이 가까운 때였음을 의도적으로 강조하고 있음이 흥미롭습니다.

저는 요한복음에서 세 번 모두 예수님의 특별한 사역을 강조하기 위한 목적으로 유월절을 언급했다고 생각합니다. 그러니까 오병이어 기적을 기록하면서 유월절을 언급한 것은 오병이어 기적을 통해 예수님의 사역의 한 면을 특별히 강조하기 위한 의도였다는 것입니다.

다른 복음서의 기록을 보면 주님은 열두 제자를 갈릴리의 여러 마을로 보내어 전도하도록 하셨습니다. 이들은 많은 병자를 고쳤고, 많은 이적을 행했습니다. 그리고 그때 즈음에 유대인들이 존경하고 따르던 세례 요한이 헤롯에 의해서 죽임을 당했습니다. 늘 가난에 허덕이며 쉽지 않은 삶을 살아야 했던 백성은 그나마 세례 요한의 강력한 메시지를 통해 큰 위로와 용기를 얻었기에 세례 요한의 죽음에 적잖이 낙심되었을 것입니다. 영적으로, 심적으로, 그리고 물질적으로 많이 궁핍한 그들에게 예수님은 희망이고 위로였습니다.

주님은 그들에게 제자들을 보내셨고, 그의 제자들은 하나님 나라의 복음을 외치고, 병자들을 고쳐 주고, 가난한 자들, 병든 자들에게 위로와 구원의 메시지를 선포했습니다. 그래서 갈릴리 지방의 수많은 사람이 예수님과 그 제자들 주변에 모이기 시작했습니다. 마가복음에 보면 주님과 제자들이 음식을 먹을 겨를도 없을 만큼 사람들이 계속 찾아왔다고 했습니다. 주님은 쉼을 위해 제자들과 함께 배를 타고 호수를 건너 갈릴리 동쪽에 있는 언덕에 오르셨습니다. 주님보다 먼저 호수를 건너간 사람들도 있었습니다. 그들의 동기가 순수했든 불순했든, 그들이 처한 절박한 상황과 그들의 간절함과 목마름은 느낄 수 있습니다.

요한복음을 보면 주님은 백성들이 언덕 위에 계신 예수님을 향해 오는 모습을 보셨다고 했습니다. 한번 상상해 보시기 바랍니다. 그날 예수님이 기적으로 먹이신 장정만 5,000명입니다. 그렇다면 그때 모인 사람이 족히 20,000명은 되었을 것입니다. 수만 명의 사람이 언덕을 오르는 모습은 상상만 해도 가슴이 뛰고, 또 그들의 그 절박함에 눈물이 날 지경이 아닙니까? 이들의 모습은 애굽에서 탈출하여 홍해를 건너던 수백만 백성의 모습을 연상하게 합니다. 지긋지긋한 노예 생활에서 해방되어 애굽을 탈출하면서 양의 피를 문에 발라 하나님의 심판이 유월하게 하고, 식구들이 함께 모여 허리에 띠를 띠고, 발에 신을 신고, 손에 지팡이를 잡고 어린양을 잡아 번제로 드리고 나머지 고기를 먹도록 한 것이 유월절입니다. 유월절은 애굽 노예 생활에서의 해방을 의미하고, 하나님의 구원을 의미합니다.

그들이 애굽에서 구원받았음을 기억하도록 이스라엘 백성은 해마다 유월절을 지켰습니다. 그렇게 출애굽한 백성들은 광야 생활을 하면서 하나님이 그들에게 공급하신 일용할 양식인 만나를 먹었습니다. 이 만나는 모아 두지 못했습니다. 아니, 아무리 모아 두어도 의미가 없었습니다. 만나는 매일매일 그들에게 필요한 일용할 양식을 의미했고, 그 양식이 아닌 하나님을 날마다 의지하도록 하기 위한 것이기 때문입니다. 만나는 틀림없이 하나님이 끝까지 그들과 함께하시며 그들을 보호하실 것임을 보여 주는 하나님의 임재의 형태였습니다.

예수님은 오병이어 기적을 통해 백성들을 먹이신 후에 당신이 그들을 구원하기 위한 메시아라는 표적이 바로 하나님이 모세를 통해 백성들에게 떡을 준 것처럼 당신이 그 백성을 먹이신 것이고, 또한 궁극적으로는 예수님 당신이 우리를 위한 떡이 되셔서 우리로 하여금 그를 먹고 배부르도록 하는 것이라고 말씀하셨습니다. 다시는 주리지 않을 떡을 달라는 백성에게 주님은 "나는 생명의 떡이니 내게 오는 자는 결코 주리지 아니할 터이요 나를 믿는 자는 영원히 목마르지 아니하리라"(요 6:35)고 말씀하셨습니다.

비록 거친 광야를 지나야 했지만 그들을 애굽에서 건지시고 하나님의 심판을 유월하게 하신 것은 하나님의 사랑입니다. 고난과 슬픔 가운데 있는 백성을 향한 하나님의 불쌍히 여기심입니다. 이스라엘 백성이 400년 동안 종살이를 하면서 탄식하고 신음할 때 하나님은 아브라함과 맺은 언약을 잊지 않으셨습니다. 그 백성은 하나님께 잊힌 백성이 아니었습니다. 유월절은 하나님이 그 백성을 잊지 않았다는 강력한 메시지이고, 하나님의 백성은 유월절을 지킴으로 하나님이 그들을 잊지 않았음을 기억해야 했습니다.

주님은 그들을 불쌍히 여기셨다

마가복음에는 오병이어 사건을 기록하면서 그렇게 모여 있는 군중을 주님이 불쌍히 여기셨다고 했습니다. 이들이 왜 불쌍했을까요? 어린 소년이 가지고 온 점심을 보아도 알 수 있듯이 당시 사람들은 대체로 먹는 게 몹시 부실했습니다. 시간이 없거나 바빠서가 아니라 먹을 게 없어서 못 먹었습니다. 가난과 억압 때문에 그들은 절실했습니다. 그래서 주님은 그들을 불쌍히 여기셨습니다. 한 끼를 걸렀다고 불쌍히 여기시거나 한 끼도 해결할 수 없을 만큼 가난해서 불쌍히 여기신 것이 아니라 전반적으로 가난하고 삶에 지친 그들의 처지가 몹시 불쌍하고 애처로웠던 것입니다. 물론 유대인들이 그들의 절박한 상황에서 예수님을 왕으로 만들려는 오류를 범하기는 했지만 그래야 했던 그들의 마음도 이해 못할 것은 아닙니다.

사는 게 몹시 힘들었으니까요. 많이 지쳤으니까요. 그래서 예수님은 그들을 불쌍히 여기셨습니다.

제임스 보이스(James Boice) 목사는 오병이어에 관한 설교를 하면서 '잊힘'에 관해 언급했습니다(The Gospel of John). 로마의 폭정과 정치지도자들의 부패로 억압과 착취를 당하고, 가난과 질병에 허덕이며 힘겹게 살던 백성! 그래서 아무것도 보이지 않아 낙심하던 때에 나타난 세례 요한이 정치인, 군인, 세리와 창기를 엄하게 책망하며 회개를 외쳤을 때 그들은 희망을 보았습니다. 영적 부흥을 기대했고, 지도자들의 개혁을 기대했습니다. 그런데 요한도 헤롯에게 무참히 죽임을 당했습니다. 그렇습니다. 세상이 그렇게 바뀔 리가 없었습니다. 하나님은 그 백성을 잊으신 것입니다. 말라기 선지자 이후로 그 백성은 하나님께 잊힌 백성이었던 것입니다. 아니면 하나님이 무심하셔서 그 백성이 그토록 고난을 당하도록 그냥 내버려 두신 것입니다.

한 사건을 소개하겠습니다. 26살 청년이 20층 아파트 복도에서 투신자살을 했습니다. 자신은 열등감에 뭉친 쓰레기 같은 사람이라는 유서를 남겨 놓고 죽었습니다. 그는 자신이 잊힌 사람이라고 생각한 것입니다. 그런데 그가 떨어지면서 39세 양대진 씨를 덮쳤습니다. 불과 2미터 앞에 있던 만삭인 아내와 6살 된 아들에게 어서 오라고 손짓하는데 위에서 사람이 떨어져 압사당한 것입니다. 하나님이 살아 계신데 어떻게 이런 끔찍한 일이 일어날 수 있습니까? 어떻게 사는 게 이렇게 힘들 수 있습니까? 하나님이 분명 살아 계시다면 극심한 고난 중에 있는 누군가는 하나님께 잊혔다고 생각할 것입니다.

애굽에서 종살이를 하던 이스라엘 백성들도 그리 생각했습니다. 사람들은 잊힘을 두려워합니다. 하나님을 믿는 사람들은 하나님께 잊힘이 두렵고, 하나님을 믿지 않는 사람들도 사람들에게 잊힘이 두렵습니다. 하지만 아니었습니다. 하나님은 그들을 잊어버리지 않았습니다. 이스라엘 백성들에게는 그들이 절대로 잊힌 백성이 아님을 기억할 수 있는 날이 바로 유월절이었습니다. 힘겨운 삶의 여정에 지친 많은 무리가 구름처럼 주님께 몰려올 때 주님은 그들을 불쌍히 여기셨습니다. 그래서 그들에게 먹을 것을 주셨습니다.

삶이 고되고 힘들지라도

만나가 광야에서 굶주린 백성을 위한 양식이면서 동시에 하나님의 임재를 상징한 것처럼 예수님이 언덕에서 백성들에게 주신 음식은 굶주린 그들을 불쌍히 여기셔서 제공하신 양식이면서 동시에 예수님이 그들을 위해 당신을 생명의 떡으로 내어 주실 구원의 상징이었습니다. 그래서 어떤 사람들은 성만찬에 대한 기록이 없는 요한복음에서는 이 오병이어 사건이 바로 성만찬 사건이었다고 주장하기도 합니다.

그렇게 예수님은 죽음을 향해 가고 있지만 인간에게 죽음의 권세를 이길 수 있는 길을 주셨습니다. 비록 이 땅에 사는 동안에는 굶주림이 있고, 아픔이 있지만 더는 아픔도, 눈물도 없는 곳으로 우리를 인도하기 위해서 주님이 오셨습니다. 마치 애굽에서 노예 생활을 하던 백성에게 하나님이 그들을 잊지 않고 있음을 기억하도록 하기 위해 유월절을 주신 것처럼, 그 유월절에 주님은 백성들에게 양식을 주어 먹이셨고, 이제 당신이 곧 그 백성을 위해 나누어 줄 생명의 떡이라고 말씀하신 것입니다.

주님이 그 백성들에게 언제나 떡을 만들어 주시지는 않았습니다. 나중에 그들이 계속 주님을 따라올 때 너희가 나를 원하는 것은 떡을 먹고 배부른 까닭이라고 하시며, 문제의 해결은 떡이 아닌데 왜 떡만 구하느냐고 안타까워 하셨습니다. 그래서 주님은 항상 떡을 만들어 주시지는 않았지만 오늘 본문에서는 주님이 유월절 즈음에 그들에게 떡을 주심으로 그들은 잊힌 백성이 아니고, 끝까지 주님이 함께 하실 것임을 보여 주셨습니다.

저는 주님이 우리에게도 떡을 만들어 주시기를 구합니다. 몹시 지치고 힘든 분들에게 당장의 필요도 채워 주시면 좋겠습니다. 하지만 그렇게 떡을 만들어 주실 때에도 우리는 생명의 떡을 주목할 수 있으면 좋겠습니다. 광야에서 떡을 먹은 이스라엘 백성이 만나가 아닌 하나님께 주목하도록 매일 하루치씩만 주신 것처럼 말입니다. 그래야 주님이 떡을 만들어 주지 않으실 때에도 주님을 떠나지 않을 것입니다. 그들의 요구대로 풍성하게 떡으로 채워 줄 왕이 되어 달라는 요청을 주님이 거절하심으로 많은 사람이 주님을 떠났을 때 "영생의 말씀이 주께 있사오니 우리가 누구에게로 가오리이까"(요 6:68)라고 고백한 베드로처럼 예수 그리스도의 복음의 은혜 때문에 삶이 고되고 힘들어도 우리는 잊힌 자들이 아님을 믿을 수 있으면 좋겠습니다.

John
요한복음

요한복음 6장 5-9절

예수께서 눈을 들어 큰 무리가 자기에게로 오는 것을 보시고 빌립에게 이르시되 우리가 어디서 떡을 사서 이 사람들을 먹이겠느냐 하시니 이렇게 말씀하심은 친히 어떻게 하실지를 아시고 빌립을 시험하고자 하심이라 빌립이 대답하되 각 사람으로 조금씩 받게 할지라도 이백 데나리온의 떡이 부족하리이다 제자 중 하나 곧 시몬 베드로의 형제 안드레가 예수께 여짜오되 여기 한 아이가 있어 보리떡 다섯 개와 물고기 두 마리를 가지고 있나이다 그러나 그것이 이 많은 사람에게 얼마나 되겠사옵나이까

8장

기적을 가능케 한 사람들

    저는 미국 신학교에 입학할 때 그 신학교에 관해 잘 모르고 들어갔습니다. 신학적인 배경을 염두에 두지 않은 것은 아니지만 제가 좋아하는 목사님이 그 학교로 공부하러 가셨기 때문에 기왕이면 그 목사님이 가신 신학교를 다니면 좋겠다고 생각해서 그 학교를 선택했습니다. 그래서 저는 신학교에 관해서도, 신학교 교수님들에 관해서도 아는 것이 없었습니다. 하지만 한국에서 미리 신학을 공부하고 온 학생들은 저와 달랐습니다. 이들은 한국에서 공부하면서 이미 책으로 접하고 존경하는 교수님들 밑에서 공부한다는 것 자체만으로 큰 영광으로 생각했습니다. 그래서 저는 같은 신입생이면서도 다른 학생들에게 교수님들에 관한 이야기를 들으면서 존경심을 키워 갔습니다.

그 교수님들과 함께 식사도 하고, 탁구도 하고, 한번은 제가 차를 들이받아 사고를 내기도 했는데 그렇게 저에겐 평범하던 교수님들이 돌아보면 참 훌륭하고 대단한 영향을 끼치신 분들이었습니다. 지금은 모두 전설적인 분들이 되어서 제가 30여 년 전에 아무개 교수님께 배웠다고 하면 많은 후배가 부러워합니다. 하나님께 크게 쓰임 받는 믿음의 거장들이다 싶어서 많은 사람이 그분들의 특출함을 묻기도 합니다. 제 기억에는 학문적 탁월함이 있기는 했지만 그냥 평범한 분들이었습니다. 어느 정도 이름이 난 믿음의 사람들을 생각하면 왠지 엄청 비범할 것 같고, 하나님께 쓰임 받을 만한 이유가 반드시 있어 보이겠지만 말입니다.

평범한 사람들

초대 교회가 세워지고 30년 즈음 지난 후 아마 사도들도 당시 교인들에게 전설의 인물들이었을 것입니다. 실제로 이미 사도 중 여러 사람이 담대하게 복음을 전하다 순교당했고, 그들이 남겨 놓은 글들을 가지고 예수님을 알아가던 사람들에게 베드로, 바울, 마태, 빌립 등은 모두 선망의 대상이었을 것입니다. 어떻게 하면 그들처럼 그렇게 크게 쓰임 받는 사람들이 될 수 있을까요? 물론 사람들 중에는 아주 잘 준비된 사람도 있지만 언제나 남들보다 탁월해서 하나님께 쓰임을 받은 것은 아닐 것입니다.

요한복음의 특징 중 하나는 열두 사도의 이름을 기록하지 않고 일곱 사도만 소개하고 있다는 것입니다. 요한은 사도라는 단어를 사용하지 않고 제자라는 단어를 사용합니다. 요한은 이 사도들이 사도라는 직분 때문에 갖게 된 남다른 권위라든지, 남들에게는 없는 은사나 능력을 소유한 사람들이 아니라 예수 그리스도를 주로 믿고 따르던 평범한 사람들이었음을 말하고 싶었던 것 같습니다. 그래서 요한복음을 보면 사도들이 예수님의 말씀을 오해한 적이 많았다고 했고, 요한 자신도 나중에야 주님의 말씀이 무슨 뜻인지, 주님이 어떤 마음인지 알게 되었다고 고백합니다.

우리는 믿음이 좋은 사람들은 왠지 남들이 보지 못하는 것을 볼 수 있고 남들이 할 수 없는 일을 할 수 있을 것 같고, 일반 평범한 사람들과는 다른 사고방식을 가지고 살아갈 것이라고 생각합니다. 그래서 그들의 일상이 궁금하고, 어떤 일을 당했을 때 그들은 어떻게 반응할지가 궁금합니다. 믿음이 좋은 사람들은 기적을 가능하게 하는 사람들이고, 기적을 가능하게 하는 사람들은 평범해 보이지 않습니다. 이들이 비범해 보이는 것은 같은 믿음을 가지고 산다고 하면서도 우리는 매우 평범하기 때문입니다.

하나님을 신뢰하지 않는 것도 아니고 하나님을 사랑하지 않는 것도 아닌데, "믿습니다"라고 과감하게 행동하는 게 두렵습니다. 필요하다면 집도 팔고, 직장도 그만둘 만큼 과감한 것이 믿음이라고 생각하면서도 몹시 계산적이고 합리적이라서 우리 주변에서는 아무런 기적도 일어나지 않는 것 같습니다. 물론 무모함을 믿음이라고 부를 것은 아니지만 그래도 사건과 역사를 가능케 하는 믿음에는 담대함과 비범함이 있어야 합니다.

"우리에게 돈이 없습니다"

오늘 본문에는 두 명의 사도(제자)가 나옵니다. 저는 사도 요한이 이 두 사람을 믿음이 없는 사람이라고 소개하지 않는다고 생각합니다. 그냥 아주 평범하고 합리적인 사람들로 두 사람을 소개하고 있습니다. 요한은 이들이 다른 반응을 보였어야 한다고 말하는 것이 아니라 오히려 상식적인 평범함을 통해서 나타난 주님의 능력을 강조하고 있습니다.

오늘 본문에 나온 두 사람을 우리가 절대로 본받지 말아야 할 반면교사로 소개하는 경우도 많습니다. 하지만 저는 솔직히 지금도 이 두 사람이 보인 반응과 다른 반응을 보일 자신이 없습니다. 그래서 제가 문제가 없다는 말은 아니지만 주님도 이 두 사람을 과연 꾸짖으셨을지 궁금합니다. 우리는 주님과의 대화 가운데 마리아에게서도, 니고데모에게서도, 사마리아 여인에게서도 본 전형적인 동문서답을 이 두 제자에게서도 볼 수 있습니다.

주님은 식사도 하지 못한 채 모여 있는 수만의 군중을 불쌍히 여기는 마음이 들었습니다. 그래서 빌립에게 "우리가 어디서 떡을 사서 이 사람들을 먹이겠느냐"라고 물으셨습니다. 다른 복음서에는 주님이 제자들에게 물었다고 했는데 요한복음만 그 제자가 빌립이었다고 기록합니다(마 14:16, 막 6:37, 눅 9:13). 그런데 주님은 왜 빌립에게 물으셨을까요?

주님이 오르신 언덕은 벳새다라는 마을에서 멀지 않은 곳에 있었고, 빌립과 안드레는 이 벳새다 출신이기 때문일 것입니다. 그런데 주님의 이 질문은 주님을 따르는 사람들에게는 정말로 비현실적인 질문입니다. 주님은 세상 물정을 몰라도 너무 모르시는 분입니다. 그 사람들에게 먹일 떡을 살 곳이 어디 있는지가 문제가 아니라 그들에게 먹일 떡을 살 돈이 있는지가 문제입니다.

예수님은 빌립이 자신을 꿍쳐 놓은 비자금이 있다고 생각하거나, 돈을 만들어 낼 수 있는 사람이라고 생각해 주기를 기대하지 않았을 것입니다.

빌립이 대답합니다. "이 많은 사람을 먹이려면 조금씩만 먹여도 200데나리온이 필요합니다." 한 데나리온은 노동자의 하루 일당에 해당하는 돈입니다. 제자들에게 그만 한 돈이 어디에 있습니까? 비록 병자를 고치고 귀신을 쫓아내는 기적을 행하고 돌아온 지 얼마 되지 않아서 상승된 분위기라 할지라도 수만 명을 먹일 양식을 준비하라는 말씀은 당황스럽기 이를 데 없습니다.

그런데 요한은 흥미로운 말을 합니다. 주님이 그렇게 말씀하심은 "친히 어떻게 하실지를 아시고 빌립을 시험하고자 하심"이라고 했습니다. 주님은 기적을 통해 이들을 먹일 계획을 가지고 계셨습니다. 그런데 빌립에게 이들을 먹이고 싶은데 어디에 가서 먹을 것을 살 수 있는지 물으셨고 그게 빌립을 시험하기 위함이라고 했습니다. 그렇다면 주님은 빌립의 무엇을 시험하려고 하신 것일까요? 빌립이 어떻게 대답하기를 기대하셨을까요? "주님 제가 가서 가게를 알아볼까요?", "주님이 원하시면 돌도 떡으로 만들 수 있는데 가게까지 갈 필요가 있겠습니까?" 이런 대답을 기대하시고 빌립의 믿음을 시험하신 걸까요?

주님의 시험은 빌립이 주님의 마음과 계획을 알아맞히는 것이 아니었다고 생각합니다. 빌립의 합리적인 대답이 시험에 실격한 것이 아니라는 말입니다. 마가복음 기록을 보면 주님은 그렇게 모여 있는 사람들을 불쌍히 여기셔서 열심히 그들을 가르치셨습니다(막 6:34). 해가 저물어가니까 제자들이 걱정했습니다. 그래서 주님께 "이제 곧 해가 지면 추워질 텐데 음식도 가지고 오지 않았으니 가까운 마을로 가서 뭐든 사 먹게 하시지요"라고 제안했습니다(막 6:35-36 참조). 그때 주님이 "너희가 먹을 것을 주라"(막 6:37)고 말씀하셨습니다.

아마도 주님은 그러고 나서 빌립에게 물었을 것입니다. "우리가 어디서 떡을 사서 이 사람들을 먹이겠느냐"(요 6:5) 빌립의 생각도 다른 제자들의 생각과 다르지 않아서 가게보다는 돈을 걱정했습니다. 돈만 있었다면 군중을 먹일 수 있었을까요? 제자들도 예수님처럼 그들을 불쌍히 여기는 마음이 있었을까요? 돈이 없어서 군중을 먹이지 못하는 것은 괜찮습니다. 하지만 마음이 없어서 돈이 없음을 핑계 삼는 것은 괜찮지 않습니다.

주님은 그들을 먹일 계획을 가지고 계셔서 제자들이 주님께서 하실 일을 알아맞히기를 기대하지는 않았지만 그 백성을 불쌍히 여기는 마음은 기대하셨습니다. 주님은 빌립의 대답에서 "가게까지 갈 것 있습니까? 주님이 먹이시지요"를 기대하지 않았지만 "우리가 왜 이들을 먹여야 합니까? 우리가 이들의 가족입니까?"라는 대답도 기대하지 않았습니다. 주님의 계획을 미리 알기를 기대하지는 않았지만 주님의 사랑하는 마음과, 하나님의 아들 메시아에 대한 믿음은 기대하셨습니다. "우리가 왜 이들을 먹여야 합니까?"라고 대답하지 않고 "우리에게 돈이 없습니다"라고 대답해 준 것이 고맙습니다.

이미 기적을 계획하신 예수님

그때 안드레가 예수님께 다가왔습니다. 한 소년이 가지고 있던 보리떡 다섯 개와 물고기 두 마리를 가지고 왔습니다. 그리고 주님께 말했습니다. "여기 한 아이가 있어 보리떡 다섯 개와 물고기 두 마리를 가지고 있나이다 그러나 그것이 이 많은 사람에게 얼마나 되겠사옵나이까"(요 6:9) 그렇게 많은 사람이 모였는데 정말 사람들이 가지고 있는 게 그게 전부였을까요?

다른 사람들은 다 점심을 먹고 이 어린 소년만 점심을 먹지 못하고 있었던 것인가요? 이 부분에 대해서도 약간의 상상이 필요합니다. 한 소년이 보리떡 다섯 개와 물고기 두 마리를 가지고 있었다는 것도 다른 세 복음서에는 나와 있지 않고 요한복음에만 기록되어 있습니다.

마가복음 기록을 보면 주님이 제자들에게 떡이 몇 개나 있는지 알아 오라고 하셨습니다(막 6:38 참조). 제자들이 그 많은 사람에게 일일이 먹을 게 있느냐고 물었는지는 모르겠습니다. 하지만 제자들은 한 소년이 가지고 있는 떡 다섯 개와 물고기 두 마리만 확인했습니다. 다른 복음서에는 떡이라고만 기록되었는데 요한은 구체적으로 그 떡이 보리떡이었음을 강조합니다. 보리떡은 가난한 사람들의 음식입니다. 율법을 설명한 책인 미쉬나(Mishnah)에 보면 보리떡은 짐승의 음식이라고 해서 죄수들에게 주었던 음식이었습니다. 물고기도 소금에 절인 아주 작은 물고기를 의미합니다. 한 소년의 한 끼 식사로도 많이 부족한 양입니다.

그게 전부였습니다. 먹을 것을 가지고 있는 사람들이 있는지 알아보았는데 한 소년이 가지고 있던 그게 전부였다고 말하고 있는 것입니다. 그렇다고 안드레가 예수님을 비웃듯이 이걸로 이 많은 사람을 먹일 수 있겠냐고 말한 것은 아닙니다. 또한 주님은 안드레가 떡 다섯 개를 가지고 와서 "여기 떡 다섯이 있습니다. 주님이라면 이거면 충분할 겁니다"라고 말해 주기를 기대하지 않았다고 생각합니다. 빌립의 대답처럼 안드레의 대답도 지극히 합리적이고 평범합니다. "주님, 사람들에게 알아봤는데 이게 전부입니다. 어떻게 하죠?"

중요한 것은 기적은 예수님을 믿고 따르는 사람들의 비범함이 아닌 예수님의 주권적인 계획과 선하심에 달려 있다는 것입니다. "주님께는 능치 못함이 없습니다"라는 획기적인 고백과 행동이 있을 때에만 하나님의 기적이 가능해지는 것이 아니라 우리의 지극히 합리적이고 평범해 보이는 모습을 통해서도 주님은 주님의 일을 하십니다.

또 한가지 중요한 것은 예수님께 이 기적을 행할 계획이 있었다는 것입니다. 그리고 그 계획은 속수무책이던 제자들, 그들을 먹이라는 주님의 요청에 당황한 제자들로 하여금 놀라운 기적을 보게 했습니다. 그들에게 이런 비범함이 없어서 주님의 능력이 나타나지 못할 것은 아니었다는 말입니다.

우리는 많이 위축되어 있습니다. "능치 못할 게 뭐냐?"라고 외치며 담대하게 밀고 나가야 하는데 그런 담대한 믿음이 부족한 탓에 우리 삶에서 획기적인 기적을 경험하지 못하는 것 같습니다. 하나님의 능력을 의심하는 것은 아니지만 그 하나님의 능력이 우리 삶에서 현실로 나타날 수 있다는 기대치는 아주 낮습니다. 그런 기적과 같은 일을 많이 경험하지 못했기 때문일 수도 있지만 그런 기적을 가능하게 하는 비범한 믿음이 우리에게는 없다고 생각하기 때문이기도 합니다.

물론 우리가 주님의 제자로 이 세상을 살아가기 위해서는 과감한 결단도 필요합니다. 복음적 삶의 목표로 인해 안전지대를 벗어나려는 노력이 필요합니다. 하지만 그런 과감한 결단과 믿음이 하나님의 기적을 가능하게 하는 것은 아닙니다. 그런 믿음이 없더라도 하나님은 우리 삶에서 기적을 행하십니다. 차라리 한없이 불안해 하고 자신 없어 하면서 더욱 하나님을 붙들고 매달리는 그런 믿음이 필요합니다. 하나님은 때로 우리의 믿음을 통해 역사하시기도 하지만 우리의 믿음에 의존하시지는 않습니다.

평범함 중에도 주님을 붙들고 의지하기를

"이 많은 사람을 먹이려면 엄청난 돈이 필요한데 저에게는 그런 돈이 없는데요"라든지 "우리가 확인할 수 있는 음식은 보리떡 다섯 개와 물고기 두 마리뿐인데, 이걸로 어떻게 저 많은 사람을 먹이죠?"라는 말을 무조건 믿음 없는 자의 말이라고 할 건 아닙니다. 파도가 넘실거리면 누구나 담대히 그 물 위를 걷기보다 빠질까 봐 두려워하는 법입니다. 하나님의 능력을 믿으면서도 당장 통장에 돈이 없고 빚 독촉을 받으면, 오병이어의 기적을 가능하게 하신 하나님이 천 배로 채워 주실 것이니 근심할 게 무어냐는 초연함이 생기기보다는 자꾸 마음이 약해집니다.

하나님은 뭐든지 다 하실 수 있으니까 걱정 없다는 담대함만 믿음이 아닙니다. 불안하고 두려워서 열 번을 더 확인하고 주어진 현실을 무시하지 못하지만 그래도 하나님을 바라보고 하나님의 손을 붙잡으려고 애쓰는 것도 믿음입니다. 하나님을 의지함은 단순히 하면 된다는 긍정적인 사고방식이 아닙니다. 그것은 단순히 원하는 것은 무엇이든지 이룰 수 있다는 확신에 찬 신념을 의미하지도 않습니다. 하나님을 의지함은 불안함 중에도 끊임없이 하나님을 바라봄입니다.

아주 오래전에 아들과 수영장에 간 적이 있었습니다. 저는 조금 일찍 수영을 마쳤고, 아들은 좀 더 놀겠다고 해서 저 먼저 나오게 되었습니다. 저는 이미 샤워를 하고 옷을 갈아입었는데 아들이 탈의실로 들어왔습니다. 샤워실에 아무도 없어서 무서웠나 봅니다. 아들은 집에 가서 샤워를 하겠다고 했습니다. 그래서 제가 탈의실 의자에 앉아서 기다릴 테니까 걱정하지 말고 샤워를 하고 나오라고 했습니다. 정말 어디 가면 안 된다고 몇 번이나 다짐을 받아 냈습니다. 아들은 옷을 벗고 샤워장으로 들어가면서 뒤를 돌아보았습니다. 그리고 커튼을 쳤다가 다시 커튼을 열고 확인을 했습니다. 이런 행동을 저를 믿지 못해서 한 행동이라고 볼 수도 있습니다. 하지만 저는 그렇게 생각하지 않습니다. 비록 두려운 마음에 몇 번을 돌아보아야 했지만 제 말을 믿고 샤워를 할 수 있었던 것이 믿음의 행위라고 생각합니다. 불안하고 자신이 없는 것이 믿음이 없는 것이 아니라 움직이지 않고 행동하지 않기로 한 것이 믿음이 없는 것입니다.

제자들은 의아했고 이해할 수 없었지만 주님이 시키는 대로 할 수 있었습니다. 믿음이 있었기 때문입니다. 초연하고 싶고 담대하고 싶지만 문득 불안한 마음이 생기고 소심해지려고 할 때, 우리의 믿음 없음이 안타깝기도 합니다. 하지만 저는 주님이 평온하고 담대한 마음의 상태를 원하시는 것이 아니라 불안함, 혹은 평범함 중에도 주님을 붙들고 의지하기를 원하신다고 확신합니다. 내 믿음이 기적을 가능하게 하는 것이 아니라 내 안에 계신 주님이 기적을 가능하게 하십니다. 저는 평범을 뛰어넘을 자신은 없어도, 빌립과 안드레가 한 대답 이상의 대답을 할 자신은 없어도, 진심으로 주님을 의지하고 싶고, 주님과 함께하고 싶습니다.

John
요한복음

요한복음 6장 10-15절

예수께서 이르시되 이 사람들로 앉게 하라 하시니 그곳에 잔디가 많은지라 사람들이 앉으니 수가 오천 명쯤 되더라 예수께서 떡을 가져 축사하신 후에 앉아 있는 자들에게 나눠 주시고 물고기도 그렇게 그들의 원대로 주시니라 그들이 배부른 후에 예수께서 제자들에게 이르시되 남은 조각을 거두고 버리는 것이 없게 하라 하시므로 이에 거두니 보리떡 다섯 개로 먹고 남은 조각이 열두 바구니에 찼더라 그 사람들이 예수께서 행하신 이 표적을 보고 말하되 이는 참으로 세상에 오실 그 선지자라 하더라 그러므로 예수께서 그들이 와서 자기를 억지로 붙들어 임금으로 삼으려는 줄 아시고 다시 혼자 산으로 떠나 가시니라

9장

기적, 그 후 이야기

    저는 설교를 하면서 여러 주제를 다루기보다는 한 가지 주제를 집중적으로 다루는 편입니다. 한 설교에서 세 가지 정도의 주제를 다루는 것과 한 가지 주제를 다루는 것이 각기 장단점이 있으니까 어떤 방법이 더 좋다고 말할 수는 없습니다. 하지만 한 가지 주제를 다룰 때 경험하는 어려움 중 하나는 본문이 무척 단순하거나 분명해서 논리를 전개하기가 어려운 경우입니다. 가령 고린도후서 6장에 나오는 "너희 몸은 성령의 전이라"는 말씀을 가지고 설교한다면 이 말씀의 주제는 "담배 피우지 말기"나 "콜라 마시지 말기"보다는 "음행을 금하라"는 것입니다. 이렇듯 주제는 분명하지만 본문을 이탈하지 않고 이 말씀을 어떻게 30분 동안 설교해야 할지는 제게 어려운 숙제입니다.

그런데 오병이어가 나오는 이 본문은 그 반대라서 힘들었습니다. 오병이어라는 기적 이야기를 기록하면서 요한은 하고 싶은 말이 몇 가지는 되는 것 같았습니다. 저도 묵상하고 공부하면서 질문이 많이 생겼고, 하고 싶은 이야기도 많았습니다. 오늘은 두 가지 이야기를 해보려고 합니다. 우선 예수님이 제자들에게 남은 물고기와 보리떡을 버리지 말라고 하신 말씀에 대한 이야기이고, 그 다음으로 예수님을 왕으로 삼으려 한 사람들에 대한 이야기입니다.

상상이 가지 않는 일

우리는 어떤 이야기를 듣거나 글을 읽으면 머릿속으로 그 현장을 상상하게 됩니다. 놀라운 기적이기는 하지만 물을 포도주로 만드는 사건은 가시적으로 어느 정도 상상이 됩니다. 독 안에 들어 있던 물에 신비한 화학작용이 일어나서 물이 포도주로 바뀌는 것입니다. 물론 물이 언제 포도주로 바뀐 것인지, 어떻게 바뀐 것인지를 과학적으로 증명하는 것은 가능하지 않아도 가시적으로 상상은 된다는 말입니다. 질이 바뀐 것이지 양이 바뀐 것은 아니니까요. 그런데 오병이어 사건은 상상이 되지 않습니다. 과자처럼 얇은 떡이 막 부풀어 오른 것인지 아니면 주님이 제자들에게 떼어 줄 때 주님의 손에서 늘어난 것인지, 제자들이 사람들에게 나눠 줄 때 늘어난 것인지 모르겠습니다.

떡은 여전히 가난한 사람들이 먹는 보리떡이었을까요? 기왕이면 맛없고 밋밋한 보리떡보다는 팥이 들어 있는 단팥빵으로 바뀌었으면 더 좋았을 텐데 말입니다. 어떤 형태로 늘어났든지 제자들이 그 장면을 보면서 얼마나 놀라고 흥분했을지 짐작이 되십니까? 저는 지금 20,000명을 먹일 떡을 말하고 있는 것입니다. 남은 조각만 열두 바구니였다면 20,000명을 먹인 떡은 도대체 몇 바구니나 되었을지 상상이 되지 않습니다. 교회에서 성찬식을 할 때 분병과 분잔을 하는 데 시간이 얼마나 걸릴까요? 미리 다 준비해 놓고 아주 질서 있고 신속하게 해도 15분은 걸립니다. 20,000명 정도 되었다고 가정하고 50명씩 혹은 100명씩 무리로 앉아 있었다면 아마 300개 정도의 그룹은 되었겠네요. 100명이 먹을 떡과 고기를 한꺼번에 담을 수 있는 아주 커다란 바구니가 없다면 한 그룹당 아마 적어도 다섯 번은 왔다 갔다 했겠다 싶습니다. 한 번 갔다 오는데 3분 정도 걸린다고 치면 한 그룹을 먹이는 데 15분, 제자 한 사람이 25개 그룹을 맡았다면 6시간 15분이 걸립니다.

해질 무렵이었는데 사람들이 떡을 기다리다 지쳐서, 차라리 집에 가서 먹고 오는 게 빠르겠다고 불평했을 것 같습니다. 아니면 제자들이 한 번에 무리에게 떡과 물고기를 조금씩 가져다주었고 떡이 각 그룹에서 분열해서 많아졌다고 보아야 하는데, 그렇다면 제자들의 손에서 떡이 늘어나거나, 혹은 사람들의 손에서 늘어났다는 말이 됩니다. 제자들도, 군중들도 떡으로 인해 흥분했지 자신의 손에서 떡이 늘어나는 것 때문에 흥분하지는 않았습니다. 그러니까 그들의 손에서 떡이 늘어난 것은 아닌 듯합니다.

이런 것을 계산하면서 상상하는 목사도 그리 많지는 않겠지만 아무튼 저는 어떻게 이 일이 일어났을지 쉽게 상상이 되지 않습니다. 물론 주님이 기적적으로 이 많은 사람을 먹이셨음은 분명히 믿지만 현실적으로 어떻게 이 일이 가능했는지는 설명할 수 없다는 말입니다.

버리는 것이 없게 하라는 주님의 명령

제가 제자 중 한 사람으로 그 자리에 있었다면 큰 충격을 받았을 것 같습니다. 사람들에게 떡을 나누어 주는 일도 무척 신나고 흥분되는 일이었을 것 같습니다. 떡도 그렇게 나누어 주었습니다. 요한은 오늘 본문에서 제가 가장 좋아하는 표현을 썼습니다. "물고기도 그렇게 그들의 원대로 주시니라"(요 6:11). 먹고 나면 늘 허전하고 배가 고픈 저로서는 이렇게 원대로 주시는 주님이 참 좋습니다.

원 없이 먹었음을 보여 주는 가장 확실한 증거는 남기는 것입니다. 보리떡 다섯 개로 시작해서 20,000명을 먹였는데 남은 것이 열두 바구니였습니다. 마태복음이나 마가복음, 누가복음, 요한복음 모두 남은 것이 열두 바구니였다고 기록해서, 그것이 확실한 기적이었음과 모든 사람이 풍족하게 먹었음을 강조합니다. 저는 이 열두 바구니의 남은 떡을 제자들이 가지고 갔는지도 궁금합니다. 열두 바구니라고 했으니까 제자들이 한 명당 한 바구니씩 가져갔다면 제자들이 한참 동안 먹을 걱정을 하지 않았을 거라는 생각이 듭니다. 나중에 주님이 보리떡 일곱 개로 4,000명을 먹이신 적이 있는데 그때는 제자들이 떡을 가지고 가지 않았다고 했으니까 이번에도 그리했을지 모르겠습니다.

열두 바구니의 떡을 어떻게 했는지는 모르겠지만 요한복음에만 기록되어 있는 재미있는 주님의 명령이 있습니다. "남은 조각을 거두고 버리는 것이 없게 하라"(요 6:12) 그래서 제자들이 다 거두었더니 열두 바구니에 찼더라고 요한은 증언합니다. 배불리 먹었다고 해서 남은 음식을 소홀히 여기지 못하도록 주님이 그리 명하셨다고 볼 수도 있습니다. 사실 음식을 남기는 것이 그리 좋은 습관은 아니니까요. 풍성하고 넉넉하다고 낭비하거나, 그것조차 없어서 힘들어 하는 사람들을 배려하지 않는 것은 옳지 않습니다. 그런데 저는 요한이 단순히 음식을 남기지 말라는 의미에서 주님의 말씀을 전하고 있다고 생각하지 않습니다. 물론 별 뜻 없이 그냥 주님이 하신 말씀을 기록했다고 볼 수도 있지만 특히 요한복음의 특징을 볼 때에는 이 말에도 영적인 의미가 담겨 있다고 생각합니다.

다시 말해 오병이어 사건에 주님이 주시는 생명의 풍성함을 말하고자 하는 영적인 의도가 있었다면 이 말에는 하나님이 주시는 풍성한 은혜와 생명의 풍요로움을 소홀히 여기지 말라는 의미도 내포되어 있다고 보는 것이 지나친 은유적 해석일까요? 제 생각에 요한복음에서는 그런 해석이 가능할 것 같습니다. 사실 요한복음은 주님이 주시는 생명의 풍성함, 풍요로움을 많이 강조합니다. 주님이 가나 혼인 잔치에서 물을 포도주로 만드셨을 때도 그 포도주는 이전 포도주보다 훨씬 맛있어서 모든 손님이 칭찬했다고 했습니다. 단순히 주님은 한 번 주시면 뭐든지 최고로 주시는 분임을 말하기 위함은 아닐 것입니다. 그보다는 주님이 주실 생명의 풍성함, 더 나아가 그 풍성함으로 인한 기쁨을 충만하게 하심을 말하기 위함입니다.

요한복음에서 물과 떡을 통해 주님이 주시는 생명의 풍요로움과 거저 주심을 강조하고 있어서 그 풍성함이 중요한 주제라면 버리는 것이 없게 하라는 말씀은 거저 주신 놀랍고 풍성한 은혜라고 해서 싸구려 은혜로 여기지 말라는 의미로 볼 수 있다는 말입니다. 공짜라서 싸구려는 아니니까요.

현대 교인들은 은혜의 풍성함을 낭비하고 있습니다. 이 세상에 살면서 사람들에게 받는 상처와 여러 가지 힘들고 어려운 일로 인한 고난이 결코 가볍게 여길 것은 아니지만 그 고난과 상처 때문에 우리가 누리게 될 생명과 복음의 은혜를 하루 배불리 먹고 나면 없어져 버리는 양식처럼 여겨서도 안 됩니다. 그래서 바울은 "현재의 고난은 장차 우리에게 나타날 영광과 족히 비교할 수 없다"(롬 8:18)고 했고, 베드로도 "여러 가지 시험으로 말미암아 근심하게 되지 않을 수 없으나 오히려 크게 기뻐하는 것은 예수 그리스도께서 나타나실 때에 칭찬과 영광과 존귀를 얻게 될 것"(벧전 1:6-7)이기 때문이라고 말했습니다. 비록 이 땅에서 주님이 날마다 우리에게 남길 만큼 먹을 것을 주지 않으셔도 오병이어 사건을 통해서 주님이 우리에게 주실 생명은 이 세상에서 경험하는 어떤 고난보다 크다는 것을 알려 주셨습니다.

아무리 풍성해도 소중한 것은 낭비하면 안 됩니다. 우리가 받은 그 생명의 은혜를 상처와 고난 때문에 잊어버리는 것은 은혜를 낭비하는 것입니다. 그 은혜로 인하여 누릴 수 있는 기쁨을 누리지 못한다고 구원을 못 받는 것은 아니겠지만 그 구원의 기쁨을 누리지 못하는 것은 틀림없는 낭비입니다. 특히 요한복음에서 네 번에 걸쳐서 주님은 우리의 기쁨을 충만하게 하시는 분이라고 했습니다(3:29, 15:11, 16:24, 17:13). 주님은 우리가 이 땅에서도 그 기쁨을 누리기를 원하십니다.

떡을 만들어 먹이신 주님은 적어도 그의 제자들은 자신이 먹은 떡으로 인해 기뻐하기보다 떡을 만들어 먹이신 주님으로 인해 기쁨이 충만하기를 원하셨습니다. 아니 이 기쁨이 세상의 걱정과 염려로, 혹은 재물의 유혹으로 낭비되지 않기를 원하셨습니다. 상처 받는 일은 안타까운 일이지만 그 상처로 기쁨을 잃어버리는 것은 기쁨의 낭비일 수 있다는 말입니다.

예수님을 왕으로 삼으려 한 사람들

다음으로 예수님을 왕으로 삼으려 한 사람들에 관한 이야기를 해 보겠습니다. 예수님이 사람들을 먹이셨을 때 사람들은 흥분했습니다. 단순히 예수님의 손에서 떡이 늘어나는 것을 보고 마술 같아서 흥분한 것은 아니었습니다. 주님은 그들이 주님을 찾은 것이 먹고 배불러서라고 했지만 그들이 식탐이 있어서 더 많은 떡을 먹고 싶은 마음에 주님을 찾은 것도 아니었습니다. 물론 주님이 그렇게 말씀하신 의도도 그들이 먹을 것만 탐한다는 것보다는 훨씬 더 영적인 의미가 담겨 있었습니다. 그들이 매일 배불리 먹고 싶어서 주님을 원했다고 말하는 것은 사람들이 애완동물을 사랑하는 이유가 단순히 자기만족을 위해서라고 말하는 것만큼 억울한 말입니다.

그들이 흥분한 이유는 예수님이 바로 선지자라고 생각했기 때문입니다. 모세가 말한 그 선지자 말입니다. 하나님이 하나님의 말을 그 입에 두겠다고 하시고, 그의 명령에 순종하지 않으면 벌을 받을 것이라고 했던 그 선지자! 신명기 18장 15절에 나오는 선지자가 메시아라고 생각한 이스라엘 백성은 그 선지자를 기다리고 있었습니다. 예수님이 모세처럼 광야에서 떡을 만들어 먹이실 때 이스라엘 백성은 모세가 말한 선지지가 떠올라서 흥분했습니다. 그들이 생각한 이 선지자는 그들의 왕입니다. 그들은 예수님을 왕으로 삼고 싶었습니다. 극도로 흥분해서 당장 예수님을 왕으로 삼아 로마 정권에 대항하고 자유와 해방을 찾고 싶어 했을지도 모릅니다. 이 일이 결과적으로 얼마나 많은 희생과 위험을 요구하는 일인지 모르지 않았을 텐데 일순간의 흥분이었든지, 아니면 드디어 때가 되었다는 확신 때문이었든지 그들은 예수님을 왕으로 삼으려고 했습니다. 그들은 그 영광을 위해서라면 예수님과 함께 죽을 각오도 하고 있었습니다. 예수님을 왕으로 만들기 위한 이 일이 자칫 실패하면 그들의 인생을 망치는 것도 알고 있었습니다.

그런데 예수님은 그들을 두고 혼자 산으로 떠나 가셨습니다. 그들이 예수님을 억지로 왕으로 삼으려는 것을 아시고 혼자 산으로 가셨습니다. 그들이 예수님을 왕으로 삼으려 할 때 주님은 왜 떠나셨을까요? 예수님은 왕으로 오신 분이 아닌가요? 우리도 예수님은 우리의 왕이라고 고백하고 있지 않나요? 주님은 우리가 주님을 왕이라고 고백할 때 기뻐하지 않으시나요? 그런데 왜 주님은 그들이 주님을 왕으로 삼으려고 할 때 떠나가셨을까요?

한 가지 생각해 볼 수 있는 이유는 아직은 때가 아니어서입니다. 아직은 영광을 받으실 때가 아니고, 섬김 받기 위해서가 아니라 섬김을 행하기 위해서 이 땅에 오신 것이니까 왕이 되기를 거절하신 것입니다. 군중이 아무리 주님을 원하고, 아무리 주님을 좋아하고 따라도, 주님은 아직 그들의 왕으로 추앙받으시면 안 되기 때문에 겸손하게 사양하신 것입니다. 정말 그런 걸까요? 주님은 재림하실 때 이 땅에 임금으로 오셔서 세상을 다스리실 것이니까 그때까지는 왕이기를 거부하신 것일까요?

저는 그보다 그들의 의도에 문제가 있었다고 생각합니다. 주님이 그렇게 산으로 가신 다음 날, 그들은 배를 타고 가버나움까지 따라왔습니다. 떡을 먹은 사람 전부가 주님을 찾아온 것은 아니겠지만 거기까지 따라온 사람들은 특별히 더 헌신하기로 마음을 정한 사람들임에 틀림없을 것입니다. 그런데 주님은 그들에게 아직은 내 때가 아니라고 말씀하지 않고 "너희가 나를 찾는 것은 떡을 먹고 배부른 까닭이라"(요 6:26)고 하셨습니다. 아직 때가 안 되어서가 아니라 그들이 예수님을 왕으로 삼으려는 의도에 문제가 있었다는 말입니다. 그들은 예수님을 왕으로 삼고 싶어 했지만 그들이 원한 왕은 그들을 다스릴 왕이 아니라 도와줄 왕이었습니다. 그들은 기적을 행하신 예수님, 그들에게 양식을 주신 예수님에게 열광했지만 예수님의 제자가 되어 예수님이 원하시는 대로 살고 싶은 마음은 없었습니다.

이들이 왕을 구한 것은 마치 옛날 이스라엘 백성이 사무엘에게 왕을 요구한 것 같았습니다. 옛날 이스라엘 백성은 그들의 재산을 지켜 주고, 그들의 생명을 보호해 줄 수 있는 유능하고 힘 있는 왕을 원했습니다. 하나님을 사랑하고 신뢰해서 하나님의 뜻에 순종하며 그 백성을 하나님의 백성으로 인도해 줄 왕보다는 전쟁에 능해서 외세로부터 그들의 소유를 지켜 줄 수 있는 용사로서의 왕을 원했습니다. 하지만 그들이 원하는 그런 왕은 결국 "그 백성을 착취해서 자기의 배만 부르게 할 것이고, 자식들도 그를 섬기게 만들 것이라"(삼상 8:11-17)고 사무엘은 경고했습니다. 그런데 지금 이 군중은 예수님에게 이스라엘 백성이 원한 그런 왕이 되어달라고 청하는 것입니다. 예수님을 인격적으로 믿고 신뢰해서 그에게 삶을 맡기고 제자가 되려는 것이 아니라 그 능력의 팬이 되어서 열광하면서 자기들이 원하는 방식으로 자기들을 만족시켜 달라고 청하는 것입니다.

주님은 십자가의 죽음을 통해 주님이 그들을 떠나신 후에도 주님의 제자로 주님이 가신 그 길을 갈 수 있는 사람들을 원하셨는데, 그들은 주님과 함께 있으면서 권세와 부귀를 누리고 싶어서 주님을 원한 것입니다. 정말 그렇습니다. 주님은 주님을 좋아하는 사람들을 원하지 않았습니다. 아무리 주님이 좋아서 열광하고 산으로, 바다로, 도시로 예수님을 찾아다녀도 그들은 자기들의 원함이 채워지지 않으면 언제든지 떠날 사람들이었습니다. 주님은 그들의 왕이 되기를 원치 않으신 것이 아니라 그런 왕이 되기를 원치 않으셨습니다.

우리는 제자입니까?

예수님은 만왕의 왕이시고, 만주의 주이십니다. 하지만 만왕의 왕이신 예수님을 왕으로 만들기 위해서 열광하는 무리를 주님은 그리 기뻐하지 않았습니다. 오히려 그렇게 왕으로 세우려는 사람들에게 주님은 제자가 되라고 말씀하십니다. 마태복음 16장에서 "주는 그리스도시요 살아 계신 하나님의 아들입니다"(마 16:16)라고 고백한 베드로에게 바로 그런 고백으로 나를 따라오려거든 "자기를 부인하고 제 십자가를 지고 나를 따를 것이라"(마 16:24)고 말씀하신 것처럼 예수 그리스도를 하나님의 아들이요 왕으로 삼으려는 무리들에게도 "너희가 나를 따르는 것은 먹고 배부른 까닭이라"(요 6:26)고 말씀하셨습니다.

그런 고난의 길을 갈 거면 예수님을 뭐 하러 믿느냐고 질문하는 분들이 계실 것입니다. 주님이 세우실 정의가 물같이 흐르고, 공의가 강처럼 흐를 사랑과 정의의 나라, 죽지도, 쇠하지도, 썩지도 않는 영원한 생명을 풍성하게 누릴 그 영광의 나라를 기업으로 이어갈 것이기 때문에 믿습니다. 그래서 불완전하지만 이 세상에서도 내가 주인이 되어서 누리기보다는 나누고 섬기며 사랑하고 베풂을 제자의 삶으로 여기는 것이 바로 예수님을 왕으로 섬기는 것입니다. 비록 가난하고 억압받는 상태에 있었지만 그 백성이 단순히 가난과 억압을 벗어나 군림하는 자리에 머물기 위해서 예수님을 왕으로 삼고자 했을 때 주님은 그들을 떠나셨습니다.

교회가 예수님을 왕이라고 열광하고 찬송하고 숭배하지만 그렇게 함으로 교회가 더 큰 부자가 되고 더 큰 힘을 가지려 한다면 주님은 그 교회에서 왕이 되기보다는 그 교회를 떠나실 것입니다. 때로는 목사가 왕이 되려고 하고, 때로는 교회 지도자들이 왕이 되려고 하고, 때로는 교인들이 왕이 되려고 합니다. 어찌 생각하면 서로 왕이 되기 위해서 싸우는 셈입니다. 주님은 그런 사람들의 열광과 흥분을 뒤로 하고 혼자 조용히 산으로 가셨습니다.

수많은 팬이 예수님이 가시는 곳마다 따라 다니며 흥분했지만, "호산나, 다윗의 자손이여"를 외치며 당장 혁명이라도 일으킬 것처럼 예수님을 추종했지만 주님은 그들을 보며 우셨습니다. 그들은 제자가 아니었습니다. 요한에게 이 문제는 아주 중요했습니다. 누가 제자입니까? 요한은 그 많은 무리 중에 비록 문제가 많고 아는 것도 없어서 항상 오해했지만 그럼에도 인격적으로 주님을 따르기 원한 제자들이 있었다고 증언합니다. 그 제자들이 교회를 세웠고, 교회를 지켰습니다. 주님께 열광하던 팬들은 손해를 보거나 원하는 것들이 채워지지 않으면 떠났지만 그 제자들은 완전한 자는 아니었어도 순교의 자리까지 주님과 함께했습니다. 그들은 제자였기 때문입니다. 우리는 제자입니까?

John
요한복음

요한복음 6장 16-21절

저물매 제자들이 바다에 내려가서 배를 타고 바다를 건너 가버나움으로 가는데 이미 어두웠고 예수는 아직 그들에게 오시지 아니하셨더니 큰 바람이 불어 파도가 일어나더라 제자들이 노를 저어 십여 리쯤 가다가 예수께서 바다 위로 걸어 배에 가까이 오심을 보고 두려워하거늘 이르시되 내니 두려워하지 말라 하신대 이에 기뻐서 배로 영접하니 배는 곧 그들이 가려던 땅에 이르렀더라

10장

물 위로 걸어오신 예수님

　제가 학생이었을 당시 잘 나가던 유명 부흥사들이 있었습니다. 그 부흥사 목사님들 중 한 분이 한 말 가운데 지금까지도 기억에 남는 말이 있습니다. 그때는 대수롭지 않게 들었는데 시간이 지나면서 마음에 와 닿는 말이었습니다. 그 목사님은 마지막 집회를 항상 새벽기도회로 한다고 했습니다. 마지막 집회 때 혼신의 힘을 다해 설교하고, 교인들이 기도할 때 조용히 나와서 집으로 돌아간답니다. 그 당시에는 이 말이 대수롭지 않게 들렸는데 지금 생각해 보면 참 소신 있는 행동이라는 생각이 듭니다.

　집회에 큰 은혜가 있으면 그 집회에 참석한 사람들과 집회에서 받은 은혜를 나누고 싶은 충동이 있습니다. 모두 들떠서 좋아하는 그 현장에서 함께 은혜를 나누고 헤어짐을 아쉬워하면서 인사하는 그 시간은 큰 위로가 되는 시간입니다. 그런데 은혜의 도구였던 강사가 말없이 홀로 떠나간 다는 것은 결과를 즐기지 않고, 사람의 칭찬에 연연하지 않겠다는 의도라는 생각이 듭니다. 이것은 참 대단한 것 같습니다. 요즘은 그런 일이 드뭅니다마는 전에는 집회가 무척 좋으면 연장해서 하루나 이틀을 더한 적도 있었습니다. 하루나 이틀을 더한다고 사람들의 삶이 크게 달라지지 않고 1-2주만 지나도 아련한 추억이 되어 버리지만 그 당시에는 은혜의 감격과 흥분이 가라앉지 않아서 그랬을 것입니다.

제가 학생이었을 때만 해도 부모님은 교회에 열심히 나가는 성도가 아니셨기 때문에 저는 집회에 참석하려면 부모님 눈치를 봐야 했습니다. 집회에 가기 전에 집안 청소도 하고, 빨래도 하고, 공부도 열심히 했습니다. 그리고 나서 집회에 참석하면 강사 목사님들의 설교가 진짜 길었습니다. 두세 시간도 했으니까요. 은혜를 받고 마음이 편해지면 말이 많아지고 웃음도 많아지는 법이잖아요. 그래서 함께 간 친구들과 웃고 떠들기도 하고 목이 쉬도록 찬송을 부르기도 하면서 밤 12시가 다 되어서야 집에 돌아왔습니다. 하지만 차에서 내리는 순간부터 가슴이 두근거렸습니다. 그제야 부모님께 혼날 것이 걱정되었습니다.

불과 30분 전 교회에서의 열광적인 분위기와는 전혀 다른 냉기가 느껴지고 불안이 엄습했습니다. 다짐을 하고 집으로 들어갔습니다. '부모님이 야단을 쳐도 대꾸하지 말고 무조건 잘못했다고 하자.' 변명할 말을 생각하며 들어갔습니다. '친구 차가 고장이 났다고 할까? 정신 나간 목사가 세 시간씩 설교하는 바람에 짜증나서 죽을 뻔했다고 선수를 칠까?' 간절하게 기도하며 들어갔습니다. '부모님이 깊은 잠에 들게 하시거나 잠시 외출하게 해주소서.' 그런 기도는 응답되는 법이 거의 없습니다. 부모님께 엄청

야단맞고 한 달간 어떤 집회에도 참석할 생각 말라는 선고를 받으면 마치 천국에 있다가 현실로 돌아온 것처럼 마음이 허전해졌습니다. 그 은혜의 열기는 순식간에 현실의 답답함에 묻혀 버리고 말았습니다.

물론 부모님께 혼나지 않아도 그 은혜가 그리 오래가는 일은 없습니다. 친구가 약을 올리든, 시험을 망치든, 짝사랑하던 자매가 다른 남학생에게 웃음을 보내든 속을 뒤집어 놓는 일이 꼭 생깁니다.

은혜를 경험한 후에 맞닥뜨린 현실

예수님이 베푸신 기적을 본 제자들이 얼마나 흥분했을지 여러분은 상상이 되십니까? 떡이 막 늘어나는 것입니다. 분명 보리떡 다섯 개와 물고기 두 마리였는데 주님은 그걸로 수만의 사람들이 충분히 먹고도 남을 만큼 많은 떡과 물고기를 만드셨습니다. 어떻게 그런 일이 가능합니까? 그 떡을 먹으며 만족스러워하고 환호성을 지르던 사람들의 모습을 보는 것으로 카타르시스가 느껴져서 달라는 대로 가져다주고 또 가져다주면서도 전혀 피곤함을 느끼지 않았고, 짜증이 나지 않았습니다. 세상에 어떻게 이런 일이 있을 수 있습니까? 자기가 따라다니는 선생님을 입에 침이 마르도록 칭찬하는 소리를 여기저기서 흘려들으면서 느낀 뿌듯함, 군중이 주님께 몰려가 자기들의 왕이 되어 달라고 외칠 때의 그 감동은 생각할수록 가슴을 뛰게 만듭니다.

그런데 주님이 제자들에게 다가오셨습니다. 그리고 빨리 그곳을 떠나라고 하셨습니다. 마가복음 기록을 보면 그들을 재촉했다고 했는데(막 6:45) 아마도 흥분의 현장을 그렇게 빠져나오기에는 무척 아쉬움이 많아 제자들이 머뭇거렸나 봅니다. 어떤 학자가 말한 대로 이 군중의 흥분에 제자들까지도 동요될까 염려되어서 주님은 제자들을 빨리 보내려고 하셨는지도 모르겠습니다.

제자들은 영문도 모른 채 그 현장에 아쉬움을 남기고는 급하게 배에 올랐습니다. 제자들을 그렇게 급히 보낸 예수님은 혼자 산으로 기도하러 가셨습니다. 아주 고된 하루였고, 해질 무렵부터 늦은 밤까지 정신없이 뛰어다녔지만 피곤도 잊을 만큼 충격적인 사건이었습니다.

배에 올랐어도 제자들은 흥분을 감출 수 없었을 것입니다. 자기들이 들은 이야기, 경험한 것들을 서로 이야기하느라 정신이 없었을 것입니다. 그렇게 떠들다 잠이 들었을까요? 아니면 여전히 흥분한 상태여서 잠이 들 수 없었을까요?

육지를 떠나 5-6킬로미터 즈음 노를 저어 왔을 때 바람이 불기 시작했습니다. 갑자기 광풍이 일어나고 배가 심하게 요동치기 시작했습니다. 혹시 여러분 중에 그 상황에서도 제자들이 오병이어의 기적을 가능하게 하신 예수님과 군중의 반응을 묵상하느라 바람이 부는 것도 몰랐기를 기대하는 분이 계십니까? 그들이 과거에 어떤 경험을 했든지 배가 뒤집힐 것 같은 파도와 바람이라는 위험은 초월할 수 없는 현실입니다.

그들이 배를 탄 시간이 언제였는지는 알 수 없지만 5-6킬로미터 정도 노를 저어 온 곳에서 그들이 바람과 파도에 힘들어 하고 있을 때는 새벽 3시에서 6시 사이였던 것 같습니다. 마가복음은 재미있게 기록해서 예수님이 홀로 산에 계시다가 제자들이 힘겹게 노를 젓는 모습을 보시고 바다 위로 걸어오셨다고 했습니다(막 6:47-48). 슈퍼맨이 연상되는 장면입니다. 오병이어의 엄청난 기적을 경험했어도, 군중이 예수님을 왕으로 삼으려고 열광하는 모습에 아무리 들떠도, 역류하는 물결을 거슬러 노를 저어야 하는 현실 앞에서는 아무것도 생각할 수 없습니다.

마음이 둔하여진 제자들

그때 예수님이 물 위를 걸어오셨습니다. 제자들은 몹시 두려웠습니다. 그들이 두려워한 것은 파도가 아니라 예수님이었습니다. 예수님을 유령이나 귀신으로 생각했기 때문입니다. 이 제자들이 누구입니까? 예수님이 바다를 꾸짖어 잠잠케 하시는 것을 경험한 사람들입니다. 바로 조금 전에 떡과 물고기가 늘어나는 것을 경험한 사람들입니다. 아니, 얼마 전까지 그 기적에 흥분해서 예수님은 정말 하나님의 아들임에 틀림없다고 고백하고 확인한 사람들입니다. 하나님을 믿는 사람들이고 하나님의 아들이신 예수님의 제자들입니다. 하지만 예수님이 보이지 않자 그들은 두려워했습니다. 물을 거슬러 노를 젓고, 예수님은 배 안에 계시지 않고, 물 위로 누군가가 걸어옵니다.

불과 몇 시간 전 기적의 현장과는 완전히 다른 사면초가의 상황입니다. 마가복음에 나오는 또 다른 재미있는 표현은 예수님이 물 위로 걸어오셔서 제자들을 지나가시려고 했다는 것입니다(막 6:48). 이 장면은 진짜 오싹합니다. 여러분도 아시나요? 귀신은 정면에서 보는 것보다 옆에서 보는 게 더 무섭습니다. 주님이 제자들을 지나가시면서 흘깃 보신 것입니다. 그러니 얼마나 놀랐겠습니까? 그때 주님이 그들에게 다가가셔서 "내니 두려워 말라"(요 6:20)고 하셨습니다. 마태복음에는 이때 베드로가 자기도 물 위를 걷게 해달라고 당차게 요청하는 장면이 나옵니다(마 14:28 참조).

베드로에게는 오병이어 기적의 여운이 남아 있었는지 모르겠습니다. 천성적으로 죽어도 좋다는 두둑한 배짱이 있었는지도 모릅니다. 예수님이 허락하셔서 베드로는 물 위에 서서 몇 발자국 걷는 기적을 경험하지만 파도를 보고 겁에 질려 더 걷지 못하고 결국 물속에 빠졌습니다. 주님은 베드로에게 "믿음이 작은 자여 왜 의심하였느냐"(마 14:31)고 말씀하셨습니다. 하지만 그렇기 때문에 베드로가 다른 제자들보다 믿음이 적다 말할 수는 없습니다. 배 안에 있으면서 두려움에 떨던 다른 제자들도 믿음이 적은 것은 마찬가지입니다. 이 사건은 베드로가 주님께 들었던 말에 비추어 "가만히 있으면 중간이라도 간다"는 교훈을 주고 있는 것이 아닙니다. 저는 비록 물에 빠졌지만 베드로가 그 위험한 현실에서 주님을 바라보고 주님을 향해 걸으려고 한 믿음이 오히려 더 대단하다고 생각합니다.

아무튼 그들은 자신들이 본 것이 귀신이 아니라 예수님인 것을 알고는 기쁜 마음으로 주님을 배로 영접했습니다. 그리고 바람이 그쳤습니다. 아주 특이하게도 요한복음에는 주님이 제자들을 책망하신 기록도 없고, 심지어는 물 위로 걸어오신 주님을 보고 제자들이 더욱 경악하며 놀랐다는 기록도 없습니다. 다만 마가복음에는 이런 기록이 있습니다. 그들이 심히 놀라니 이는 "그들이 그 떡 떼시던 일을 깨닫지 못하고 도리어 그 마음이 둔하여졌음이러라"(막 6:52). 저는 이 부분이 잘 이해되지 않았습니다. 오병이어의 기적은 작년 일이 아닙니다. 지난달의 일도 아닙니다. 바로 조금 전, 그들이 배타기 전에 경험한 엄청난 기적이었습니다. 어쩌면 그때의 충격을 함께 나누느라 바람이 일어나는 것도 몰랐을 수 있습니다. 그런데 어떻게 한순간에 떡 떼시던 일을 깨닫지 못하고 마음이 둔해질 수 있을까요? 오병이어 기적을 보고 어떻게 바람이 불고 배가 요동한다고 그 떡

떼던 순간의 감동을 잊어버리고 그렇게 두려워하며 노 젓는 일에만 집중할 수 있을까요?

아니, 사실은 그 반대 질문을 하고 싶습니다. 아무리 엄청난 기적을 경험하고 충격을 받았다 할지라도 지금 배가 뒤집힐 것 같은데 어떻게 초연하고 태연할 수 있나요? 그 자리에 주님이 계신 것도 아니고 주님께 도움을 요청할 상황도 아니지 않았습니까? 만일 예수님이 물 위를 걸었기 때문에 그들이 놀라고 어안이 벙벙했다면 오병이어의 기적을 경험한 사람들에게서 기대할 수 있는 반응이 아닙니다. 하지만 과거의 천 근보다 현재의 한 근이 더 무겁게 느껴지는 법이니까 아무리 엄청난 기적을 경험했어도 지금 부는 바람에 흔들릴 수밖에 없음이 인간의 상태입니다.

주님이 그들의 마음이 둔해졌다 하심은 책망이 아닌 상태의 묘사입니다. 다시 말해 오병이어 기적을 본 그들이 주님이 물 위를 걸으신 사실 때문에 놀랐음을 마음이 둔해진 것이라고 한다면 책망일 수 있습니다. 하지만 그 기적을 경험하고도 바람을 두려워했음을 염두에 두고 한 말이라면 그건 그렇게 하면 안 된다는 경고가 아니라 그럴 수밖에 없었음에 대한 묘사입니다. 요한은 그들이 다시 기뻐서 예수님을 배로 영접했다고 간단하게 결론 내렸습니다(요 6:21).

넘어져도 다시 일어서는 것

그들은 주님이 유령인 줄 알고 놀랐습니다. 우리도 두려움 중에 있으면 우리를 만지시는 주님의 손길도 아프고, 상처를 치유하기 위해서 다가오시는 주님도 무섭습니다. 사랑하는 사람을 이제 쉬도록 하기 위해서 데려가셔도 빼앗아 가신 것처럼 화가 나고, 그리 유익한 것이 아니라서 주지 않아도 마치 관심이 없으신 것 같아서 서운합니다. 예수님만 믿고 살자며 다짐하고 이 땅에 어떤 것에도 욕심이 없다고 고백해도, 힘들고 남들과 비교되면 무너져 버립니다. 예배를 통해서 하나님의 은혜를 경험할 때면 모두 괜찮을 거라고, 다 잘될 거라고 마음을 다잡고 세상을 향해 나아가지만 마치 아슬아슬하게 세워 놓은 성냥개비 작품 같아서 조금만 바람이 불어도 쓰러질 것 같은 게 우리입니다. 제자들처럼 한 시간이면 굳어 버릴 수 있는 것이 인간의 마음입니다. 부드러워지는 데는 오랜 시간이 걸리지만 굳어지는 데는 그리 긴 시간이 필요하지 않은 듯합니다. 그러면 어떻게 해야 합니까?

중요한 것은 그게 인간의 마음인 것을 아는 것입니다. 지난주에 손녀를 보고 왔습니다. 아직은 발음이 또렷하지 않고 제법 잘 걷지만 뛰다가 자꾸 넘어집니다. 그 아이가 넘어지지 않고 걸으려면 시간이 필요합니다. 자꾸 넘어지는 것이 불안해서 걷지 말고 앉아만 있으라고 할 수 없고, 왜 자꾸 넘어지느냐고 야단칠 수 없습니다. 그 아이의 넘어짐보다 중요한 것은 그 아이가 위험에 처하지 않도록 눈을 떼지 않는 부모의 관심입니다. 아이는 원래 그렇게 넘어지는 법입니다.

어떤 분이 제게 이메일을 보내셨습니다. 신앙 생활을 한 지 10년이 넘었는데 하나도 변하지 않아서 몹시 답답하다고 했습니다. 제가 조심스럽게 답을 보냈습니다. "10년 되었는데 벌써 변하기를 기대하면 그게 이상한 겁니다. 변화는 평생 할 일이지 10년에 할 일이 아닙니다." 넘어지면 또 일어서고 또다시 넘어지면 또 일어서고 그러는 게 사람입니다. 한참 동안 안 넘어지면 신기하고 부럽지만 그러다 넘어지면 또 일어서면 되는 것입니다.

아마 어떤 분은 이렇게 말씀하실 것입니다. "하지만 그래도 어느 정도 시간이 지나면 넘어지지 않아야 하지 않습니까? 언제까지 아이 같을 수는 없지 않습니까?" 맞습니다. 그런데 안 넘어지려고 하면 누가 와서 자꾸 넘어뜨리는데 어떻게 합니까?

그 기적을 경험한 후 배를 타고 가는 동안 그들은 기뻤습니다. 그냥 그렇게 호수 건너편까지 갔더라면 좋았을 뻔했습니다. 그런데 갑자기 바람이 불고 배가 흔들립니다. 그러면 불안해지는 것입니다. 주님이 곁에 계시면 괜찮지만 물 위를 걸어서 오시면 유령인 줄 알고 두려워지는 것입니다. 이런 일들이 없었다면 꽤 긴 시간 감동과 기쁨을 유지할 수 있었을지도 모릅니다.

수련회에 가 있으면 비교적 죄를 덜 짓습니다. 그 며칠은 마냥 좋고, 편안해서 산을 내려가는 것이 두려울 정도입니다. 그렇지만 산을 내려가야 하는 게 우리의 현실입니다. 이건 순전히 제 생각입니다마는 오병이어 기적을 경험한 제자들을 급히 재촉해서 호수를 건너게 하시고 주님은 그들과 함께 가지 않은 것은 기적의 흥분에 오래 머물지 않도록 하시기 위해서인 것 같습니다. 비바람의 현실을 다시 만나게 하신 것입니다. 이 땅에 사는 동안 성화가 안 되는 것은 우리의 연약과 죄성 때문이기도 하지만 우리가 이 세상에 살기 때문이기도 합니다. 성화는 쓰러지지 않는 것이 아니라 쓰러져도 또다시 일어나는 것입니다.

다시 말씀드립니다. 성화란 넘어지지 않는 상태에 이르는 것이 아니라 넘어져도 다시 일어나서 걷는 과정입니다. 우리의 목표는 쓰러지지 않는 것이 아니라 쓰러져도 주님께 가는 것이기 때문입니다.

하루하루 주님의 은혜에 의지하여

설탕이 들어간 음식은 끓일 때 자꾸 저어 주어야 굳지 않습니다. 시럽을 만들 때도 끓이면서 계속 저어 주어야 하는데 젓지 않으면 바로 굳습니다. 마치 오병이어의 기적을 경험하고도 바람 앞에서 마음이 굳어 버린 제자들처럼 말입니다. 제가 이해하는 성숙은 젓지 않아도 될 수 있는 비결을 아는 것이 아니라 그렇게 젓는 것을 사명으로 아는 것입니다. 제 안에서 끊임없이 "나"라고 말하면 다시 "내가 아닌 주님"이라고 고백하는 이 영적 싸움은 10년쯤 지나면 끝날 싸움이 아닙니다.

저는 15년째 당뇨병 환자입니다. 당뇨병은 완치가 없는 병이라고 합니다. 죽을 때까지 음식 조절하고, 운동을 해야 한답니다. 저는 운동도 하지 않고 음식 조절도 하지 않습니다. 그러면서 신문에 당뇨에 관한 기사가 날 때마다 눈이 번쩍 뜨입니다. 당뇨병을 완치할 수 있는 약이 개발되어서 지금보다 더 자유롭게 먹고 싶은 것을 먹을 수 있기를 기대합니다.

3개월쯤 음식 조절을 잘하고 운동도 열심히 해서 혈당 수치가 떨어진다고 해서 당뇨병이 나은 것이 아니듯이, 어느 날 한 방에 당뇨병을 고칠 수 있는 약을 기다리며 마음대로 먹는 것이 현명한 것이 아니듯이, 우리는 평생을 그렇게 은혜에 의지해서 조심스럽게 살아가는 것입니다. 그러다가 넘어지면 또 일어나야 하는 것입니다.

오병이어를 경험했어도 바람이 불면 무서운 법입니다. 그래서 우리는 주님을 바라볼 수 있는 우리의 믿음을 의지할 것이 아니라 우리를 바라보시는 주님의 은혜를 의지해야 합니다. 그리고 그 은혜 때문에 우리는 넘어져도 주님을 볼 수 있는 것입니다.

John
요한복음

요한복음 6장 22-29절

이튿날 바다 건너편에 서 있던 무리가 배 한 척 외에 다른 배가 거기 없는 것과 또 어제 예수께서 제자들과 함께 그 배에 오르지 아니하시고 제자들만 가는 것을 보았더니 (그러나 디베랴에서 배들이 주께서 축사하신 후 여럿이 떡 먹던 그곳에 가까이 왔더라) 무리가 거기에 예수도 안 계시고 제자들도 없음을 보고 곧 배들을 타고 예수를 찾으러 가버나움으로 가서 바다 건너편에서 만나 랍비여 언제 여기 오셨나이까 하니 예수께서 대답하여 이르시되 내가 진실로 진실로 너희에게 이르노니 너희가 나를 찾는 것은 표적을 본 까닭이 아니요 떡을 먹고 배부른 까닭이로다 썩을 양식을 위하여 일하지 말고 영생하도록 있는 양식을 위하여 하라 이 양식은 인자가 너희에게 주리니 인자는 아버지 하나님께서 인 치신 자니라 그들이 묻되 우리가 어떻게 하여야 하나님의 일을 하오리이까 예수께서 대답하여 이르시되 하나님께서 보내신 이를 믿는 것이 하나님의 일이니라 하시니

11장
하나님의 일

　어릴 적부터 교회 생활을 열심히 하고 하나님을 믿은 한 형제가 명문대를 졸업하고 사업을 시작했습니다. 사업이 아주 잘되어 돈을 많이 벌었습니다. 사업으로 무척 바빠서 주일 예배에 참석하는 것 말고는 교회 봉사도 많이 못했지만 그 성공도 하나님이 주신 것이라고 믿고 감사한 마음으로 살았습니다. 그러던 어느 날 교회에서 썩어져 갈 양식을 위해 일하지 말고 먼저 하나님 나라와 의를 구하라는 말씀을 듣고 마음에 큰 찔림이 왔습니다. 주님의 일은 하지 못하고 썩어져 갈 양식을 위해서만 너무 바빴음을 회개했습니다. 고민 끝에 그는 사업을 정리해서 학비를 제외한 모든 재산을 선교 단체에 기부하고 신학을 공부한 후에 목사가 되었습니다. 이와 비슷한 간증을 들어 보신 분이 많이 계실 것입니다. 그렇게 헌신한 분이 우리 주변에 참 많습니다.

저는 풍요롭고 넉넉해서 고생하지 않고 살아도 될 사람이 소신과 소명으로 가난의 길을 갔다고 간증한다면 정말 존경스럽습니다. 비단 기독교인뿐만이 아닙니다. 다른 종교적 소신 때문이든, 종교가 없는 사람이든, 기아에 허덕이는 사람들을 현장에서 목격한 후에 자신의 안락한 삶을 포기하고 그들과 함께 살기로 한 누군가가 있다면 저는 무조건 머리를 숙이고 존경을 표할 것입니다. 안전지대를 벗어나 세상의 보편적 가치관에 역행할 수 있다는 것은 대단한 용기이기 때문입니다.

썩을 양식을 위한 일

하지만 저는 앞서 말씀드린 그 사업가가 썩어져 갈 양식을 위해 일하지 않고 주님의 일을 하기 위해 목회의 길을 택했다는 것에 대해서는 석연치 않습니다. 물론 하나님께 받은 확실한 소명이 있어서 그리했다면 누가 뭐라고 할 것은 아니지만 원리적으로 두 가지는 짚고 넘어가야 할 것 같습니다. 하나는 사업을 하는 것이 썩을 양식을 위한 일인가 하는 것이고, 또 다른 하나는 목사가 되는 것이 주의 일인가 하는 것입니다. 그러니까 직업을 가지고 사는 것이 썩을 양식을 위한 것임은 인정하더라도 그렇다면 목회는 아니라고 말할 수 있는가 하는 것입니다. 사람들로 하여금 세상에서 먹고 살기 위해서 하는 일들이 썩을 양식을 위한 것이라고 생각하도록 하는 데 크게 일조한 말씀이 있다면 오늘 본문 말씀이 아닐까 싶습니다.

그런데 저는 이 말씀에 오해가 많다고 생각합니다. 주님이 말씀하신 썩을 양식을 위한 일이란 무엇일까요? 그렇다면 영생을 위한 일은 무엇일까요? 종교적인 일은 영생을 위한 일이고, 비종교적인 일은 썩을 양식을 위한 일이라고 말해도 될까요? 이와 같은 성과 속의 이원화가 교회를 부흥시키려는 목사들의 썩을 양식을 위한 일에 일조한 것은 아닐까요?

백성 중에 일부는 집요했습니다. 이들은 일순간의 감정적 고조로 주님을 왕으로 삼으려 한 사람들이 아니었습니다. 이들은 오랫동안 왕을 기다려 온 사람들이고 현재의 폭정과 착취에 분노하는 사람들이고, 하나님의 뜻과 때를 기다리던 경건한 사람들이었다고 짐작합니다. 예수님만 그들과 함께하시면 되니까 제자들이 배를 타고 떠나는 것을 보면서도 그들은 개의치 않았습니다. 그런데 예수님이 갑자기 사라졌습니다. 분명히 배를 타지 않은 것을 목격했는데 예수님을 찾을 수 없었습니다. 다음 날 그들은 예수님을 찾아 가버나움으로 왔습니다. 밤새도록 찾아다녔다는 의미로 보아도 무방할 것입니다. 그런데 예수님은 그들에게 큰 상처가 되는 말씀을 하셨습니다. "너희가 나를 찾는 것은 표적을 본 까닭이 아니요 떡을 먹고 배부른 까닭이로다"(요 6:26).

목사가 되려는 사람에게 "큰 교회 목사가 되어서 편하게 살려고 목사하려는 거지?"라고 말하면 얼마나 상처가 되겠습니까? 이건 너무 억울합니다. 떡을 먹고 배불러서 주님을 찾은 것이라니요. 가령 제가 교인의 가정을 심방하면서 어떻게 왔느냐고 묻는 교인에게 "점심 얻어먹으러 왔습니다"라고 말했다고 가정해 보겠습니다. 제가 그렇게 말해도 교인들은 대체로 반가워하고 잘 왔다고 해주실 것입니다. 가족처럼 스스럼없이 생각하고 있는 것 같아서 기분이 좋다고 칭찬해 주시는 분도 있을 것입니다. 하지만 그 교인이 만일 "목사님은 맨날 점심 얻어먹으러 심방 다니죠?"라고 말한다면 저는 굉장히 기분이 나쁠 것입니다. 점심을 얻어먹는 것이 목적이 아니라 심방이 목적이기 때문입니다. 그 사람들은 떡을 먹고 배가 불러서 떡을 좀 더 얻어먹으려고 예수님을 찾아다닌 게 아닙니다. 그들은 표적을 보았기 때문에 예수님을 찾았던 것입니다. 도대체 떡을 얻어먹으려고 그렇게 주님을 찾아다닐 사람이 얼마나 되겠습니까?

그런데 그 다음에 하신 말씀도 난해합니다. "썩을 양식을 위하여 일하지 말고 영생하도록 있는 양식을 위하여 하라"(요 6:27). 무엇이 썩을 양식을 위한 일일까요? 요한복음의 문맥을 보아서는 무리가 예수님을 왕으로 만들기 위해서 따라다니는 것이 바로 썩을 양식을 위해 일하는 것입니다. 무리가 예수님을 왕으로 만들기 위해서 찾아다니는 모습은 대단히 종교적이지만 예수님이 보시기에는 떡을 먹고 배불리려고 하는 모습으로 보였습니다. 다시 말해 이 땅에 자기들의 나라를 세우고 권세와 부귀를 누리려고 하는 것, 조금 더 편하고 안정된 삶을 사는 데 인생의 궁극적인 목적을 두고 사는 것이 썩을 양식을 위한 일이라는 것입니다.

누구를 위해 사는가

썩을 양식은 영생하도록 있는 양식과 대조를 이룹니다. 그러니까 썩을 양식이 나쁜 게 아닙니다. 썩을 양식이란 오래 쌓아 두어도 소용없는 것을 가리킬 뿐입니다. 다시 말하면 이 세상을 사는 동안에는 어느 정도 유익이 있지만 영생을 얻는 데는 아무런 유익도 주지 못하고 사후에는 아무런 쓸모없는 것을 가리킵니다. 쑤린이 쓴 「유대인 생각 공부」(마일스톤)라는 책에 보면 유대인들은 현금을 좋아합니다. 돈이 많은 한 유대인이 죽으면서 유언을 남겼습니다. "내가 죽으면 내 재산을 전부 현금으로 바꾸어 고급 양탄자 하나와 고급 침대 하나를 구매하라. 나머지 돈은 내 베개 안에 넣어 두어라. 그리고 죽은 뒤에 나와 함께 내 무덤에 넣어라. 이 돈을 가지고 천국에 가겠다." 가족들이 유언에 따라 그의 전 재산을 현금으로 바꾸어 무덤에 넣으려고 했습니다. 그때 한 친구가 현금을 그렇게 관 속에 넣는 것이 아깝다고 생각했습니다. 그래서 재빨리 수표를 써서 관 속에 넣으며 관에 누워 있는 친구에게 속삭였습니다. "여보게 친구. 현금과 같은 액수를 썼으니 자네도 만족할 거야." 그 수표도, 현금도 천국에서는 아무 소용이 없습니다. 저는 주님이 이런 것을 썩을 양식이라고 표현하셨다고 이해합니다.

어느 분이 제게 "죽으면 썩을 육신을 뭐 그렇게 아끼느냐"고 하셨습니다. 죽으면 썩겠지만 살아 있는 동안에는 아껴야겠지요. 썩을 양식이란 나쁜 것이 아니라 좋은 것이지만 궁극적일 수 없는 것을 가리킵니다. 썩을 양식이 좋은 것이긴 하지만 궁극적인 것이 아니라면 마치 그것이 인생의 전부인 것처럼, 영생은 없는 것서림 썩을 양식에 최고 가치를 두고 사는 것은 지혜롭지 못합니다.

그렇다면 썩을 양식을 위해 사는 것은 영생이 없다고 생각하거나, 있다고 말하지만 없는 것처럼 살아가는 삶의 방식을 의미합니다. 이건 종교적인 것과 비종교적인 것으로 나눌 수 있는 문제가 아닙니다. 목사는 주의 일을 하고 여러분은 세상일을 하는 게 아닙니다. 엿새 동안은 세상일을 하고, 일주일에 하루만 교회에 나와서 주의 일을 하는 게 아닙니다. 저는 목사가 하는 일이 주의 일이라는 생각이 얼마나 위험한지 시간이 지날수록 뼈저리게 느끼고 있습니다. 목회가 주의 일이라는 생각은 욕망도 감지해 내지 못하게 만들고, 야망과 탐심도 합리화할 수 있습니다. 때로는 극도의 겸손도, 때로는 권력의 남용도 모두 다 썩을 양식을 위한 일이 될 수 있는데 목회를 하기 때문에 괜찮다고 생각했다가 낭패를 보게 된다는 말입니다.

영원한 생명의 관점에서 생각하지 않는다면 교회의 부흥도 썩을 양식을 위한 일입니다. 교회에서 교인들이 마치 소모품 취급을 받고, 교회 성장을 위한 수단 정도로 여겨져서 조금이라도 더 열심히 교회 일을 하도록 위협도 하고, 어르기도 하다가 필요 없다 싶으면 얼굴도 안 보고 완전히 남이 되어 버릴 수 있는 것은 생명에 대한 관심이 없기 때문입니다. 마치 이 세상에서의 삶이 전부인 것처럼 영생의 관점에서 소유와 신분, 사명을 살펴보지 않으면 목사들도 이 땅에서 자기의 왕국을 만드는 데 혈안이 되어 있으면서도 아닌 줄 착각할 수 있다는 말입니다.

결국은 내가 대접받고, 내가 편하게 살고, 내가 원하는 일을 하고 싶어서 사업도 하고, 목회도 하고, 직장 생활도 한다면 모두가 다 썩을 양식을 위한 일이 됩니다. 그러니까 선교나 목회가 더 귀한 하나님의 일이라고 생각되어서 잘 나가던 사업을 포기하는 것이 맞다고 생각한다면 저는 오늘 여러분에게 모두 사업과 직장을 접고 교회를 위해 봉사하라고 말해야 할 것입니다. 하지만 그렇지 않습니다. 그냥 선교로, 목회로 부름 받아서 각자에게 주어진 독특한 소명에 따라 사업보다 목회의 길을 간다고 말하면 몰라도, 이제는 썩을 양식을 위해 살지 않고 영생을 위해 살기 위해서 직장을 그만두고 목회의 길을 간다고 말하는 것은 목회의 길도 얼마든지 썩을 양식을 위한 일이 될 수 있음을 인지하지 못한 것입니다. 썩을 양식을 위한 삶인가 영생을 위한 삶인가는 무엇을 하는가로 결정되는 것이 아니라 누구를 위해서 사는가로 결정됩니다.

영생을 위해 사는 것

그러자 사람들이 물었습니다. "우리가 어떻게 하여야 하나님의 일을 하오리이까"(요 6:28) 이것은 우리의 관심사이기도 합니다. 단순히 교회 일이나 종교적인 일이 하나님의 일이 아니라면 어떻게 해야 하나님의 일을 할 수 있습니까? 주님은 다시 한 번 파격적인 대답을 하셨습니다. "하나님께서 보내신 이를 믿는 것이 하나님의 일이니라 하시니"(요 6:29). 하나님이 보내신 이, 예수를 믿는 것이 하나님의 일이라는 말씀입니다.

아마도 어떤 분은 그냥 예수님을 구주로 믿는다고 고백하고 인정하는 일이 예수를 믿는 일이 아닌가 생각하실 수 있습니다. 그러면 진짜 간단해집니다. 교회 일을 따로 할 것도 없고, 구태여 선교를 나갈 필요도 없습니다. 그냥 "예수는 그리스도시요 살아 계신 하나님의 아들입니다"라고 인정하고 고백하기만 하면 되는 것입니다. 예수님을 믿는 게 하나님의 일입니다.

저는 이 말씀이 그렇게 단순하지 않다고 생각합니다. 요한복음에 나오는 예수님이 하신 말씀의 일관성을 생각하면 예수를 믿는다는 것은 단순한 지적 동의가 아닙니다. 이제 더는 썩어질 양식을 위해서가 아닌 영생을 위해서 사는 것을 의미합니다. 썩어질 양식을 위해서 산다는 말이 살아 있는 동안 많이 소유하고 걱정, 근심 없이 즐기며 사는 것에 궁극적인 목적을 두고 사는 것을 말한다면 이제는 영원한 생명이 있음을 믿고 그 영원한 생명을 주기 위하여 오신 독생자 예수 그리스도를 의지하고 그분과 함께 사는 것이 바로 하나님의 일이라는 말입니다. 너무 복잡한가요?

예를 들어 설명해 보겠습니다. 한 유능한 남자가 있었습니다. 돈도 잘 벌었고, 자기 분야에서는 제법 잘 나가는 사람이었습니다. 이 사람이 결혼을 했습니다. 주례 목사님이 전에는 자기를 위해서 살았지만 이제 아내를 위해 살라고 말합니다. 어떤 게 결혼한 후에 아내를 위해 사는 삶일까요? 이 남자가 고민했습니다. 아내에게 좋은 차를 사 주었습니다. 용돈을 넉넉하게 주었습니다. 그런데 집에는 일주일에 한 번만 들어옵니다. 딴 살림을 차렸습니다. 그러면서도 그 남자는 아내에게 꼬박꼬박 용돈을 넉넉하게 보내 주고, 일주일에 한 번은 어김없이 집에 들어오기 때문에 아내를 사랑하고 아내를 위해서 산다고 말합니다.

아내를 위해 산다는 말은 이제는 내가 아니라, 아내와 함께함이 내 삶의 전부라는 말입니다. 예수님을 믿는다는 말은 예수님을 신뢰하여 그분과 동행한다는 말이고 내가 그 안에, 그가 내 안에 사는 일체감을 의미합니다. 예수님이 이 땅에 오셔서 주셨다 말씀하신 영생이 진짜로 있다고 믿고 그 영생을 인생 최고의 가치로 여긴다면 그렇게 살기를 원하게 됩니다. 더는 소망이 없는 자처럼 살지 않고 소망이 있는 자로 살겠다는 말입니다.

목회를 해도 상관없고, 사게를 해도 상관없고, 집에서 자녀를 양육하는 일도 상관없습니다. 돈을 많이 벌어도 좋고, 돈을 적게 벌어도 좋습니다. 푸른 초장이라도 괜찮고, 사망의 음침한 골짜기라도 견딜 수 있습니다. 내가 예수님을 믿는다는 말은 이 모든 일에 내게 영원한 생명을 주신 예수님을 신뢰하고 그분과 함께 가겠다는 말입니다. 그것이 하나님의 일입니다.

예수님을 누리는 일

목회는 하나님의 일이고 다른 직장은 썩을 양식을 위한 일인 것이 아닙니다. 교회에서 봉사하는 것은 영생을 위한 일이고 가정을 돌보는 일은 썩을 양식을 위한 일인 것이 아닙니다. 예수님을 찾아온 사람들은 떡에만 관심을 가지고 있던 속물들이 아니었습니다. 나름대로 정의로운 사람들이고, 나름대로 헌신된 사람들이었을 것입니다. 그런 그들에게 썩을 양식을 위해 일하지 말라고 하신 것은 세상의 관점에서 살지 말라는 말입니다. 봉사를 하든, 목회를 하든, 예수님을 왕으로 세우고 이 땅에서의 영광을 얻고자 예수님을 따라온 무리와 같은 마음이라면 그게 썩을 양식을 위한 일입니다.

제 말에 오해가 없으면 좋겠습니다. 그러니까 교회 봉사는 중요하지 않다는 말이 아닙니다. 목회도 하지 말아야 한다는 말이 아닙니다. 생명의 관점에서, 생명에 대한 관심으로 살다 보면 같은 고백을 하는 사람들의 공동체인 교회의 소중함을 절감하게 되고, 특히 깨어진 세상에서 고통받는 사람들에게 복음을 전하고, 나누고 싶어집니다. 그래서 교인들과 함께 드리는 예배를 기다리고, 선교도 하게 되는 것입니다 그건 참으로 중요한 일이고 불가피한 일입니다. 단순히 그게 하나님의 일이라서가 아니라 진정으로 예수를 믿음으로 예수님이 주신 그 생명이 몹시 귀하고 소중해서입니다.

누군가가 우리에게 "당신이 봉사하고 선교하는 것은 자기 이름을 높이고 세상에서 대접받자고 하는 것이다"라고 말한다면 예수님을 찾아다니던 사람들에게 "먹고 배부른 까닭이다"라고 말하는 것만큼 억울합니다. 생색내려고 하는 일이 아니라 정말로 교회를 아끼고 공동체를 소중히 여겨서 하는 수고이기 때문입니다. 그렇기 때문에 그 일이 정말 썩을 양식을 위한 일인지 영생을 위한 일인지 마음을 살피고 주변을 살펴보아야 하는 것입니다. 예수님을 믿는 것, 예수님과 인격적인 관계를 맺는 것, 예수님의 은혜 안에서 삶의 이유와 의미를 찾아가는 것, 그것이 바로 하나님의 일입니다.

열심히 봉사도 하고 사역도 하지만 예수님을 누리지 못하고 예수님이 주신 그 생명을 누리지 못하면, 그래서 예수님 안에 우리가 거하지 않으면, 우리는 소중한 것을 잃어버리는 것입니다. 하나님이 여러분을 사랑하십니다. 그래서 독생자인 예수님을 주셨습니다.

샘에서 아주 시원한 물이 솟아 나옵니다. 그 앞에 한 무리의 사람들이 손에 양동이를 들고 서 있습니다. 샘에서 흘러나오는 물을 양동이에 담아 다시 그 샘에 붓습니다. 주님께 영광을 돌린다고, 주님의 일을 한다고 하면서 목이 마르고 숨이 차고, 힘이 들어 서 있기조차 힘든데도 최선을 다해 물을 샘에 붓습니다. 주님이 말씀하십니다. "마시라. 그게 내 일이니라." 예수를 믿는 것이 하나님의 일입니다. 그 은혜를 누리시기 바랍니다.

John
요한복음

요한복음 6장 41-48절

자기가 하늘에서 내려온 떡이라 하시므로 유대인들이 예수에 대하여 수군거려 이르되 이는 요셉의 아들 예수가 아니냐 그 부모를 우리가 아는데 자기가 지금 어찌하여 하늘에서 내려왔다 하느냐 예수께서 대답하여 이르시되 너희는 서로 수군거리지 말라 나를 보내신 아버지께서 이끌지 아니하시면 아무도 내게 올 수 없으니 오는 그를 내가 마지막 날에 다시 살리리라 선지자의 글에 그들이 다 하나님의 가르치심을 받으리라 기록되었은즉 아버지께 듣고 배운 사람마다 내게로 오느니라 이는 아버지를 본 자가 있다는 것이 아니니라 오직 하나님에게서 온 자만 아버지를 보았느니라 진실로 진실로 너희에게 이르노니 믿는 자는 영생을 가졌나니 내가 곧 생명의 떡이니라

12장
원색적 복음

　직언은 참 어려운 것입니다. 저는 지금까지 직언을 많이 하지도 못했지만 직언을 해서 좋은 결과를 본 적이 별로 없습니다. 직언을 하지 않아서 피해를 본 경우 또한 많습니다. 담임목사라는 자리가 필요에 따라서는 직언을 하지 않으면 오히려 다른 사람들이 많은 피해를 볼 수 있음을 잘 알고 있으면서도 상대방에 대한 배려로 망설이고 있다고 변명하면서 난처한 현실을 피해 가고 싶을 때가 많습니다. 물론 그런 배려가 상대방을 더 힘들게 만들 수 있다는 가능성도 모르는 바는 아닙니다. 그게 몹시 어려워서 그런 일은 누군가가 대신 해주었으면 좋겠다 싶기도 합니다. 굳이 해야 할 상황이 생긴다면 저는 상처와 충격을 최소화하기 위해서 문제의 심각성을 우회적으로 말할 것입니다.

저는 장례식에 가서도 설교하거나 기도할 때 복음을 전해야 한다는 부담이 큰데 유가족들이 처한 상황을 생각하면 가장 필요한 것이 복음이면서도 동시에 원색적인 복음 전파가 자칫 역효과를 내고 상처만 줄 수 있겠다 싶어서 많이 조심스럽습니다. 불편한 이야기이지만 내용을 바꾸거나 타협하지 않으면서 동시에 상처가 되지 않도록 그 이야기를 전달하는 것은 정말 어려운 일입니다. 상황에 따라 다르겠지만 강경함이 언제나 최선은 아니고, 그렇다고 유함이 최선도 아닙니다. 성격 나름이라고 말하기도 하지만, 저는 상대방이 처한 형편을 생각하고 개인 성품의 성숙을 생각한다면 성격 나름이라는 말도 그리 좋은 대답은 아닌 것 같습니다.

상대방에 관해서 지나치게 직설적으로 말하는 것도 부담스럽지만 특히 자기 자신에 관해서 매우 노골적으로 자랑하며 말하는 것도 아주 불편합니다. 자기 교회 교인은 몇 명이라든지, 자기는 무슨 공부를 했다든지, 자기는 어떤 업적이 있다든지 하는 이야기를 들으면 사실 개인을 소개하는 사소한 이야기임에도 불구하고, 그런 거창한 소개에 존경심이 생기기보다는 거부감이 생기는 게 사실입니다. 사람들은 이 부분에 특히 민감해서 눈치가 없는 사람들조차도 은근한 자랑을 감지해 낼 수 있습니다. 그것이 사실이라도 노골적이고 원색적인 것은 늘 불편합니다.

게다가 자기 경력이나 신분을 드러내면서 상대방에게 헌신과 순종을 요구하면 더 강한 거부감이 생깁니다. 그것이 자신의 신분에 의한 것이든, 지위에 의한 것이든 설득이 아닌 강압이면 불편해지고 부탁이 아닌 요구면 마음을 닫게 됩니다. 특히 현대인들은 결정과 상황 판단에 지나치게 신중하고 우유부단한 편이라서 누군가가 확실하게 끌어 주기를 기대하면서도 옛날처럼 권위적인 카리스마를 가지고 위압적으로 누르거나 강압적으로 무언가를 주입시키려고 하는 것에 익숙하지 못합니다.

받아들이기 힘든 말씀

비단 현대인들뿐만 아니라 메시아를 기다리고 있던 예수님 당시의 사람들도 원색적인 말에는 부담을 느꼈을 것입니다. 예수님이 당신을 생명의 떡이라고 말씀하셨을 때만 해도 괜찮았습니다. 예수님이 자신을 믿는 자는 목마르지 않고 주리지 않을 것이라고 말씀하셨을 때만 해도 신학적으로 어느 정도 정립되어 있던, 예수님을 찾아온 사람들로서는 이해할 수 있었습니다. 하나님이 보내신 메시아로 그를 믿으면 하나님이 필요를 채워 주신다는 의미일 테니까 주님의 표현이 투박하기는 해도 아주 틀렸다고 말할 수는 없습니다. 그런데 주님은 사람들의 마음을 아주 혼란스럽게 만드는 말씀을 하셨습니다. 자신이 하늘에서 내려왔다고 말씀하신 것입니다.

하늘에서 왔다는 말은 좋게 생각하고 이해하려 한다면 그렇게 거부감을 느끼지 않을 수도 있습니다. 가령 제가 저는 하늘에서 왔다고 하면 저를 이해하고 좋아하는 분들은 사람은 누구나 다 하나님의 뜻에 의해 태어나는 것이니까 하늘에서 온 것이 맞을 거라고 생각할 수도 있습니다. 그런데 그렇지 않은 분들은 제가 "나는 하늘에서 내려왔다"고 말한다면 어떻게 이해하시겠습니까? 더구나 마치 만나가 하늘에서 내린 것처럼 나도 하늘에서 내려온 생명의 떡이라고 말한다면 문학적인 표현이라 할지라도 지나치다고 생각하지 않겠습니까?

니고데모를 만났을 때는 그에게 맞추어 대화를 주도하시고, 사마리아 여인을 만났을 때는 사마리아 여인의 처지와 수준에 맞추어 대화를 끌어 가신 전도자로서의 모델과 전도적 기술을 예수님에게서 배울 수 있다고 어떤 사람들이 말한다면, 저는 이 부분에서 예수님이 최악의 전도자였다고 말할 것입니다. 이 말은 몹시 자극적이고, 애매하고, 받아들이기 힘든 말씀이었습니다. 그래서 사람들이 서로 수군거렸습니다.

> 이는 요셉의 아들 예수가 아니냐 그 부모를 우리가 아는데 자기가 지금 어찌하여 하늘에서 내려왔다 하느냐(6:42).

이 질문을 한 사람들은 예수님을 대적하던 바리새인들이 아닙니다. 이들은 예수님의 말에 트집을 잡아 예수님을 공격하려던 사람들이 아닙니다. 이들은 어떻게든지 예수님을 믿으려고 하는 사람들입니다. 이들은 예수님이 좋아서 가버나움까지 찾아온, 어찌 보면 주님의 최고 추종자들입니다. 그런데 예수님의 말씀은 그들도 이해할 수 없을 만큼 원색적이어서 단순히 수사학적 표현으로 들을 수 없었습니다.

타협할 수 없는 복음

예수님을 어릴 적부터 보아 오고 그 아버지를 아는 사람들도 있는데 하늘에서 내려왔다니요? 그런데 주님이 그런 그들에게 말씀하십니다. "너희는 서로 수군거리지 말라"(요 6:43). 수군거림은 사람을 아주 기분 나쁘게 만듭니다. 회의 석상에서도, 여러 사람이 대화를 나누는 중에도 제가 말한 후에 사람들이 수군거리면 꼭 저를 무시하는 것 같아서 마음이 편하지 않을 수 있습니다. 제가 설교할 때 앞에 앉은 두 분이 제가 한 말에 수 군거리면서 고개를 갸우뚱하면 영 불안합니다. 주님이 수군거림을 싫어하신 것인가요? 주님은 점점 더 극단적인 이야기를 하십니다.

> 나를 보내신 아버지께서 이끌지 아니하시면 아무도 내게 올 수 없으니 오는 그를 내가 마지막 날에 다시 살리리라(6:44).

예수님을 찾아온 사람들에게 이 말은 그렇게 수군거리려거든 돌아가라는 말로 들리지 않습니까? 어차피 나를 믿도록 예정된 사람만 믿게 될 것이니까 안 믿어도 상관없다는 말로 들리지 않습니까?

주님이 사람의 눈치를 보는 분이 아니니까 원색적으로 말씀하신 것까지 이해한다고 해도 느닷없이 예정에 관한 말씀을 하신 것은 이해가 되지 않습니다. 그러니까 그들이 아무리 예수님의 말씀을 더 듣고 싶어서 찾아다녀도 예정된 사람이 아니면 믿을 수 없을 것이라는 의미일까요? 저와 여러분이 이렇게 교회에 나와 예배를 드리고 하나님을 믿는다고 고백하지만 택함 받은 사람이 아니면 소용없을 것이라는 말입니까? 저는 이 말씀이 느닷없이 선택에 관한 교리를 가르치기 위한 의도에서 하신 말씀이라고 생각하지 않습니다. 주님의 이 말씀에서 엿볼 수 있는 것은 타협할 여지가 없는 확고한 의지입니다. 즉 이 말씀은 선택 교리를 말하기 위한 것이 아니라 단호함을 말하기 위한 것이라는 말입니다.

예수님은 얼마나 많은 사람이 예수님을 따라다니는지에 관심이 없었습니다. 사람들이 떠날 것이 두려워서 복음을 타협할 수는 없었습니다. 예수님이 니고데모와 사마리아 여인을 사랑하셔서 그들에게 맞추어 전도하셨다는 말을 아주 부인하고 싶지는 않지만 그것은 영혼에 대한 관심이었지 주님께 호감을 갖게 하거나 주님 곁에 두려는 의도는 아니었습니다. 전도 훈련을 받으면서 논쟁하지 말라, 항상 웃는 얼굴로 대하라, 상대방이 기분 상하지 않도록 대답하라, 정죄하듯이 말하지 말라는 등의 훈련은 꼭 필요합니다. 하지만 그런 것은 전도 "훈련"이라는 말이 무색하게 들릴 만큼 그냥 사람이 살아가면서 갖추어야 할 교양이고 상식입니다. 아주 상식적인 것을 전도 훈련이라고 말하는 것도 어색하지만 그 의도가 호객 행위와 다를 바 없어 보인다는 것이 더 답답합니다. 문제는 어떻게 전하는가가 아니라 무엇에 관심이 있는가입니다.

꼭 해야 하는 말

아버지께서 내게 이끌지 아니하면 아무도 나를 믿지 않을 것이라고 말씀하실 만큼 예수님께 추호도 타협의 여지가 없는 것은 바로 복음의 본질입니다. 예수님이 생명의 떡에 관해 말씀하셨지만 사람들은 그 생명의 떡을 이 땅에서의 만족으로 이해했습니다. 주님이 거듭 하신 말씀을 한 번 살펴보시기 바랍니다. 주님은 40절에 "내 아버지의 뜻은 아들을 보고 믿는 자마다 영생을 얻는 이것이니 마지막 날에 내가 이를 다시 살리리라"고 하셨습니다. 44절에 다시 "나를 보내신 아버지께서 이끌지 아니하시면 아무도 내게 올 수 없으니 오는 그를 내가 마지막 날에 다시 살리리라"고 하셨고 50절에 "이는 하늘에서 내려오는 떡이니 사람으로 하여금 먹고 죽지 아니하게 하는 것이니라"고 하셨습니다. 그리고 54절에 "내 살을 먹고 내 피를 마시는 자는 영생을 가졌고, 마지막 날에 내가 그를 다시 살리리니"

라고 하셨고, 마지막으로 베드로가 "영생의 말씀이 주께 있사오니 우리가 누구에게로 가오리이까"(요 6:68)라고 고백했습니다.

그런데 재미있는 것은 사도 요한이 아버지께서 내게 오게 하여 주지 아니하시면 누구든지 내게로 올 수 없다고 하신 주님의 말씀을 가룟 유다와 연관시켜서 말하고 있다는 것입니다. 요한복음을 보면 요한은 가룟 유다가 주님을 따라 다녔지만 그의 관심은 처음부터 돈이었음을 강조합니다(6:64, 12:6 참조). 가룟인 유다는 처음부터 영생에 관심이 있는 사람이 아니라 권세와 물질에 관심이 있는 사람이었음을 주님이 아셨다는 것입니다. 그러니까 당시 예수님을 따라 다니며 왕으로 삼고자 한 사람들이 예수님의 제자가 되어서 주님과 함께했더라면 그들도 가룟 유다처럼 되었을 것이라는 말입니다. 그런 그들의 비위를 맞춰 주고 그들이 원하는 대로 말씀하지 않으면 모두 주님을 떠나간다고 해도 주님은 꼭 말씀하셔야만 했던 것이 있었습니다. 마지막 날에 다시 사는 것, 영생을 얻는 것입니다. 그것이 주님께서 말씀하고자 하신 모든 것입니다.

주님은 영생에 관한 이야기, 다시 살아날 것이라는 이야기를 사람들이 얼마나 비현실적인 이야기로 받아들일지 아셨을 것입니다. 이런 이야기를 믿고 관심을 가질 사람이 얼마나 될 것이라고 생각하십니까? 우리가 다시 살 것이라는 이야기는 장례식 때 잠시 위로가 될지는 모르지만 사람의 인생관을 결정할 만큼 현실적인 이야기는 아닙니다. 그러니까 죽음이 언젠가 현실로 다가올 줄 아는 사람들에게 마치 보험과 같은 역할을 할지는 모르지만, 특히 큰 고난 없이 그럭저럭 살아가는 사람들에게 영생이니 부활이니 하는 이야기들은 크게 마음에 와 닿지 않을 것입니다.

그것은 제게도 마찬가지입니다. 영생 때문에 현재를 포기할 수 있습니까? 영생 때문에 희생을 자처할 수 있습니까? 영생을 믿지만 그건 사후의 일일 뿐입니다. 저는 현대 신학을 공부했습니다. 현대 신학자들이 가지고 있는 인간 실존의 문제들, 억눌린 여성들, 가난하고 소외된 사람들의 비참함, 억압과 착취의 현실에서 영생이니 부활이니 하는 말들은 마치 마취제나 진통제처럼 가진 자들의 횡포와 기득권 앞에 약자들을 무기력하게 만들 뿐이라는 말에 공감했습니다. 그동안 교회가 자행한 일들이나, 지금도 여전히 교회에서 벌어지는 일들을 보면 그 말이 맞을 거라고 생각합니다. 하지만 그래서 더 낫고 정의로운 사회를 만들고, 인간의 존엄성을 찾는 게 기독교 신앙의 본질이고 구원이라는 말에 제가 던져야 했던 질문이 있었습니다. "그러면 죽음의 문제는 어떻게 해결해야 하는가?"

영생의 문제가 사회 정의의 문제, 억압과 착취에 대한 투쟁에 침묵하도록 만들어서는 안 되겠지만, 그리고 영생을 말하던 기독교가 그와 같은 침묵과 정의롭지 못함에 앞장섰다는 수치스러운 역사적 과거가 있기는 하지만, 그래도 예수님이 하신 말씀은 결국 "마지막 날에 다시 살리라"는 것이었습니다.

그리 많은 사람은 아니더라도 영생에 대한 확신과 믿음 때문에 고난의 길을 간 사람들이 있습니다. 약자들 앞에서 죄송함으로 책임 있게 살려고 한 사람들도 역사의 현장에 그리고 우리 주변에 분명히 있었습니다. 누군가가 어느 목사에게 "영생, 복음에 관한 이야기는 이제 그만하세요. 요즘 사람들은 그런 말들 좋아하지 않아요. 좀 더 긍정적이고 당장의 현실에 유익하고 힘이 되는 말을 하세요. 자꾸 그러면 교회 부흥되지 않습니다"라고 말했다고 가정해 보겠습니다. 그때 그 목사가 "아버지께서 이끌지 않으면 주님께 올 사람이 없습니다. 주님께 가는 그 사람을 하나님이 다시 살리실 것입니다"라고 대답했다면 그가 말하고 싶은 것은 단순히 예정에 관한 것이 아니라 사람들에게 듣기 좋은 말을 하고 사람들을 많이 모으기 위해서 복음을 타협하지는 않겠다는 단호함을 말한 것입니다.

여러분은 왜 교회를 다니십니까? 변화되고 착한 사람이 되기 위해서입니까? 존재의 의미와 보람을 찾기 위해서입니까? 아니면 떡을 먹고 배부르기 위해서입니까? 많은 사람이 교회를 떠난다 할지라도 교회가 반드시 해야 할 말이 있다면 어떤 말일까요?

우리의 소망

캘리포니아에 있는 제법 큰 한 교회에서 목사가 설교를 하는 중에 한 쪽에 앉은 사람들에게 일어나라고 했습니다. 그러고는 "지금 이 교회에 있는 사람들 중에 여기 일어난 사람만큼 지옥에 갈 것입니다"라고 말했습니다. 일어난 사람들이 지옥에 간다는 의미는 아니었고, 교회에 다니지만 인격적으로 주님을 만나지 못한 사람이 교회에도 많다는 말을 가시적으로 보여 준 것인데 일어난 사람들 중에 많은 사람이 기분 나빠하며 교회를 떠났다고 합니다. 그런데 그 교회는 복음을 타협하지 않고 담대하게 전한다는 소문이 나서 전보다 훨씬 커졌다고 합니다.

물론 그 목사님도 그런 의도는 아니었겠지만 저는 그런 식의 자극이 아주 불편합니다. 그런 노골적인 전도 방법, "예수 천당, 불신 지옥"을 외치는 것이 아주 무례한 방법이라고 생각합니다. 그래서 결과적으로 더 많은 교인이 오게 되었다는 것도 그리 큰 의미는 없습니다. 그것도 목사의 호기와 기발함에 매력을 느껴서 보인 반응일 뿐 정말 생명에 대한 관심이 생겨서는 아닐 수 있으니까요. 저는 이런 방법이나 말이 마음에 들지 않고 조심해야 함을 인정하지만 그럼에도 분명히 알아야 하는 것은 복음은 정말 타협하면 안 된다는 것입니다. 정말 다른 것 없습니다. 죽어도 다시 살리라는 것, 영생이 있다는 것, 예수님이 이 생명을 주신다는 것. 그게 전부입니다. 어떻게 살아야 하는가의 고민도, 고난에서의 갈등도 모두 이 본질적이고 원색적인 복음에서 파생될 뿐입니다.

그런데 이 영생이 목적이 아닌 수단이 되어 버렸기 때문에, 다시 말하면 교회 성장 혹은 개인의 형통이라는 목적을 이루기 위해서 영생이 있다고 말하는 것 정도가 되어 버렸기 때문에 토저 목사님이 말한 대로 이 생명의 약속은 양약이라도 효력이 없고, 독약이라도 위험하지 않은 것이 되었습니다. 물을 많이 섞었기 때문입니다. 여러분은 다시 살리라는 것을 믿습니까? 여러분은 영원히 살 것을 믿습니까? 우리도 베드로처럼 영생의 말씀이 주께 있으니 다 떠나도 우리는 갈 데가 없다고 고백할 수 있을까요? 수많은 사람이 예수님을 따르지만 진정으로 그렇게 믿고 세상을 사는 사람은 많지 않습니다. 아버지께서 이끄는 사람들만 그렇게 믿고 산다고 하셨는데 우리는 진심으로 그렇게 고백할 수 있는지 생각해 보아야 합니다. 그것이 우리의 소망입니까?

John
요한복음

요한복음 6장 66-71절

그 때부터 그의 제자 중에서 많은 사람이 떠나가고 다시 그와 함께 다니지 아니하더라 예수께서 열두 제자에게 이르시되 너희도 가려느냐 시몬 베드로가 대답하되 주여 영생의 말씀이 주께 있사오니 우리가 누구에게로 가오리이까 우리가 주는 하나님의 거룩하신 자이신 줄 믿고 알았사옵나이다 예수께서 대답하시되 내가 너희 열둘을 택하지 아니하였느냐 그러나 너희 중의 한 사람은 마귀니라 하시니 이 말씀은 가룟 시몬의 아들 유다를 가리키심이라 그는 열둘 중의 하나로 예수를 팔 자러라

13장

우리는 가룟 유다가 아니다

교회에서 사용하는 말 중에 동의할 수밖에 없으면서도 한편으로는 마음에 들지 않는 말이 몇 가지 있습니다. 그중에 하나가 "죄 없는 자가 먼저 돌로 치라"는 말입니다. 인간이 가지고 있는 죄성으로 인한 죄의 가능성은 어떤 사람도 죄에서 자유하지 못하게 만드는 게 사실입니다. 절대로 안 넘어질 사람도 없고, 절대로 안 넘어갈 죄도 없습니다. 하지만 그렇더라도 죄 없는 자가 먼저 돌로 치라는 주님의 말씀을 마치 죄에 대한 책임을 지지 않고 합리화하기 위해서 사용하는 것은 마땅치 않습니다. 명백한 범죄 사실이 있는데 그 죄에 대한 책임을 묻지 않고 덮어 주는 것이 용서인 것처럼 말하고 아무도 죄에 대한 책임을 지지 않으려고 할 때, 우리는 사랑을 느끼기보다는 불의를 느낍니다. 책망과 징계는 미움이고, 가리고 덮어 주는 것은 사랑이라는 극단적 이원화는 사람을 세우기보다는 오히려 넘어지게 만들기 십상입니다.

경우에 따라서는 책망과 징계가 사랑이고 가리고 덮어 주는 것은 무관심과 현실 회피일 수 있다는 사실을 안다면, 죄 없는 자가 먼저 돌로 치라는 말로 죄를 두둔하고 권면과 책망을 돌로 치는 정죄의 행위로 간주하는 것이 교회를 불의의 온상으로 만드는 데 일조한 바가 있음을 부인하기는 어려울 겁니다. 주님이 "죄 없는 자가 먼저 돌로 치라"고 하신 것은 아무에게도 남을 판단할 권리나 자격이 없으니 남의 잘못을 지적하거나 판단하지 말라는 말씀이 아닙니다. 계급과 신분에 의해서 스스로 의롭게 여기지 말라는 말씀이었습니다. 이와 비슷한 말이기는 한데 제가 쉽게 동의하기 힘든 또 다른 말이 있습니다. "우리 중에 가롯 유다와 다르지 않은 사람이 어디에 있는가"라는 말입니다.

예수님을 팔아 넘긴 유다처럼 유혹에 빠져 예수님을 배반할 가능성이 누구에게나 있으니까 우리도 모두 가롯 유다와 다를 바 없다고 사람들은 말합니다. 이것이 틀린 말은 아닙니다. 우리는 모두 예수님을 배반한 적이 있으니까요. 힘들고 어려울 때 예수님의 가르침을 잊으려고 했고, 믿음의 고백에 합당하지 않게 행동했습니다. 하지만 그렇다고 우리와 가롯 유다가 다를 바 없다고 말하는 것은 마음이 불편합니다.

우선 어차피 사람은 누구나 다 가롯 유다라는 말로 죄를 합리화하는 것처럼 들릴 때 마땅치 않고, 죄의 가능성과 실제적인 죄를 동일시하는 것도 정의로워 보이지 않습니다. 마치 미움과 살인을 동일한 죄로 여겨서 미움이 생기지만 살인하지 않으려는 내면의 싸움조차도 무의미하게 만드는 것 같습니다. 하나님 앞에서 미움과 살인이 모두 죄가 되는 것은 사실이지만 그래서 미움과 살인이 같다고 말할 수는 없을 것입니다. 우리 모두에게 가룟 유다처럼 주님을 팔 수 있는 가능성이 있다고 할지라도, 심지어 우리가 주님을 배반한 적이 있다고 할지라도, 가룟 유다의 죄를 모두의 죄인 것처럼 일반화해도 안 되고 죄를 짓지 않으려는 노력을 무력화해도 안 됩니다.

베드로와 가룟 유다

사도 요한이 요한복음 전체를 통해서 누가 진정한 제자이고 제자는 어떻게 살아야 하는가를 당시 교회에 말하고 있다면, 가룟 유다에 관한 언급은 대단히 중요합니다. 사도 요한은 흔들리고, 넘어지고, 죄를 짓는 사람들이 다 가룟 유다 같은 사람이라고 말하고 싶은 것이 아닙니다. 오히려 그 반대입니다. 우리는 가룟 유다가 아니라고 말하고 싶은 것입니다. 그렇다면 가룟 유다는 어떤 사람일까요? "가룟"이 무엇을 의미하는지에 관해서는 다양한 의견이 있지만 가장 일반적인 견해는 지방을 가리킨다는 것입니다. 가룟 지방 출신으로 유다라는 이름을 가진 시몬의 아들이었다고 전제하겠습니다.

무엇보다 오늘 본문에서 사도 요한이 베드로와 유다를 대조하고 있음을 주목해 보아야 합니다. 이 땅에서의 성공과 영광을 추구하며 주님을 따라다니던 사람들에게 주님은 지속적으로 주님을 믿는 자는 마지막 날에 다시 살아날 것과 영원히 살 것이라는, 지극히 비현실적으로 들리는 이야기만 하셨습니다. 마침내 사람들은 "이 말씀은 어렵도다. 누가 들을 수 있느냐"(요 6:60)라고 반응합니다. 어렵다는 말이 이해가 안 된다는 의미는 아닐 것입니다. 당장 먹고 사는 게 힘든 백성에게 영생 이야기가 별로 현실감이 없어서 현실과 연결시키기가 어렵다는 것입니다. 현실의 문제가 산적한데 한가롭게 영생이니 천국이니 생각할 겨를이 없으니까요. 그래서 많은 사람이 주님을 떠났습니다.

그때 주님이 열두 명의 제자들에게 물으셨습니다. 요한은 처음으로 예수님 측근에 열두 명의 제자가 있음을 언급합니다. "너희도 가려느냐"(요 6:67) 그때 베드로가 대답합니다. "주여, 영생의 말씀이 주께 있사오니 우리가 누구에게로 가오리이까"(요 6:68) 이건 단순히 베드로의 고백이 아닌 듯합니다. 그는 일인칭 복수대명사를 사용해서 "우리가 누구에게로 가오리이까?"라고 대답합니다. 베드로가 대표성을 띠고 한 말입니다. 열두 명 중에는 아무도 주님을 떠나거나 배신할 사람이 없다는 의미일 겁니다. 그런데 이 말을 베드로가 했다는 것이 재미있습니다. 베드로가 누구입니까? 나중에 예수님을 세 번이나 부인한 사람이 아닙니까? 예수님이 "네가 나를 부인할 것이라"고 말씀하시며 지적한 두 사람이 바로 베드로와 가룟 유다입니다. 베드로는 절대로 주님을 부인하지도 떠나지도 않을 것이라고 여러 번 장담합니다. 오늘 본문에서도 베드로는 세사들을 대표해서 "영생의 말씀이 주께 있사오니 우리가 누구에게 가리이까?"라는 교회적인 고백을 하고 있습니다.

그 대답을 들은 주님이 말씀하십니다. "내가 너희 열둘을 택하지 아니하였느냐 그러나 너희 중의 한 사람은 마귀니라"(요 6:70). 물론 나중에는 그가 누구인 줄 알았지만 제자들은 이 말씀을 들으면서 어떤 생각을 했을까요? 누가 마귀란 말입니까? 64절에서도 "너희 중에 믿지 아니하는 자들이 있다"고 하셨는데 이는 이미 그때부터, 아니 처음부터 믿지 않는 자가 있었다는 말입니다. 제자들 중에도 믿지 않는 자가 있었다는 의미입니다. 도대체 주님과 함께 있는 사람들 중에 누가 주님을 믿지 않는 사람입니까?

주님이 가버나움에서 유월절 즈음에 이 말씀을 하셨다면 가롯인 유다가 예수님을 팔기 일 년 전에 하신 말씀입니다. 아마 아무도 이 말씀을 진지하게 생각하지 않았을 것입니다. 주님을 팔 수 있는 가능성은 누구에게나 있었겠지만 주님은 모든 사람 안에 있는 일반적인 죄성이 아니라 구체적으로 유다를 두고 하신 말씀이었습니다. 그래서 베드로가 주님을 떠나지 않겠다고 고백할 때 주님은 그의 고백이 가증스럽다 생각하지 않았고, "너도 똑같은 인간이다" 혹은 "사람은 아무도 장담할 수 없다"고 말씀하지도 않았습니다. 베드로와 유다 둘 다 주님을 부인했지만 베드로와 유다는 달랐습니다.

베드로와 유다는 달랐다

그렇게 일 년 즈음 지나고 마지막 유월절, 주님이 잡히시기 전날 밤에 제자들과 마지막 식사를 하시면서 주님은 또다시 너희 중에 한 사람이 나를 팔 것이라고 말씀하셨습니다(요 13:21 참조).

이때 제자들의 마음은 일 년 전과 달랐습니다. 정말 두려웠기 때문입니다. 몹시 지쳐 있었고, 상황은 너무 긴박했습니다. 예수님을 잡으려고 작심한 당시 지도자들의 의도가 노골적으로 보이기 시작하면서 그들은 잘못될 수 있다는 생각을 하고 있었습니다. 그런데 그때 주님이 너희 중에 한 사람이 나를 팔 것이라고 말씀하신 것입니다. 그때는 제자들이 돌아가면서 한 명씩 물었습니다. "주여 나는 아니지요"(마 26:22). 모두 마치 주님께 약해진 마음을 들키기라도 한 듯이 근심하며 물었습니다.

우리 모두가 그렇습니다. 언제 넘어질지 모르고, 세상 물결을 보면 겁부터 나는 우리는 누군가 주님을 배반할 것이라고 하면 우리보고 하시는 말 같아서 자신이 없습니다. "나는 아니지요?" 베드로는 "모두 주를 버릴지라도 나는 결코 버리지 않겠나이다"(마 26:33)라고 대답했습니다. 하지만 그것도 몹시 두려워서 보인 허세였을 것입니다. 주님은 베드로에게 "오늘 밤 닭 울기 전에 네가 세 번 나를 부인하리라"(마 26:34)고 말씀하셨습니다. 아! 그러니까 그게 베드로였습니다. 일 년 전에 주님이 너희 중에 한 사람은 마귀라고 하신 그 사람, 나와 함께 식사하는 사람 중에 한 명이 나를 팔리라고 하신 그 사람이 바로 베드로인 것입니다. 그런데 아니었습니다. 비록 세 번이나 예수님을 모른다고 했지만 베드로는 아니었습니다. 주님이 말씀하신 사람은 유다였습니다.

그렇다면 베드로와 유다는 뭐가 다릅니까? 사도 요한은 유다는 처음부터 아니었다고 증언합니다. 유다는 처음부터 메시아에 관심이 없었고, 영생에도 관심이 없었습니다. 그는 예수님을 따라다니고 예수님의 말씀을 들으면서도 예수님을 이용하려고만 했습니다. 예수님이 십자가에서 돌아가시기 엿새 전 식사를 하시는 중에 나사로의 누이 마리아가 예수님의 발에 고급 향유를 부은 일이 있습니다. 그때 가룟 유다가 "저 돈을 가난한 자에게 주는 게 낫지 왜 낭비를 하느냐"고 화를 냈습니다. 언뜻 들으면 예수님스러운 말인데 사도 요한은 이렇게 증언합니다. "이렇게 말함은 가난한 자들을 생각함이 아니요 그는 도둑이라 돈궤를 맡고 거기 넣는 것을 훔쳐 감이러라"(요 12:6). 그는 처음부터 돈에만 관심이 있었다는 말입니다. 그러니까 그는 주님의 말씀을 붙들고 살아가고 싶지만 연약하고 두려워서 쓰러지고 흔들렸던 사람이 아니라 처음부터 주님과는 상관이 없었던 사람입니다. 그것이 유다와 베드로가 다른 점입니다.

주님이 "너희 중에 한 사람이 나를 팔리라"고 하셨을 때 베드로도 근심하며 "나는 아니지요?"라고 물었고, 유다도 근심하며 "나는 아니지요?"라고 물었습니다(마 26:25). 베드로는 넘어질까 두려워서 물었고, 유다는 들킬까 두려워서 물었습니다. 베드로는 자기가 아니기를 바라는 마음으로 물었고, 유다는 예수님이 모르기를 바라는 마음으로 물었습니다. 베드로는 자신의 약함과 악함이 몹시 안타까워서 물었고, 유다는 자신의 약함과 악함을 감추기 위해서 물었습니다.

여러분은 가룟 유다 같은 사람이십니까? 아니면 베드로 같은 사람이십니까? 보란 듯이 살아 내지 못함이 주님 앞에서는 늘 죄송하고, 오히려 주님의 이름을 욕되게 하는 삶을 사는 것 같아서 몹시 불안하지만 그래도 이 자리에 있음이 은혜인 줄 알아서 주님을 붙들고 싶은 사람 아닙니까? 비록 눈에 보이는 것들에 울고 웃으며 살고 있지만 그래도 영원한 나라를 바라보며 견뎌 내고, 용서하려 하고, 극복하고 싶은 간절함이 사무쳐 고개도 못 드는 사람 아닙니까? 예수님을 주님으로 믿고 진심으로 그를 따르고 싶은 사람 아닙니까? 그런데 어떻게 여러분이 가룟 유다입니까? 넘어져서 가룟 유다가 아닙니다. 스스로도 두려울 만큼 죄의 유혹에 흔들림이 있어서 가룟 유다가 아닙니다.

가룟 유다는 처음부터 주님을 사랑하지 않은 사람입니다. 그 사람은 처음부터 주님에게는 관심이 없던 사람입니다. 우리가 유다 같은 사람이라고 말하면 안 되는 것입니다. 우리는 베드로 같은 사람입니다.

"영생의 말씀이 주께 있사오니 우리가 누구에게로 가오리이까"라고 진심으로 고백하고도 겁이 나면 움츠러들고, 물 위를 걸을 것처럼 그렇게 자신이 있다가도 바람이 불고 파도가 치면 두려움이 생깁니다. 우리는 주를 위해 죽을 것처럼 마음이 뜨겁다가도 아무도 알아주지 않는 것 같으면 섭섭해서 뒤로 물러나고 싶은 베드로 같은 사람입니다. 그래서 주님은 그 약함과 쓰러짐에 상관없이 "나에게 오는 자는 내가 버리지 않을 것"이라고 했고, "나를 찾는 자에게는 내가 영원히 목마르지 않을 생수를 주겠다"고 하셨습니다.

주님을 놓치고 싶지 않아서 하는 질문

저는 주님이 처음부터 주를 사랑하지도 않고 하나님 나라에 관심도 없는 사람을 왜 끝까지 데리고 다니셨는지 모르겠습니다. 그 이유는 모르지만 마지막 때까지 알곡과 가라지를 함께 두라고 하신 예수님의 말씀처럼 그것이 교회의 현실임에는 틀림없습니다. 비록 주님을 바라보며 살려고 하지만 뜻대로 되지 않아 정말 답답하고 두려운 마음으로 "주님, 내가 주님을 배반할 자입니까?"라고 묻는 분들에게 말씀드립니다. "주여, 내니이까?"를 묻는 여러분에게 주님이 이렇게 말씀하시리라 확신합니다. "너는 유다가 아니야." 여러분의 그 질문이 주님이 절실히 필요해서, 주님을 놓치고 싶지 않아서 하는 질문이라면 말입니다. 믿음대로 살지 못하는 현재 자신의 모습에 느끼는 두려움과 안타까움의 질문이라면 말입니다. 그렇다면 여러분은 가룟 유다가 아닙니다.

제자로서 그리 성공적인 삶을 살지 못했다는 아쉬움과 죄송함이 있지만 그래도 주님이 없으면 안 되기에 그 은혜를 의지하여 용서를 구하고, 수백 번의 실패에도 다시 일어설 수 있는 도움을 간절히 구하는 여러분은 가룟 유다가 아닙니다. 우리는 진심으로 용서하시고 회복시키시고 새롭게 하시는 하나님의 은혜가 필요하니까요.

한번은 주님이 네 가지 밭으로 잘 알려진 비유를 말씀하신 적이 있습니다(마 13:3-8). 씨를 뿌렸는데 더러는 길가에, 더러는 돌밭에, 더러는 가시떨기 위에, 그리고 더러는 옥토에 떨어졌습니다. 길가에 떨어졌다는 것은 복음을 듣지만 받아들이지 않는 것이고, 돌밭에 떨어졌다는 것은 환난이 있을 때 믿음을 버리는 것이고, 가시떨기 위에 떨어졌다는 것은 세상의 유혹에 넘어져 믿음을 버리는 것이고, 옥토에 떨어졌다는 것은 열매를 맺는 것을 가리킨다고 설명하셨습니다. 우리는 이 비유를 대할 때마다 마음이 편하지 않습니다. 우리 마음은 가시떨기 같고, 돌밭 같고, 길가 같기 때문입니다.

하지만 주님이 이 비유를 제자들에게 하신 의도는 사람들이 다 넘어지고 흔들리시만 옥토에서는 열매가 맺는 법이니 낙심하지 말라는 의도였습니다. 우리가 옥토를 만들어서 주님의 제자가 되는 것이 아니라 우리가 진심으로 주님께 나왔기 때문에 주님이 우리 안에 계셔서 기어코 믿음의 길을 가게 하시는 것입니다.

옥토라서 가시도 없고, 돌도 없고, 딱딱한 부분도 없는 것이 아닙니다. 돌도 있고, 가시도 있고, 아주 딱딱하게 굳어 버린 부분도 있지만 그래도 그 안에 예수님이 계시면 옥토인 겁니다. 허세도 있고, 넘어지기도 하고, 교만하기도 하고, 믿음이 적은 자라는 책망도 듣고, 순간적인 두려움에 주님을 모른다 부인한 적도 있지만 베드로는 옥토였습니다. 오히려 마지막까지 약점 하나, 허물 하나 드러내지 않고 주님을 3년 동안 따라다니며 요직에 있던 유다는 옥토가 아니었습니다.

우리는 모두 "주여, 내니이까?"를 조심스럽게 물을 수밖에 없을 만큼 자신이 없습니다. 그러나 가장 중요한 질문은 내가 흔들리는가, 내게 의심이 있는가가 아니라 예수님에 대한 우리의 마음이 진심인가입니다. 내 마음이 진심인지조차 모를 만큼 심하게 흔들릴 때에도 진심으로 오직 예수님만 붙들고 싶다는 간절함이 있다면 그게 믿음 아니겠습니까? 베드로에게는 그 마음이 있었고, 유다에게는 그 마음이 없었습니다. 여러분은 유다입니까? 베드로입니까?

여러분이 베드로라면 실패의 수치로 고개를 들지 못하던 베드로를 찾아와 "네가 나를 사랑하느냐"고 물으신 주님의 질문(요 21:15)에 자신이 없지만 떨림으로 대답할 수 있습니다. "내가 주를 사랑하나이다." 예수님께 여러분은 누구입니까?

John
요한복음

요한복음 7장 1-9절

그 후에 예수께서 갈릴리에서 다니시고 유대에서 다니려 아니하심은 유대인들이 죽이려 함이러라 유대인의 명절인 초막절이 가까운지라 그 형제들이 예수께 이르되 당신이 행하는 일을 제자들도 보게 여기를 떠나 유대로 가소서 스스로 나타나기를 구하면서 묻혀서 일하는 사람이 없나니 이 일을 행하려 하거든 자신을 세상에 나타내소서 하니 이는 그 형제들까지도 예수를 믿지 아니함이러라 예수께서 이르시되 내 때는 아직 이르지 아니하였거니와 너희 때는 늘 준비되어 있느니라 세상이 너희를 미워하지 아니하되 나를 미워하나니 이는 내가 세상의 일들을 악하다고 증언함이라 너희는 명절에 올라가라 내 때가 아직 차지 못하였으니 나는 이 명절에 아직 올라가지 아니하노라 이 말씀을 하시고 갈릴리에 머물러 계시니라

14장

반복되는 이야기

당연한 말이기는 하지만 전도서를 보면, 솔로몬은 범사에 기한이 있고 천하만사에 다 때가 있다는 것을 깨달았다고 했습니다. 날 때가 있고 죽을 때가 있으며, 심을 때가 있고 심은 것을 뽑을 때가 있습니다. 찾을 때가 있고 잃을 때가 있으며, 지킬 때가 있고 버릴 때가 있습니다. 찢을 때가 있고 꿰맬 때가 있습니다. 그런데 솔로몬이 이 '때'에 관한 이야기를 하면서 결론으로 "하나님이 모든 것을 지으시되 때를 따라 아름답게 하셨고 또 사람들에게는 영원을 사모하는 마음을 주셨[다]"(전 3:11)고 말했습니다. 솔로몬이 하고 싶은 말은 인생에는 하나님의 섭리가 있다는 것입니다. 그러니까 이 경우에 만사에 다 때가 있다는 말은 하나님이 정하신 대로 우리를 주관하시고 다스리시니 주어진 것들에 순종하며 기다리라는 소극적인 의미가 담겨 있습니다. 인생사가 잘 풀리지 않아서 조급해하고 답답해하는 분들에게 자주 하는 말도 세상일에는 때가 있다는 말이고, 때가 되면 잘 풀릴 것이라는 말입니다. 그런데 그 '때' 앞에서 사람들은 자기가 할 수 있는 것이 아무것도 없다는 무력감을 느끼기도 합니다.

때는 또한 기회를 의미하기도 합니다. 만사에 때가 있다는 말에는 기회가 늘 있는 것이 아니니 기회가 주어졌을 때 잡아야 한다는 적극적인 의미도 담겨 있습니다. 결혼해야 할 청년에게 결혼에는 다 때가 있는 법이라고 말한다면 그 말은 대체로 너무 조급하게 생각하지 말라는 의미보다는 때를 놓치기 전에 서두르라는 의미입니다.

때를 잘 잡아야 한다든지, 때를 놓치면 안 된다든지 하는 말들은 모두 기회를 의미하는 적극적인 말입니다. 이 경우에 사람들은 때를 분별하지 못하고, 때를 잘 잡지 못하는 무능함을 느끼기도 합니다. 우리의 지난날을 돌이켜 보면 사람의 성공과 실패를 결정하는 것은 능력이 아닌 기회였을 수 있다는 생각이 들기도 합니다.

물론 능력이 어느 정도 뒤받침해 주어야겠지만 대부분은 그때 그 기회를 잘 살렸더라면 지금보다는 훨씬 나은 삶을 살았겠다 싶어서 후회할 때가 몇 번은 있을 것입니다. 멈출 수 있는 기회가 있었고, 다시 시작할 수 있는 기회가 있었습니다. 돌아갈 수 있는 기회가 있었고, 돌아가지 않아도 될 기회가 있었습니다. 하지만 그건 지나고 나서 돌아보니까 그런 것이고, 주어진 현실에서 항상 기회를 놓치지 않는 것은 결코 쉬운 일이 아닙니다.

작년에 북경에 갔더니 그곳에서 만난 교민들은 고민이 많았습니다. 북경의 집값이 올라도 너무 올라 조만간 거품이 빠지고 파동이 올 것 같아 팔기는 반드시 팔아야 하는데 지금이 적기인지 조금 더 있다가 파는 게 좋을지 모르겠다고 했습니다. 가령 집값이 계속 오르다가 올해 8월 15일에 갑자기 반값으로 떨어진다면 8월 14일에 판 사람은 때를 잘 맞춘 사람이고, 8월 16일에 판 사람은 때를 놓친 사람입니다. 제가 남들보다 5분만 먼저 그 때를 알 수 있어도 저는 어렵지 않게 부자가 될 수 있을 것입니다. 때를 잘 잡으라고 하지만 동시에 그 때가 하나님께 속했다 하셨으니 참 애매합니다. 저는 바로 이 긴장 때문에 때를 아는 것보다 더 중요한 것이 있다고 생각합니다.

평범한 형에서 이스라엘의 왕으로

예수님에게는 친동생들이 있었습니다. 몇 명의 동생이 있었는지 정확히 알 길은 없지만 마가복음 6장에 보면 요셉, 야고보, 유다, 시몬 등 적어도 네 명이 예수님의 동생이었습니다(막 6:3). 여러분도 아시다시피 가족들에게 사랑받기는 어렵지 않지만 인정을 받기는 정말 어렵습니다. 예수님께는 어린 시절부터 동생들이 보기에도 남다른 부분들이 있었을 것입니다. 열두 살 때 예수님이 예루살렘에서 당시 종교 지도자들과 나누신 대화를 보면 틀림없이 남다른 부분이 보였겠지만 그렇다고 어릴 적에 병자를 고쳤다든지 신적인 능력을 보여 주신 것은 아닙니다. 그러니까 예루살렘과 가버나움에서 예수님이 하신 일은 그야말로 대박입니다. 도대체 어디서 이런 신기한 기술을 배워 온 것입니까? 언제 저런 지식을 얻었고 언제부터 그리 말을 잘한 것입니까?

마가복음에 보면 예수님이 처음 제자들을 세우시고 병자들을 고치셨을 때 동생들의 반응은 냉담했습니다. 주변 사람들이 미쳤다고 손가락질하고 예수님을 대적했기 때문입니다. 그래서 동생들은 어머니와 함께 예수님을 찾으러 다녔고, 집으로 데려가려고 했습니다(막 3:32). 형이 집안 망신을 시키며 다니고 있다고 생각했으니까요.

하지만 이제는 다릅니다. 비범한 면이 보이기는 했어도 얼마 전까지 평범한 형이던 사람이 갑자기 세간의 주목을 받고, 처음에는 욕하고 비웃던 사람들조차 왕으로 삼겠다고 흥분하는 모습을 볼 때 정말 신기했을 것입니다. 특히 유월절 명절에 예루살렘을 다녀 온 후로는 단순히 동네 유명 인사가 아니라 국가적인 유명 인사가 되어 버렸습니다. 갈릴리 지방에 다시 돌아와 오병이어의 기적을 베푸셨을 때 사람들은 예수님을 오랫동안 기다리던 선지자라고 했고, 모세와 같은 위대한 지도자라고 했고, 이스라엘의 왕이라고 했습니다.

처음에는 형이 그렇게 하고 다니는 게 영 못마땅하고 창피했지만 동생들은 형의 인기에 흥분하기 시작했습니다. 그런데 발 빠르게 행보하던 형이 갑자기 속도를 늦추었습니다. 갈릴리에만 있고 유대 땅의 중심지로 나가려 하지 않았습니다. 예수님이 유대 땅에 가지 않으려고 한 이유가 뭔지 아십니까? 유대인들이 예수님을 죽이려 했기 때문입니다(요 7:1). 물론 위험한 것은 인정합니다. 하지만 위험을 무릅쓰지 않고 어떻게 대사를 치를 수 있겠습니까? 게다가 지금은 도박을 해야 하는 상황입니다. 인심이라는 것이 얼마나 변덕스러운 것인지 주님은 세상을 몰라도 너무 모릅니다. 아마도 요즘 연예인들이나 유명 목사들은 어렵지 않게 이해할 것입니다. 아무리 유명한 사람도 인기를 잘 관리하지 못하면 순식간에 잊힐 수 있습니다. 이미 주님은 큰 실수를 한 번 하셨습니다. 가버나움 연설 때 매우 극단적으로 말씀하셔서 주님을 따르던 많은 사람이 주춤한 상태입니다. 지금 재기하지 못하면 아주 어려워질 수도 있습니다.

다시 인기를 얻을 기회

그런데 드디어 기회가 찾아왔습니다. 이제 조금 있으면 초막절이 시작되는 것입니다. 초막절은 유월절, 오순절과 함께 유대인들이 예루살렘으로 가서 지키는 삼대 명절 중 하나입니다. 갈릴리 사람도 예루살렘으로 많이 갈 것입니다. 그리고 예루살렘에는 아직 예수님을 기억하는 사람이 많을 것입니다. 그러니까 초막절은 예수님을 해하려는 유대 지도자들의 위협이 있기는 하지만 예수님이 다시 인기와 지지를 얻고 유대 지도자로 부상할 수 있는 절호의 기회입니다. 그런데 예수님이 그 명절에 예루살렘으로 가지 않으려고 하십니다. 동생들은 이때가 기회라고 생각하는데 예수님은 아직 때가 아니라고 말씀하셨습니다. 형제들로서는 답답해서 견딜 수가 없었습니다. 그래서 주님을 설득했습니다.

> 당신이 행하는 일을 제자들도 보게 여기를 떠나 유다로 가소서 스스로 나타나기를 구하면서 묻혀서 일하는 사람이 없나니 이 일을 행하려 하거든 자신을 세상에 나타내소서 하니(7:3-4).

큰일을 하자고 하면서 은둔해 있는 사람은 없다는 말입니다. 가나 혼인 잔치에서 물로 포도주를 만들고, 떡을 만들어 그 많은 사람에게 먹이시고, 많은 병자를 고치셨다면 틀림없이 무슨 비전과 야망이 있는 것인데 기왕 그렇게 자신을 드러냈다면 확실하고 분명하게 해야 한다는 말입니다. 동생들의 말에 틀린 것이 없어 보이지 않습니까? 예수님은 세상의 빛으로 오신 분입니다. 예수님은 세상을 구원하기 위해서 오신 분입니다. 그렇다면 아무도 모르게 묻혀 있어서는 세상의 주목을 받을 수 없고, 세상을 구원할 수 없습니다. 초막절에 예루살렘으로 가셔야 합니다. 그렇지 않으면 예수님은 잊힐 것입니다.

그런데 저는 동생들의 제안에 대한 요한의 말이 마음에 걸립니다. "이는 그 형제들까지도 예수를 믿지 아니함이러라"(7:5). 요한은 예수님의 동생들이 그런 반응을 보인 것은 예수님을 믿지 않았기 때문이라고 말합니다. 동생들이 사람들에게 잊히기 전에 예수님께 예루살렘으로 가서 기반을 확보하자고 말한 것은 예수님을 믿지 않았기 때문이라는 것입니다. 어떤 점이 예수님을 믿은 않은 것이란 말입니까? 동생들의 어떤 반응이 문제가 된 것입니까? 더 큰 곳으로 가서 일하자고 말하는 것 자체는 잘못된 것이 없어 보이지 않습니까?

저는 미국 동부에서 15년 목회를 하고 난 후에 남은 15년은 조금 더 큰 도시에 가서 사역을 하고 싶었습니다. 더 큰 교회에서 사역하고 싶은 마음은 없었지만 왠지 큰 도시에 가면 문 밖에만 나가도 일이 보이고, 남은 15년 사역을 열심히 할 수 있을 것 같았습니다. 어떤 사람은 조금 더 크게 일하고 싶어서 교회 성장을 추구하기도 하고, 더 큰 교회로 사역지를 옮기기를 희망하기도 합니다. 그리 마음에 들지는 않지만 그래서 믿음이 없다고 말할 것은 아닙니다. 궁극적으로 하나님 나라를 확장하고, 세상에 영향을 줄 수 있는 크고 강력한 교회를 이루겠다는 생각이 위험해 보이기는 하지만 불신의 행위로 매도할 것은 아니라는 말입니다.

하나님을 열심히 믿는 교인이 사업을 확장해서 큰 도시에 사업장을 만들고 창의적인 발상과 노하우로 돈을 번다면 그걸 무조건 돈만 밝히는 불신 부자라고 비난할 것은 아닙니다. 하지만 그런 생각이 나쁜 것은 아니라고 여과 없이 합리화해서도 안 됩니다.

그들은 영생을 믿지 않았다

동생들이 한 말은 결국 예수님을 왕으로 삼으려 하다가 뜻대로 되지 않아 예수님을 떠난 군중의 말이었습니다. 아니, 이 말은 지난 2,000년 동안 예수님을 믿는다고 하면서도 이 땅에서 영광을 취하고 교세를 확장해서 누리며 살고 싶었던 사람들의 모임인 교회가 했던 말이었습니다. 기독교가 영원한 하나님의 나라에 얼마나 관심이 있었습니까?

교회는 교인들이 온통 이 땅에서의 형통과 누림에만 관심을 갖고 진정 이 땅에서 나그네로서 어떤 사명으로 살아야 하는지에는 아무런 관심이 없는데도 그들에게 직분을 주고 대접을 해주어서 헌금을 많이 내게 합니다. 그들의 눈치를 보면서 교세를 확장하는 것에 혈안이 되어 있던 교회가 예수님께 한 말도 "그 능력을 세상에 나타내소서"라는 말이 아니었습니까? "네가 만일 하나님의 아들이어든 명하여 이 돌들로 떡덩이가 되게 하라"(마 4:3)고 한 마귀의 유혹을 마치 하나님의 지대한 사명이라도 되는 양 성공과 성장만 추구하며 달려오지 않았습니까?

세상을 바꾸기 위해서는 힘이 필요하다고 하면서 낮은 곳이 아닌 높은 곳을 향해서만 달려간 모습이 "그 능력을 세상에 나타내소서"라고 한 예수님 동생들의 말과 뭐가 다른지 모르겠습니다. 아마 그들도 그렇게 말했을 것입니다. "형님, 다 좋습니다. 영생도 좋고, 사랑도 좋고, 천국도 다 좋은데 일단은 힘이 있어야 형님이 말하는 생명의 역사도 할 수 있는 것 아니겠습니까? 그러니 예루살렘으로 가십시다."

그런데 요한이 단언했습니다. 그들은 예수님을 믿지 않았습니다. 요한은 그들이 가지고 있던 신념과 확신은 믿음이 아니었다고 말합니다. 그들이 뭘 믿지 않았다는 말일까요? 아니 뭘 믿어야 믿음이라고 부르는 것일까요? 그들은 예수님의 능력을 믿었습니다. 예수님이 기적적으로 떡을 만들어 내는 것도 목격했고, 예수님이 병자를 고치는 것도 보았습니다. 그들은 예수님이 세상을 바꿀 수 있는 분이라는 것도 믿었습니다. 그래서 사람들이 예수님에게서 떠나는 것을 불안해했습니다. 그래서 예수님께 예루살렘으로 가라고 재촉했습니다. 그렇다면 그들이 믿지 않은 것은 무엇일까요?

그들은 영생을 믿지 않았습니다. 그들은 예수님이 영생을 주기 위해서 이 땅에 오셨음을 믿지 않았습니다. 아직은 주님이 말씀하신 영생이나 천국에 최고의 가치와 의미를 두지 못했습니다. 그들은 궁극적으로 필요한 것은 부자가 되는 것이 아니라 생명을 얻는 것, 세상에서 원하는 것을 할 수 있는 능력이 아니라 하나님의 자녀가 되는 권세인 것을 믿지 않았습니다. 그렇기 때문에 예수님을 사랑한다고 따라다니다가도 자기들에게 세상적인 유익이 없다 싶을 때 예수님을 모른다 할 수 있었습니다. 이것은 영원한 생명을 믿고 소망하지만 사는 게 힘들어서 걱정하고 조금 더 가지고 싶고 누리고 싶은 욕망과 싸우며 사는 것과는 다릅니다.

예수님의 말씀을 들으며 약간 호기심을 가졌을 수 있고 형제들끼리 토론도 했겠지만 그들은 영생에 관심이 없었고 예수님의 말씀을 인격적으로 신뢰한 적도 없었습니다. 이런 심각한 때에 자꾸 영생을 말하고 하나님 나라를 말하는 예수님이 답답하고 단순해 보였습니다. 그래서 예수님의 말씀이 그들에게는 동문서답으로 들렸고, 그들의 말도 예수님에게는 동문서답으로 들렸습니다. 예수님이 말씀하신 '때'는 고난과 십자가, 그리고 부활로 영광을 받으시는 때였고, 그들이 말한 '때'는 권세와 부귀를 얻는 때였으니까요. 예수님은 영원한 하나님 나라를 말했고, 그들은 오로지 이 땅에서의 안락을 말했으니까요. 그들에게 영생은 있으면 좋은 덤 정도였지 현실보다는 중요하지 않았으니까요.

믿음 말고는 이 인생을 설명할 수 없다

기독교 작가인 랜디 알콘이 두 달간 가족들과 함께 이집트로 단기 선교를 간 적이 있었습니다. 하루는 그곳 주민이 폐허가 되다시피 한 어느 포도원 구석에 있는 묘지로 그들을 인도했습니다. 묘비를 보니까 미국 낙농업의 재벌인 보든 가의 상속자 윌리엄 보든의 묘지였습니다. 그는 스물한 살에 많은 재산을 유산으로 상속받은 부자였지만 전 재산을 선교 단체에 기부하고 중국에 있는 무슬림들을 위한 선교사가 되기로 헌신했습니다. 중국으로 가는 길에 그는 아랍어를 배우기 위해서 이집트에 잠시 머물렀습니다. 하지만 애석하게도 4개월 후에 척추수막염이라는 병을 얻어 스물다섯 살에 그곳에서 죽었습니다.

이게 뭡니까? 이런 억울하고 허망한 죽음이 어디에 있습니까? 그냥 미국에 있었더라면 이런 일을 당하지 않았을 것 아닙니까? 알콘이 묘비의 먼지를 털어 내고 묘비에 있는 글을 읽었습니다. 그 묘비의 마지막 문장입니다. "Apart from faith in Christ there is no explanation for such a life."(그리스도 안에 있는 믿음 말고는 이 인생을 설명할 수 없다.)

아무리 애써도 안 되고, 최선을 다했지만 항상 때를 놓친 것 같아 후회스럽고, 수고와 슬픔뿐인 여러분의 삶에서도 "그리스도 안에 있는 믿음 말고는 이 인생을 설명할 수 없다"라는 말이 진실입니까? 몹시 허망하고 힘들고 답답합니다. 그러나 이해할 수 없는 그 어떤 고난의 현실도, 억울함과 손해도, 예수 그리스도를 통해 주신 생명과 구원에 대한 믿음이 있다면 괜찮습니다. 아니, 저는 여러분에게 묻고 싶습니다. "정말 괜찮습니까?" 상황은 괜찮지 않지만 그래도 괜찮다고 자신의 마음을 위로할 그 믿음이 있습니까? 그러면 괜찮은 것입니다. 이 세상에서 권세와 부귀를 누리지 못해도, 아니 그 반대로 낮은 곳에서 연명하듯이 살아도 감히 "괜찮다"고 말한다면 그것은 예수님 때문입니다. 그가 주신 생명 때문입니다.

평생 떵떵거리며 살 수 있는 재산과 힘이 있었는데도 윌리엄 보든이 스물한 살에 그것을 다 포기하고 의미 있는 인생을 살아보겠다고 헌신했다가 외국에서 병이 들어 스물다섯 살의 나이에 죽었어도 그가 감히 괜찮다고 말할 수 있는 것은 영생에 대한 믿음 때문입니다.

John
요한복음

요한복음 7장 10-13절

그 형제들이 명절에 올라간 후에 자기도 올라가시되 나타내지 않고 은밀히 가시니라 명절 중에 유대인들이 예수를 찾으면서 그가 어디 있느냐 하고 예수에 대하여 무리 중에서 수군거림이 많아 어떤 사람은 좋은 사람이라 하며 어떤 사람은 아니라 무리를 미혹한다 하나 그러나 유대인들을 두려워하므로 드러나게 그에 대하여 말하는 자가 없더라

15장
은밀하게, 사람이 아닌 하나님 앞에서

　제가 한국에 살 때 저희 집에 함께 살던 가족이 있었습니다. 제 기억으로는 그 집에 다섯 살 정도 된 남자아이가 하나 있었습니다. 저희 집 대문이 철문이었는데 그 아이는 집을 드나들 때마다 문을 부술 듯이 아주 세게 닫았습니다. 당시 저희 할머니가 그 아이에게 항상 당부하셨습니다. "문을 살살 닫아라." 그러면 그 아이는 아주 공손하게 "예" 하고 대답하고는 나갈 때는 또 세게 닫습니다. 매번 그랬습니다.

　저는 그 아이의 심리가 지금도 궁금합니다. 왜 "예"라고 대답하고는 문을 세게 닫았을까요? 그 말이 무슨 뜻인지 몰랐을 리는 없습니다. 남의 말을 듣는 둥 마는 둥 했기 때문일 수 있습니다. 아니면 습관이 되었기 때문에 문을 나서면서 자동반사적으로 세게 닫는 것일 수도 있습니다. 남의 말을 듣는 게 자존심이 상해서일 수도 있을까요? 남의 말을 들을 마음은 없었지만 상대방을 기분 나쁘지 않게 하려고 그냥 "예"라고 대답한 것일까요? 호되게 혼나지 않아서 버릇이 없는 걸까요? 아니면 단순히 장난을 친 걸까요? 천성이 청개구리과였는지도 모릅니다.

제 아내가 말하기를 저도 그렇다고 합니다. 제가 아이였다면 때려서 버릇을 고치고 싶다고 말하기도 합니다. 저는 누가 저에게 뭐든지 부탁을 하면 선뜻 그렇게 하겠다고 대답하지 않고 꼭 이유를 대는 버릇이 있습니다. 어차피 부탁을 들어줄 것이면서도 처음부터 시원하게 대답하는 일이 없습니다. "집에 들어올 때 순대 좀 사올 수 있어요?"라고 아내가 물으면 저는 "오늘 몇 시에 들어갈지 몰라. 오늘은 안 돼. 그 식당에는 차를 댈 곳이 없어서 한참 걸어야 하는데……"라고 대답합니다. 그러면 결국 아내는 "됐어요. 안 사와도 돼요"라고 화가 난 듯 말합니다. 그때 제가 말합니다. "순대만 사가면 돼?" 처음부터 이렇게 말하면 좋으련만 저는 왜 그렇게 처음에는 어깃장을 놓을까요?

솔직히 고백하면 저는 많은 경우에 아내를 놀리기 위해서 그렇게 말합니다. 제 아내가 평소에도 귀엽지만 발끈해서 성질내는 모습은 더 귀엽거든요. 그런데 가끔은 귀찮아서 짜증을 부릴 때도 있습니다. 자꾸 그래야 나중에 심부름을 시키지 않을 것 같아서입니다. 저희 할머니 말씀에 따르면 저는 어릴 적부터 심술이 있었답니다. 그래서 남의 말을 잘 듣지도 않았고, 동생들도 많이 괴롭혔답니다.

몇 년 전까지는 동생들 가족까지 총 열여섯 명이 해마다 추수감사절에 여행을 갔습니다. 정말 즐거운 시간이었습니다. 그런데 남들 다 극장 갈 때 저는 심술이 나서 혼자 안 간 적이 있었고, 다들 바닷가에 나갔을 때 저 혼자 삐져서 온 가족들을 불안하게 한 적이 있었습니다. 학생 때에는 수련회에 가서 다들 게임을 하자고 하는데 혼자 방에 들어가서 잔 적도 있습니다. 저는 제가 천성이 청개구리과라고 느낄 때가 종종 있습니다.

안 가겠다고 하시는 예수님

저는 못나서 그렇다 치고 예수님은 뭡니까? 예수님은 왜 그러셨을까요? 초막절은 한국의 추석과 같은 명절입니다. 추수를 마치고 난 후에 하나님의 은혜에 감사하는 절기인데 예루살렘에 가서 명절을 지내도록 되어 있습니다. 추수도 마치고 가장 여유로운 시간이기 때문에 각 지역에 흩어져 살던 많은 유대인이 설렘으로 귀경길에 오릅니다. 예루살렘은 유대인 모두에게 고향이니까요.

요즘 한국에서는 추석이나 설날 고향에 갈 때 길이 막혀 열 몇 시간이 걸렸다며 고향 가는 길이 힘들다고 하는데 옛날 유대인들은 훨씬 더 힘들었을 것입니다. 갈릴리에서 예루살렘까지 160킬로미터가 조금 안 되는데 하루에 32킬로미터를 걷는다면 닷새 동안 걸어가야 하는 길입니다. 길도 험해서 혼자 걷는 것은 엄두도 나지 않고 많은 사람이 긴 행렬을 이루어서 걸어야 갈 수 있습니다.

예수님이 열두 살 때, 유월절 명절을 마치고 가족들이 고향으로 돌아가다가 예수님이 없다는 것을 알았습니다. 어떻게 열두 살 된 아들을 잃어버릴 수 있을까 싶지만 많은 사람이 긴 행렬을 이루어서 고향으로 돌아가는데 여자와 남자가 따로 무리를 지어 걷다 보니 마리아는 예수님이 요셉과 함께 있는 줄 알았고, 요셉은 마리아와 함께 있는 줄 알았을 것입니다. 하룻길을 걸어간 후에야 예수님이 없는 것을 알았습니다. 여러분도 한번 상상해 보십시오. 하루 종일 걸었는데 아들이 보이지 않습니다. 몇 시간 전에 그냥 시장 어디에서 예수님을 잃어버린 게 아닙니다. 다시 하룻길을 걸어 예루살렘으로 돌아와 사흘 만에야 예수님을 찾았습니다. 아들을 잃어버리고 하루 종일 걸어서 되돌아가는 부모의 심정이 얼마나 조급했을까요? 예루살렘에 갔는데 거기 없으면 어떻게 합니까? 사람들이 기다려 주었을 리 없고, 예수님을 찾은 후에 그 위험한 길을 닷새 동안 셋이 걸어가야 했다면 이건 보통 일이 아닙니다.

그때도 가족들을 힘들게 하더니 주님이 이번에도 어깃장을 놓습니다. 명절에 온 가족이 예루살렘으로 가는데 큰 형인 예수님만 안 가겠다고 합니다. 앞서 살펴본 대로 형제들의 마음에는 야망이 있었기 때문에 예수님이 이번 기회에 사역 장소를 예루살렘으로 옮기기를 원했습니다. 그러나 예수님은 그들의 제안을 거절하셨습니다. 그뿐만 아니라 예수님은 그 명절에 사람들과 함께 예루살렘으로 가지도 않았습니다. 8절을 보면 주님이 이렇게 말씀하셨습니다.

> 너희는 명절에 올라가라 내 때가 아직 차지 못하였으니 나는 이 명절에 아직 올라가지 아니하노라(7:8).

예수님은 아직 주님의 때가 차지 않았다고 하시면서 형제들과 함께 가지 않았습니다. 그런데 10절에 보면 이해하기 어려운 말씀이 나옵니다.

> 그 형제들이 명절에 올라간 후에 자기도 올라가시되 나타내지 않고 은밀

히 가시니라(7:10).

주님은 가지 않겠다고 하셔 놓고 결국은 가셨습니다. 어차피 가실 것이면서 왜 가지 않겠다고 하셨을까요? 주님의 이런 행동에 대한 몇 가지 해석이 있습니다. 우선 주님은 갈 마음이 있었지만 동생들과 함께 갈 계획은 아니었기 때문에 며칠 있다가 가겠다는 의미였다고 보는 것입니다. 그래서 우리가 가지고 있는 한글 성경과 일부 영어 성경에는 '아직'이라는 단어가 삽입되어 있습니다. 8절을 다시 보겠습니다.

너희는 명절에 올라가라 내 때가 아직 차지 못하였으니 나는 이 명절에 아직 올라가지 아니하노라(7:8).

하지만 아직 올라가지 않겠다는 번역은 논란이 많을 뿐만 아니라 동생들도 이 말씀을 며칠 있다가 따로 가겠다는 의미로 받아들이지는 않았을 것입니다. 형제들은 주님이 이번 명절에 예루살렘에 올라가지 않겠다는 의미로 받아들였을 것임에 틀림없습니다. 분명히 오지 않겠다고 했는데 어느 날 보니까 예수님이 예루살렘에 이미 와 계신 겁니다. 얼마나 황당했을까요? 나중에, 안 온다더니 어쩐 일이냐고 묻는 동생들에게 "내가 언제 안 간다고 했냐? 나중에 간다고 했지"라고 말씀하신다면 변명이 좀 궁색한 것 같습니다. 그래서 어떤 사람은 예수님이 "내 때가 아직 차지 못하여서" 갈 수 없다고 하신 말씀에서 답을 찾아보려고 하기도 합니다.

예수님은 철저하게 하나님의 뜻에 따라 움직이는데 동생들이 예루살렘으로 떠날 때까지는 하나님의 뜻이 아직 나타나지 않은 것입니다. 이틀이

지났는지, 사흘이 지났는지 모르지만 하나님이 드디어 가라는 계시를 하셨기 때문에 주님이 떠나신 것이라는 말이지요. 그러니까 예수님이 동생들과 함께 예루살렘으로 갈 수 없었던 이유는 아직 하나님의 허락이 떨어지지 않아서인 것입니다.

예수님이라면 하나님과 직접 소통하셨을 테니까 하나님이 가라면 가고, 서라면 설 수 있었을 것입니다. 예수님이 이 땅에서 사역하시는 동안 철저하게 하나님의 뜻과 때에 순종해서 사역하셨음을 강조했다는 점에서 그런 주장이 아주 일리가 없는 것은 아닙니다. 하지만 저는 주님이 하나님의 사인(sign)을 기다리시느라고 그들과 동행하지 않았다고 생각되지는 않습니다. 오히려 그 명절에 예루살렘에 가야 하는지 가지 말아야 하는지는 주님이 이미 아셨을 것이라고 생각됩니다. 예수님이 로봇처럼 일거수일투족 하나님의 지시를 받았다고 생각되지는 않습니다.

은밀함의 목적

그보다 저는 '은밀하게'라는 단어에 주목하고 싶습니다. 예루살렘에 있는 사람들 중에는 예수님을 좋은 사람이라고 말하는 사람들도 있고, 나쁜 사람이라고 말하는 사람들도 있었습니다. 그들 모두 주님이 이번 명절에 나타나기를 기대하고 있었습니다. 이미 말씀드렸지만 갈릴리에서 예루살렘으로 가는 행렬을 한번 상상해 보시기 바랍니다. 많은 사람이 적어도 닷새는 걸려야 하는 길을 함께 걸어야 합니다. 주님이 원하든 원하지 않든 이 긴 행렬의 주인공은 당연히 예수님입니다.

당시 갈릴리 사람들 중에는 주님과 함께 예루살렘에 입성한다는 사실로 이미 흥분한 사람들도 있었을 것입니다. 그리고 주님은 예루살렘에 입성하면서부터 세간의 주목을 받을 수밖에 없었습니다. 예수님을 왕으로 삼으려고 한 사람들과 함께 무리를 지어 예루살렘에 들어가는 것은 예수님과 함께한 사람들에게도, 예루살렘에 있는 사람들에게도 상당히 파격적인 행보입니다. 주님은 혼자 조용히 예루살렘에 들어오셨습니다. 그런데 명절 중간 즈음에는 성전에 올라가 가르치기를 시작했습니다(요 7:14). 요한이 말한 '은밀하게'라는 말이 무색할 정도로 주님은 당신을 감추지도 않았고, 몰래 사역하지도 않았습니다.

저는 오늘 '하나님의 때를 따라', '은밀하게'라는 말을 가지고 묵상했습니다. 특히 주님이 산상수훈에서 하신 말씀을 통해 은밀함의 의미를 이해하고자 했습니다. 제가 이해하기에 주님이 말씀하신 은밀함은 아무도 모르게 행함을 의미하는 것이 아니라 하나님 앞에서 합당하게 행함을 의미하는 것 같습니다. 그러니까 이런 것입니다. 주님은 제자들에게 시장 어귀나 회당 앞에서 기도하지 말고 골방에 들어가 문을 닫고 은밀한 중에 보시는 하나님께 기도하라고 하셨습니다(마 6:6).

일반적으로 사람들은 은밀하게 기도하라는 말씀의 핵심을 사람들에게 보이지 않게 기도하라는 의미로 이해합니다. 그러니까 회당이나 길거리에서 기도하지 말고 골방에서 기도하라는 것이 주님 말씀의 핵심이라고 생각하는 것입니다. 하지만 사람에게 안 보이도록 하라는 것은 주님이 말씀하신 의도가 아닙니다. 사람에게 안 보이려고 애쓰는 것도 결국은 사람을 의식하는 것이 되니까요.

주님이 말씀하신 의도는 사람에게 보이려고 하지 말고 하나님께 보이려고 하라는 것이었습니다. 사람이 보았는가 보지 않았는가가 중요한 것이 아니라 하나님께 보이려고 했는가가 중요합니다. 골방에서 기도하지만 그것 역시 사람에게 보이지 않겠다는, 사람만 의식한 행위가 될 수 있습니다.

구제할 때 오른손이 하는 것을 왼손이 모르게 은밀히 하는 이유는 사람들에게 과시하기 위함이 아니라 하나님을 기쁘시게 하겠다는 것인데 하나님을 의식하지 않은 채 은밀하게 하는 것만 강조한다면 그것도 위선이 됩니다. 예수님은 하나님께 보이겠다고 경건 행위를 하면서도 하나님은 의식하지 않고 사람만 의식하는 당시 유대인들의 이런 행위를 위선이라고 하시면서 은밀하게 하라고 말씀하신 것입니다.

은밀함의 목적은 사람이 아닌 하나님을 의식함입니다. 그런데 "나는 절대로 사람에게 나타내지 않겠다"는 생각이 "나는 하나님의 뜻대로 하겠다"는 생각보다 앞설 경우에는 은밀함의 목적이 자기만족이 되기도 합니다. 사람이 알 수도 있고, 모를 수도 있습니다. 사람에게 알리는 것이 더 좋을 때도 있고, 알리지 않는 것이 더 좋을 때도 있습니다. 사람이 알아주지 않아도 상관없지만 사람이 알아준다고 해서 무조건 잘못된 것이라 말할 수도 없습니다. 정말 중요한 것은 하나님을 의식하고, 하나님 앞에서 사는가 하는 것입니다.

예수님이 은밀하게 하라고 하신 말씀의 핵심은 은밀한 중에 보시는 하나님, 안 보이는 것 같고 안 계신 것 같지만 항상 그 자리에 계셔서 우리의 행동을 보고, 말을 듣고, 마음을 살피는 아버지께서 갚으시리라(마 6:18)는 것을 잊지 말라는 것입니다. 그런데 많은 사람이 하나님을 의식하기보다는 사람들만 의식한 채 말하고 일합니다. 그래서 사람을 보고 일을 시작한 것은 아니라 할지라도 사람들이 알아주지 않으면 섭섭해집니다. 반대로 많은 사람이 인정해 주면 뭐라도 된 듯이 교만해지기도 합니다. 심지어 경건하게 살려고 하고, 사람을 의식하지 말자고 말하는 사람도 하나님을 의식하자고 말하지는 않습니다. 그냥 사람에게 너무 잘 보이려고 혈안이 되어 있는 모습이 못마땅할 뿐이지 하나님을 의식하지 않고 있음을 안타까워하지는 않습니다. 세상에서의 인정과 성공만을 추구하는 사람도, 그런 모습을 비판하는 사람도 하나님을 의식하지 않고 있기는 마찬가지라는 말입니다.

예수님이 은밀하게 가셨다는 말은 아무도 몰래 명절을 보내고 살짝 돌아오실 계획이었다는 의미가 아니라 제자들이나 예수님의 동생들이 기대한 것처럼 사람들의 인기와 열광을 의지하거나 추구할 마음이 전혀 없었다는 의미입니다. 마치 예수님은 하나님의 사인을 받아서 움직이신 것처럼, 하나님의 때에 하나님의 뜻을 따라서만 움직이심을 보여 주는 것처럼 "아직 내 때가 아니라서 가지 않는다"고 하시고는 은밀하게 가셨습니다. 그리고 유대에서 당신을 죽이려고 해서 초막절에 예루살렘에 가지 않겠다고 하신 분이 명절 중간 즈음에는 사람들을 가르치기 시작했습니다.

예수님은 사람들에게 인정받기 위해서 일하시지 않았습니다. 그렇다고 사람들에게 인정받지 않기 위해서 일하시지도 않았습니다. 예수님은 아버지의 뜻을 따라 행하셨습니다. 주님이 군중과 함께 예루살렘에 오르지 않고 은밀하게 가신 것은 그렇게 함으로 얻는 영광과 권세가 아니라 고난과 십자가의 길이 하나님의 뜻임을 아셨기 때문입니다.

은밀히 갚으시는 하나님

저는 '은밀하게'를 묵상하면서 은밀한 중에 갚으시는 하나님을 생각했습니다. 은밀하게란 아무도 '모르게 살짝'이라는 의미가 아니라 '사람이 아닌 하나님 앞에서'란 의미입니다. 요즘 세상은 사람들이 눈에 보이는 것으로 다른 사람을 평가하고, 다른 사람들의 인정에 목말라 있어서 자신을 드러내지 않고 사는 것만으로도 경건해 보이는 것이 사실이지만, 우리가 궁극적으로 추구하는 것은 은밀하게 사는 삶이 아니라 그리스도와 동행하며 주님의 뜻을 따라 사는 삶입니다. 나를 드러내지 않는 것이 우리 삶의 소원이 아니라 그리스도를 드러내는 것이 우리 삶의 소원입니다. 내가 드러나는가 드러나지 않는가보다 중요한 것은 예수 그리스도가 어떻게 드러나는가 하는 것입니다.

진짜 중요한 것은 얼마나 사람에게 보이지 않고 사는가가 아니라 얼마나 하나님께 주목하고 하나님을 의식하며 사는가 하는 것입니다. 은밀히 보시는 하나님이 보이십니까? 은밀히 갚으시는 하나님을 믿으십니까? 아무도 알아주지 않아도 마음에 큰 상처가 되지 않을 만큼 하나님을 의식하십니까? 모든 사람이 칭찬하고 열광하는 환호성 속에서도, 하는 일마다 잘되어서 그동안 쌓인 입직과 성과들 너머로도 하나님이 보이십니까? 사람들의 인정과 대접으로 성공과 출세를 말하지 않고, 당신을 최고로 만들어 주겠다는 유혹의 소리에 흥분하지 않고, 사람들이 알아주지 않기 때문에 서운함으로 위축되지 않을 만큼 오직 하나님의 뜻을 따라서만 살고 싶지 않으십니까?

기도할 때도, 봉사할 때도, 남을 섬길 때도, 사람을 대할 때도 은밀하게 갚으시는 하나님을 의식할 수 있기를 바랍니다. 볼 수 없다 하여 하나님을 무시하기 시작하면 우리는 아주 세속화된 우리의 모습을 어렵지 않게 발견하게 될 것입니다. 이 세상은 그렇다 쳐도 그 임재가 은밀하다 하여 교회에서도, 우리의 삶에서도 하나님을 소홀히 여기고, 하나님을 철저히 외면하고 있는 것은 아닌지 생각해 보아야 합니다.

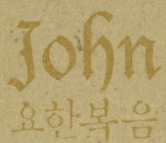

요한복음 7장 14-24절

이미 명절의 중간이 되어 예수께서 성전에 올라가사 가르치시니 유대인들이 놀랍게 여겨 이르되 이 사람은 배우지 아니하였거늘 어떻게 글을 아느냐 하니 예수께서 대답하여 이르시되 내 교훈은 내 것이 아니요 나를 보내신 이의 것이니라 사람이 하나님의 뜻을 행하려 하면 이 교훈이 하나님께로부터 왔는지 내가 스스로 말함인지 알리라 스스로 말하는 자는 자기 영광만 구하되 보내신 이의 영광을 구하는 자는 참되니 그 속에 불의가 없느니라 모세가 너희에게 율법을 주지 아니하였느냐 너희 중에 율법을 지키는 자가 없도다 너희가 어찌하여 나를 죽이려 하느냐 무리가 대답하되 당신은 귀신이 들렸도다 누가 당신을 죽이려 하나이까 예수께서 대답하여 이르시되 내가 한 가지 일을 행하매 너희가 다 이로 말미암아 이상히 여기는도다 모세가 너희에게 할례를 행했으니 (그러나 할례는 모세에게서 난 것이 아니요 조상들에게서 난 것이라) 그러므로 너희가 안식일에도 사람에게 할례를 행하느니라 모세의 율법을 범하지 아니하려고 사람이 안식일에도 할례를 받는 일이 있거든 내가 안식일에 사람의 전신을 건전하게 한 것으로 너희가 내게 노여워하느냐 외모로 판단하지 말고 공의롭게 판단하라 하시니라

16장
혼란의 이유

저는 학생 때 미술을 좋아하지 않았습니다. 초등학생 때 제 그림이 단 한 번도 교실 뒤에 붙은 적이 없기 때문이기도 하고, 중학교 1학년 때 미술 도구를 가져오지 않아 미술 선생님한테 매를 맞았기 때문일 수도 있습니다. 하지만 그보다는 제가 그림을 정말 못 그리기 때문일 것입니다. 있는 그대로 보고 그리는 것도 못할 뿐만 아니라 무엇을 상상해서 그리는 것은 더욱 못합니다. 문학이나 예술을 하는 사람들은 남다른 상상력과 표현력을 가지고 있는 것 같습니다.

저는 오늘 설교를 준비하면서 만일 누가 소망(hope)을 그려 보라고 한다면 어떻게 그릴까 생각해 보았습니다. 하늘을 그리고, 그 하늘을 바라보는 노인을 그린다면 너무 진부한 그림일 것 같습니다. 요즘 제 생각이 복잡해서인지 저는 복권이 떠올랐습니다. 만일 누가 여러분에게 평화를 그려 보라고 한다면 여러분은 무엇을 그리겠습니까?

아마도 복잡한 도시보다는 한적한 시골이 떠오를 것입니다. 넓은 풀밭에 양들은 한가로이 풀을 뜯어먹고, 선하고 인자해 보이는 목자는 그런 양들을 바라보면서 악기를 조용하게 연주하는 모습은 참 평화스러워 보입니다. 사람들은 이런 평화로움을 원합니다. 한 설문에 따르면 60퍼센트 정도가 당장 아파트에 사는 편리함을 포기하기는 망설이면서도 나중에 살고 싶은 곳으로는 전원주택을 선호한다고 합니다. 사람들이 꿈꾸고 원하는 평화는 이런 것이기 때문에 많은 사람은 조용하고 한가로운 삶을 원합니다.

플로라 슬로슨 우엘너(Flora Slosson Wuellner)라는 분은 그의 책에서 어린 시절 그의 인생을 바꾼 그림이 하나 있다고 했습니다. 깎아내리는 듯한 절벽에 매달려 있는 목자의 모습입니다. 한 손으로는 바위를 붙잡고, 그 아래에서 두려움에 떨고 있는 양을 향해 다른 한 손을 내밀고 있는 목자의 모습인데 그 위로는 솔개가 맴돌고, 목자의 팔뚝에는 힘줄이 솟아 있고, 옷은 찢겨진 채 여기저기 가시에 긁혀서 피가 흐르고 있는 모습입니다. 그가 생각한 선한 목자는 항상 차분하고 고요하고 평화스러웠는데 그의 부모가 "저 분이 선한 목자다"라고 말해 준 이후로 평화에 대한 이미지가 완전히 바뀌었다고 했습니다.

문제를 일으키시는 분

일반적으로 평화를 사랑하는 사람은 문제를 피해야 한다고 생각합니다.

문제를 일으켜서도 안 되지만 문제 주변에 있는 것도 바람직하지 않습니다. "똥이 더러워서 피하지 무서워서 피하나?"라는 말은 명백하게 불의함을 알면서도 불의함에 연루되고 싶어 하지 않던 많은 사람의 자기합리화로 사용된 말이기도 합니다. 하지만 평화를 원하는 사람들이 소란스러움을 원하지 않아서 하는 소박한 말이기도 합니다. 많은 사람은 문제가 있다는 것을 알고 문제를 해결해야 한다는 것도 알지만, 복잡하고 소란스러운 것이 싫어서 일단은 피하고 싶어 합니다.

명절을 맞이해서 많은 사람이 예루살렘을 찾아왔습니다. 이런 절기에 사람들이 기대하는 것은 축제입니다. 모처럼 찾은 고향에서 사람들은 살벌한 긴장보다는 평화롭고 한가한 여유를 원했을 것입니다. 군중을 이용하려는 정치적 선동가들을 제외하고는 누구도 소란이나 문제를 원하지 않았을 것입니다. 많은 사람이 모이다 보니까 새로운 정보도 얻게 되고 세상 돌아가는 이야기도 듣게 되는데, 이번 명절에 사람들의 입에 가장 많이 오르내리는 사람이 있다면 바로 예수님이었습니다. 예수님이 거기 계시지 않았는데도 많은 사람이 예수님에 관한 이야기를 했고, 예수님을 찾았습니다. 어떤 사람은 예수님을 좋은 사람이라고 말하고 어떤 사람은 나쁜 사람이라고 했습니다(요 7:12). 예수님을 잘 모르는 사람들도 예수님이 누구인지 궁금했을 것입니다.

이런 곳에는 주님이 나타나지 않는 것이 가장 평화로운 모습일 텐데 명절 중간 즈음에 드디어 예수님이 나타나셨습니다. 그리고 성전에서 사람들을 가르치기 시작하면서 예루살렘은 아주 시끄러워졌습니다. 이상하지 않습니까? 원래 시끄러운 곳도 예수님이 계시면 평화로워지고, 문제가 많던 곳도 예수님이 한마디 하시면 조용해지고 그래야 하는 것 아닌가요?

그런데 평화주의자들이 보기에는 예수님이 문제를 일으키는 것 같았습니다. 예수님을 지지하는 사람들이 예수님을 당장 왕으로 삼을 것처럼 좋아하고, 예수님을 싫어하는 사람들은 아주 위험한 인물 보듯이 예수님을 경계하는 분위기였는데, 예수님은 그런 상황과 사람들의 반응을 이용이라도 하는 듯이 호불호를 나누는 아주 극단적인 말을 계속 쏟아내셨기 때문입니다. 조금만 부드럽게 말해도 좋을 텐데 너무 극단적이고 분명해서 화를 자초하고 분열을 일으키는 것 같았습니다. 그러니 평화를 사랑하는 사람들의 입장에서는 예수님의 말이 맞든 틀리든 간에 그렇게 문제를 일으키시는 예수님이 문제였습니다.

은밀하지 않고 거침없이!

예를 들면 이런 것입니다. 배운 적이 없는 사람인데도 예수님의 가르침은 서기관들과 달라서 권위가 있고, 설득력이 있었습니다. 그래서 많은 사람이 그 가르침에 놀라움을 표했습니다. 이럴 때 대부분 사람은 겸손함을 보입니다. 그런데 예수님은 이렇게 말했습니다.

> 내 교훈은 내 것이 아니요 나를 보내신 이의 것이니라 사람이 하나님의 뜻을 행하려 하면 이 교훈이 하나님께로부터 왔는지 내가 스스로 말함인지 알리라 스스로 말하는 자는 자기 영광만 구하되 보내신 이의 영광을 구하는 자는 참되니 그 속에 불의가 없느니라 …… 너희가 어찌하여 나를 죽이려 하느냐(7:16-19).

이 말씀 때문에 도대체 누가 예수님을 죽이려고 했는가 소동이 있었습니다. 아직 아무에게도 예수님을 죽이겠다는 구체적인 계획이 없었고, 이를 언급한 사람도 없었습니다. 그래서 사람들은 예수님이 귀신 들려서 헛소리를 한다고까지 생각했습니다(요 7:20). 어떤 사람들은 이렇게 말했습니다. "원래 메시아는 어디서 오는지 모르는 건데 우리는 이 사람이 나사렛 사람인 것을 알지 않는가? 그러니 이 사람이 메시아는 아니다. 그렇지 않더라도 메시아는 베들레헴에서 나온다고 성경에 기록되지 않았는가?"(요 7:27, 42) 예수님이 베들레헴에서 출생한 것을 몰라서 그런 말을 한 것이라면 "사실은 내가 베들레헴에서 출생했다"고 말해 주거나 그런 말에는 주님이 대꾸하지 않아도 괜찮을 뻔했습니다. 그래야 시끄럽지 않고 평안합니다. 그런데 주님은 "나는 하나님에게서 났고 하나님의 보내심을 받았다"(요 7:29)는 무척 위험한 말씀을 하십니다.

마침내 사람들이 예수님을 잡아 가두려고 했습니다. 어떤 사람들은 예수님이 행하신 기적들을 상기하면서 그는 그리스도임에 틀림없다고 했고, 어떤 사람은 그리스도가 어떻게 갈릴리에서 나올 수 있냐고 했습니다(요 7:41). 신학적으로도, 사회적으로도, 정치적으로도 예수님은 예루살렘에서 엄청난 소란을 불러 일으켰습니다. 주님은 마치 소란을 피하기 위해서 혼자 은밀하게 예루살렘에 들어오신 것 같았는데 주님의 말씀에는 거침이 없었습니다.

저는 주님이 아직 주님의 때가 아니라고 하시면서 왜 이렇게 과격한 행보를 취하셨을까 궁금했습니다. 이건 단순히 불의를 보면 참지 못하고, 바른 말은 반드시 해야 하는 주님의 성품 때문이 아닙니다. 주님이 이 땅에 오신 목적 때문입니다. 그 목적이 불가피하게 기득권과의 싸움으로 보일 수 있을 만큼 당시의 종교가 타락해 있던 것은 사실이지만 주님은 단순히 세상을 좀 더 나은 세상으로 만들기 위해서 오신 것은 아니었습니다. 예수님의 오심은 이 세상과는 전혀 다른 하나님 나라가 임하도록 하기 위한 것이었습니다. 그래서 빛이신 예수님의 오심 자체가 어둠의 세상에서는 이미 평화로움을 깨뜨린 행위였습니다.

예수님은 이 땅에 평화의 왕으로 오셨다고 했지만 그 모습은 베들레헴 말구유에 아무도 모르게 오신 그 밤에만 적용될 뿐이지 예수님의 생애도, 죽음도 온통 소란과 충격적인 갈등투성이입니다. 예수님은 사람들과 화목했던 것이 아니라 원수를 만들어 냈습니다. 예수님이 가시는 곳에는 죄가 드러났고, 잊고 살았던 아픔과 상처가 되살아났습니다. 억압과 착취 가운데 체념하고 살던 사람들에게 주어진 새로운 희망과 용기는 죽음도 두렵지 않을 만큼 그들의 고난에 새로운 의미를 부여했습니다. 그뿐만이 아닙니다. 그 이후로 예수님을 믿은 허다한 사람들이 예수를 믿는다는 이유로 미움 받고 고난당하고 죽임 당해야 했습니다.

물론 믿는 사람들의 무례와 독선이 화를 불러일으켜서 맞을 짓을 한 경우도 많았지만 교회가 건강했을 때에는 고난당한 사람이 더 많았습니다. 누가 괴롭히거나 힘들게 하지 않더라도 예수님을 믿는 믿음으로 인해 발생한 전혀 다른 가치관으로 이 세상을 살아가는 것 자체가 희생과 고난입니다. 예수님은 평화의 주님이라고 했는데 예수님이 오신 후에 세상은 더 복잡해졌고, 더 혼란스러워졌습니다. 이는 마치 예수님이 그 명절에 예루살렘에 나타나심으로 소란과 갈등을 초래하신 것과 같았습니다. 예수님은 마태복음 10장 34절에서 "내가 세상에 화평을 주러 온 줄로 생각하지 말라 화평이 아니라 검을 주러 왔노라"고 하셨고, 제자들을 위해

기도하시면서도 양을 이리 가운데 보내는 것 같다고 하셨습니다(마 10:16).

평화로울 수 없는 세상

사람들 중에는 이런 예수님의 말씀과 이미지가 못마땅한 사람들이 있었습니다. 그렇지 않아도 피곤하고 힘든 인생을 왜 그렇게 복잡하게 만드는지 말입니다. 고난이니, 제자의 삶이니, 사명이니 하는 말들은 사람들을 피곤하게 만듭니다. 그래서 예수님을 믿으면 마음에 평화가 찾아 오고, 삶이 윤택해지고, 내적으로 치유가 되고, 외적으로도 형통해서 여생을 푸른 초장에 누워 꼴을 먹는 양처럼 그렇게 살 것이라고 말하기 시작했습니다. "평화를 위해서"라는 이름으로 복음을 타협했고 복잡하고 희생적인 삶을 싫어하는 현대인들이 듣기에 편한 말들만 하기 시작했습니다. 이런 신앙을 "온수 욕조 신앙"(hot bath religion)이라고 부르기도 하고 "치료신앙"(therapeutic religion)이라고 부르기도 합니다.

교회도 그런 곳이 되어야 했습니다. 교회에 가난하고 아픈 사람이 별로 없어서 이웃과 함께한다는 좋은 이미지에 만족할 수 있을 정도여야지 너무 많아서 소란스럽고 문제가 발생하는 건 싫습니다. 기왕이면 마음에 맞고 수준이 맞는 사람들끼리 교제하기를 원해서 같은 교회를 다니는 것까지는 어쩔 수가 없어도 그 이상 가까워지기를 원치 않았습니다. 교회는 문제가 많은 사람이 변화되는 곳이 아니라 떠나는 곳이 되어 버렸기 때문에 사람들의 변화는 애초부터 기대하지도 않았습니다.

하지만 아무리 생각해도 영원한 나라를 소망하며 이 땅에서는 나그네로 살아가야 하는 죄인으로서 누구에게나 이 세상이 그렇게 평화스러울 수는 없습니다. 어쩔 수 없는 욕심 때문에 마음이 불편하고, 미운 사람은 미워해야 하는데 기다리고 참아야 한다면 마음이 복잡합니다. 그냥 세상을 사는 동안에는 세상 사람들이 사는 방식대로 사는 게 순리인데 나그네로 살아야 하기 때문에 아쉽지만 포기해야 하고, 억울하지만 참아야 합니다. 이런데 어떻게 마음에 평안이 있을 수 있습니까?

가지고 싶으면 갖고, 미워하고 싶으면 미워하고, 가고 싶으면 가고, 가기 싫으면 가지 않으면 되는데 예수님 때문에 죄와 싸워야 하고, 자신과 싸워야 하고, 세상과 싸워야 합니다. 어떻게 평화로울 수 있는가 말입니다. 오죽하면 성경이 그리스도인의 삶을 영적 전쟁이라고 표현하고, 우는 사자가 두루 다니며 삼킬 자를 찾는 것처럼 끊임없는 유혹과 환난이 있으니 정신 차리고 근신해야 한다고 했겠습니까? 마음이 편하다는 찬송은 어떤 경우에도 영원한 곳을 바라보며 산다는 고백입니다. 장차 우리가 누리게 될 영광에 비하면 이 땅에서 받는 환난은 크지 않다는 말은 결코 이 땅의 삶이 고요하고 잔잔하다는 의미가 아닙니다.

화해와 중재, 그리스도인이 이뤄야 할 궁극적인 평화

이 땅에서 100년 즈음 살다가 죽어서 끝날 것이라면 주님은 공연히 세상을 시끄럽게 하신 분이 맞습니다. 사람이 그렇게 한 평생 사는 것이 전부라면 치열하게 살기보다는 적당히 편하게 사는 게 현명합니다. 제자의 삶보다는 평화스러운 삶이 목적이 되어야 합니다. 그러나 예수님은 휴양과 쉼을 위해서 평화로운 곳을 찾아 이곳에 오신 것이 아닙니다. 아무도 영접하지 않는 곳에 중재와 화해를 가져오기 위해 오셨습니다. 그리고 마침내 십자가의 죽음을 통하여 하나님과 화목을 이루셨고, 그를 믿는 자들에게 영원한 나라를 기업으로 주셨습니다. 그래서 영원한 나라를 소망하며 살아가는 하나님의 사람들이 누리는 궁극적인 평화는 이 세상의 형통함에 있는 것이 아니라 하나님 나라에 있습니다.

하나님과의 관계가 소원하고, 그 관계에 잡초가 자라고 있는데 세상의 형통함과 분주함 때문에 방치해 둔 상태를 평화로운 상태라고 부르면 안 됩니다. 죄가 있는데 좋은 게 좋은 거라서 죄를 합리화하면 안 됩니다. 이 세상을 나그네로 살아가는 그리스도인들에게 주어진 궁극적인 사명은 평화로운 상태의 유지가 아니라 화해와 중재임을 잊지 말아야 합니다. 물론 그리스도인들이 세상을 사는 동안에는 평화로움을 아예 경험하지 못할 것이라는 말이 아닙니다. 화해하고, 화목하고, 죄를 끊어 회개하고, 욕심을 버릴 때 오는 평화로움도 경험할 것입니다. 그러나 그것도 영생의 그림자입니다.

정말 천국이 있다고 믿는다면 아무리 혼란스러운 세상에서도 평화를 경험하는 것입니다. 안일함과 세상의 풍요로 인한 평화로움에 속지 마시기 바랍니다. 마치 세상에서의 평화로움이 우리의 궁극적인 목표인 것처럼 낙심하지도 마시고 안일하게 안주하지도 마시기 바랍니다.

저는 문제가 없는 곳에서 목회하고 싶습니다. 사람들이 모두 점잖고, 상식적이고, 제자로서 세상을 살아가고자 하는 진실한 사람들만 모인 교회에서 목회하고 싶습니다. 복잡한 곳보다는 조용한 곳에서 사람들을 많이 만나지 않고 독서와 묵상으로 대부분의 시간을 보내며 말씀을 사모하는 사람들과 함께 성경을 공부하면서 목회를 하고 싶습니다. 저는 평화로운 게 좋습니다. 저는 문제가 두렵고, 시끄러운 게 싫습니다. 그런데 제가 그런 목회를 하고 싶다고 하면 주님이 당장 천국으로 오라고 하실 것 같습니다. 저를 목사로 부르시면서 주님이 주신 사명은 평화로움을 누리는 것이 아니라 갈등과 문제가 있는 곳에서 중재하라는 것이라 믿기 때문입니다. 교회에 어려움이 생기면 저의 부족함 때문이다 싶어 죄송한 마음도 있지만 왜 이런 일에 연루되어야 하는가 싶어서 힘이 들기도 합니다. 잠도 못 자겠고, 교인들 앞에만 서면 기운이 빠지기도 합니다.

이것은 제가 원하고 꿈꾸던 목회 현장이 아닙니다. 이것은 여러분이 기대한 교회의 모습도 아닐 것입니다. 하지만 저는 문제가 많고 복잡하다고 해서 목회 현장을 떠나지는 않을 것입니다. 저의 한계와 부족함 때문에 자신 없는 것은 사실이지만 교회의 본질적인 사명이 평화로움이 아니라 화평케 함이라면 우리는 함께 하나님 나라를 바라보며 제자의 본분을 지켜야 할 것입니다.

문제가 일어나면 그 시간을 오히려 교회가 더욱 교회다워지는 성숙의 기회로 만들어야 할 것입니다. 저와 여러분이 세상에 살기 때문에 힘들고 아픈 것처럼 교회도 세상에 속하지 않았지만 세상에 있기 때문에 이렇게 아프기도 한 것입니다. 낙심하지 말고, 포기하지 말고, 화평케 하는 사명을 감당하는 성도가 되기를 기도합니다.

John
요한복음

요한복음 7장 37-39절

명절 끝날 곧 큰 날에 예수께서 서서 외쳐 이르시되 누구든지 목마르거든 내게로 와서 마시라 나를 믿는 자는 성경에 이름과 같이 그 배에서 생수의 강이 흘러나오리라 하시니 이는 그를 믿는 자들이 받을 성령을 가리켜 말씀하신 것이라 (예수께서 아직 영광을 받지 않으셨으므로 성령이 아직 그들에게 계시지 아니하시더라)

17장
믿는 자들이 받을 성령

만일 누가 "진짜가 아닌 것은 다 가짜다"라고 말한다면 이 말이 맞을까요? 아니면 틀릴까요? 예를 들어 다이아몬드 반지가 있다면 그 반지는 진짜이거나 가짜이거나 둘 중에 하나일 테니까 그 말은 맞는 말입니다. 아무리 진짜처럼 생겼어도, 아무리 공을 들여서 정교하게 만들었어도 진짜가 아니면 가짜입니다. 이 경우에 가짜에는 진짜에 준하는 가치가 전혀 없습니다. 그런데 진짜는 아니지만 진짜와 같은 기능과 가치를 가지고 있는 것들도 있습니다. 예를 들어 제가 아내에게 주려고 다이아몬드 반지를 주문 제작하는 데 시간이 좀 걸린다고 하면서 진짜와 아주 비슷하게 생긴 모형 다이아몬드 반지를 주었다고 가정해 보지요. 그러면서 보석 가게 주인은 말합니다. "진짜가 만들어지면 이 모형을 가지고 있는 사람만 찾아갈 수 있습니다. 또 진짜가 오기 전에 반지를 환불할 의사가 있다면 이 모형 반지를 가지고 오시면 환불해 드리겠습니다." 이런 경우 그 모형 반지 자체는 진짜가 왔을 때 아무런 가치가 없지만 진짜가 올 때까지는 진짜의 가치와 기능이 주어졌기 때문에 모조품이라고 소홀히 다룰 수 없습니다.

제 아내는 패션 디자이너가 되겠다는 청운의 꿈을 안고 미국에 유학을 왔습니다. 열심히 공부에만 전념했어야 하는데 그만 저를 만나고 말았습니다. 저를 만났으니 공부에 전념할 수 있었겠습니까? 공부는 안하고 늘 제 생각만 했겠죠? 그래서 스물두 살 때 저와 결혼하게 되었습니다. 저는 당시 교포였기 때문에 결혼하자마자 제 아내는 영주권을 신청했습니다. 신청하고 얼마 후에 조건부 영주권이 나왔습니다. 그 당시에는 진짜 영주권이 나오려면 조건이 충족되어야 했습니다. 2년 동안 둘이 실제 부부로 살았다는 것을 증명해야 진짜 영주권이 나왔습니다. 2년 즈음 지난 후에 인터뷰를 하러 오라는 통보가 왔습니다. 저희 부부는 혹 실수라도 해서 문제가 생길까 봐 무슨 치약을 사용하는지, 수입이 얼마인지, 부엌 페인트 색깔은 무엇인지 다 말을 맞춰서 갔습니다. 그러나 몇 가지 서류만 확인하고는 영주권을 주었습니다.

조건부 영주권은 진짜 영주권이 아닙니다. 하지만 그것을 가지고 외국 여행도 할 수 있었고, 은행 계좌도 개설할 수 있었습니다. 살아가는 데 아무런 불편이 없었지만 저희는 2년 동안 진짜 영주권을 받을 날만 기다렸습니다. 제 아내가 가지고 있던 영주권은 진짜는 아니었지만 굉장히 소중한 것이었습니다. 그런데 진짜 영주권이 도착하는 날부터 조건부 영주권은 더는 아무런 가치도 없어졌습니다. 추억과 기념으로 버리지 않고 간직했을 뿐입니다.

진짜 영주권이 나올 때까지는 여행하면서 조건부 영주권을 보여 주면 되었지만 진짜 영주권이 나온 후부터 조건부 영주권은 아무런 효력이 없어서, 그것을 사용하는 것은 가짜를 사용하는 것과 같습니다. 하지만 누군가가 영주권을 언제 받았냐고 물으면 저희는 진짜 영주권을 받은 날이 아닌 조건부 영주권을 받은 날을 말합니다. 우리는 이런 경우에 가짜라는 말을 사용하지 않고 상징 혹은 예표라는 말을 사용합니다. 예표의 특징은 진짜가 올 때까지만 유효하다는 것입니다.

영원한 생명에 관한 말씀

유대인들은 성전을 하나님의 언약적 임재로 이해했습니다. 그러니까 성전은 하나님이 계시는 곳이고, 하나님을 만나는 곳을 의미했습니다. 그런데 요한복음 2장을 보면 예수님은 그렇게 화려하게 지어지고 거룩하게 취급되던 성전을 "헐라 내가 사흘 동안에 일으키리라"(요 2:19)고 하셨고 요한은 예수님이 당신의 육체가 곧 하나님의 성전 됨을 말씀하신 것이라고 설명해 주었습니다. 임마누엘이신 예수님은 하나님이 그 백성과 함께하심을 상징하던 성전의 의미를 성육신을 통하여 완성하셨습니다. 더는 성전이 아닌 예수님을 통해 하나님이 우리와 함께하시고 우리의 하나님이 되심을 알고 확신하게 되었습니다. 따라서 예수님이 오신 후에는 성전이 없습니다. 예수님이 우리의 성전이십니다. 성전은 가짜고 예수님은 진짜라는 말이 아니라 성전이 예표하던 예수님이 오심으로 성전의 의미가 완성되었다는 말입니다.

오늘 본문에도 주님이 오셔서 완성하신 것 하나가 언급됩니다. 초막절

절기의 의미와 행사에 관해 알면 오늘 말씀을 이해하는 데 도움이 될 것 같습니다. 원래 초막절은 농사를 다 마치고 난 후에 지키는 감사의 절기였습니다. 특히 농사를 잘 지낼 수 있도록 비를 내려 주심에 감사하면서 8일 동안 절기를 지켰는데 매일 아침마다 제사장은 여러 사람과 긴 행렬을 이루어 실로암 연못에 가서 금으로 된 주전자에 물을 담아 가지고 옵니다. 그리고 제단을 돈 후에 제단 서쪽에 있는 깔때기에 물을 부었습니다. 그러는 동안 성가대는 시편 113-118편까지 찬송시를 웅장하게 합창했습니다. 이 찬송시의 내용은 그의 백성을 환난 가운데서 지키시고 도우시는 여호와 하나님을 찬양하고 그를 더욱 의지하자는 것입니다. 이 행사는 광야에 물을 내신 하나님이 지난 일 년 동안 비를 내리셔서 추수를 가능하게 하셨다는 감사와 기쁨의 표현이고 내년에도 비를 내리사 풍성한 복을 달라는 간구였지만 그것이 예표한 것이 있습니다.

헤르만 니콜라스 리델보스(Herman Nicolas Ridderbos)라는 학자가 말한 대로 초막절이 예표한 것은 이사야 12장에 언급된 구원의 우물에 관한 종말론적 소망입니다. 이스라엘 백성들은 애굽 사람들의 종교성이나 가나안 사람들의 종교성과 달리 이 땅에서의 형통과 풍성이 아닌 메시아를 통한 하나님 나라의 도래를 앙망하고 소망하던 사람들이었습니다. 그래서 그들은 초막절에 이사야 12장을 묵상하며 기도했습니다. 2-3절을 보겠습니다.

> 보라 하나님은 나의 구원이시라 내가 신뢰하고 두려움이 없으니 주 여호와는 나의 힘이시며 나의 노래시며 나의 구원이심이라 그러므로 너희가 기쁨으로 구원의 우물들에서 물을 길으리로다 (사 12:2-3).

하나님이 그들에게 비를 내리심으로 추수를 가능하게 하셨고, 하나님이 필요한 것들을 채워 주심에 감사해서 기쁨으로 예배했지만 수확과 소득은 메시아를 통해 임할 구원의 상징이고 예표였습니다. 간단히 말하면 그들이 궁극적으로 소망한 것은 이 세상에서 부자가 되어 잘사는 것이 아니라 하나님의 나라가 임함으로 잘살게 되는 것이었습니다.

이 절기의 마지막 날인 여덟째 날에는 제사장과 행렬이 실로암에서 물을 길어 오는 예식이 없었다고 합니다. 명절 마지막 날 예수님이 큰 무리 앞에 섰습니다. 그리고 외쳤습니다. 누구든지 목마르거든 내게로 와서 마시라 나를 믿는 자는 성경에 이름과 같이 그 배에서 생수의 강이 흘러나오리라(요 7:37-38).

초막절 마지막 날 예수님이 이렇게 외치신 것은 예수님이 그 절기가 예표하는 구원자임을 증거하고 드러내신 것입니다. 그 절기는 비에 감사하고, 추수에 감사하고, 풍성하도록 필요를 채우신 은혜에 감사하는 시간입니다. 그런데 주님이 그들에게 목마르지 않게 해주겠다고 청하고 있는 것입니다. 분명한 것은 형통하게 될 수 있는 또 다른 방법을 말씀하시는 것이 아니라는 것입니다. 그런 예식을 행하고 제사를 한다고 부자가 되는 것이 아니라는 말입니다. 주님이 주겠다고 약속하신 것은 비도 아니고, 형통도 아닙니다. 이것은 주님이 사마리아 여인과 나눈 대화를 통해서도 분명하게 드러난 바 있습니다. 주님이 사마리아 여인에게 내가 주는 물을 마시는 자는 영원히 목마르지 않을 것(요 4:14)이라고 하셨을 때 그 말은 이 세상을 살아가는 데 필요한 것들을 주님은 넘치도록 채워 주겠다는 의미가 아니라 영원한 생명을 의미하는 말씀이었습니다.

성령을 받게 될 것이라는 약속

주님이 사람들을 청하시면서 누구든지 목마르거든 내게로 와서 마시라고 하신 이 말씀을 초막절 끝날, 곧 큰 날에 하셨다는 것은 의미가 있습니다. 주님은 이 초막절의 행사로 그들이 하고 있는 일이 틀렸다고 말씀하시지 않습니다. 그들이 추구하고 바라는 풍족한 삶, 풍년은 다 가짜 물이고, 주님이 주시는 물이 진짜 물이라는 말씀을 하시는 것이 아닙니다. 조금 더 나은 삶을 살겠다는 욕망이나, 가난과 질병으로부터 보호받고 싶다는 간절한 소원들은 다 헛된 것이고, 가짜라는 말도 아닙니다. 구약의 백성은 부자가 되기를 원했지만 신약의 백성은 부자가 되기보다는 제자가 되기를 원한 것이 아닙니다. 구약 백성도 모두 메시아를 통해 임할 하나님 나라를 고대했기 때문입니다. 그런데 그 하나님 나라가 이제 예수님의 오심으로 임한 것입니다. 주님은 그것들이 예표하던 진짜가 드디어 왔다고 선언하시는 것입니다. 재물의 소유와 형통은 우리가 궁극적으로 소망하는 것들이 아니고, 하나님의 사랑의 확증도 아닙니다. 그러니까 이제 재물은 필요 없다는 말이 아니라 재물 때문에 하나님의 축복과 사랑을 경험하게 되지는 않는다는 말입니다.

예수님은 "그 배에서 생수의 강이 흘러나오리라"(요 7::38)고 했는데 요한은 "이는 그를 믿는 자들이 받을 성령을 가리켜 말씀하신 것"(요 7:39)이라고 설명해 주었습니다. 그러고는 예수님이 아직 영광을 받지 않았기 때문에 성령이 그들과 함께 계시지 않았다고 했습니다(요 7:39). 이는 성령이 아직 존재하지 않았다는 의미가 아니라 성령의 사역이 시작되지 않았다는 의미입니다. 다시 말하면 요한복음 16장에서 말씀하신 대로 예수님이 영광을 받으시고 하늘로 승천하시고 나면 보혜사 성령께서 오셔서 제자들로 하여금 주님의 말씀을 기억나게 하고 죄와 의와 심판에 대하여 깨닫게 하실 것인데, 주님이 아직 십자가의 죽음과 부활을 통해 영광을 받기 전이기 때문에 성령의 사역이 시작되지 않았다는 것입니다. 즉 주님이 떠나고 난 후에 믿는 사람들에게는 그 안에 성령이 생수의 강처럼 흐르게 될 것이라는 약속의 말씀입니다. 주님은 그를 믿는 자들이 성령을 받게 될 것이라고 약속하셨습니다.

성령을 받았는가 물으면 어떤 사람은 자신 있게 말하고 어떤 사람은 자신이 없습니다. 그 이유 중 하나가 성령을 받았느냐는 질문을 마치 무슨 신령한 체험을 했거나 은사를 받았느냐는 질문으로 이해하기 때문입니다. 이런 점이 참 안타깝습니다. 성령을 받은 증거는 더는 죄를 짓지 않게 되는 것도 아니고, 마치 세상을 초월한 듯이 구름 위를 걷는 것처럼 살게 되는 것도 아니고, 남들이 모르는 비밀을 알게 되거나 특정한 은사들을 체험하는 것이 아닙니다.

요한복음에 따르면 문을 겹겹이 잠그고 두려워 떨던 제자들에게 부활하신 주님이 나타나셔서 옆구리와 손을 보여 주시고는 이렇게 말씀하셨습니다. "너희에게 평강이 있을지어다 아버지께서 나를 보내신 것같이 나도 너희를 보내노라"(요 20:21). 그러고는 그들을 향해 숨을 내쉬면서 "성령을 받으라"(요 20:22)고 하셨습니다. 주님이 부활하셔서 승천하심으로 영광을 받으시면서 약속하신 대로 성령을 보내시는 장면입니다. 이 성령은 우리로 하여금 예수 그리스도를 믿게 만들고, 말씀들을 기억하고 붙들며 살아가게 하십니다. 고난과 환난 중에도 우리로 하여금 하나님의 자녀가 되게 하신 은혜를 기억나게 하십니다. 성령은 예수님의 영입니다.

하나님 사랑의 확증을 알게 하시는 분

저는 주님이 초막절 마지막 날에 누구든지 목마르거든 내게로 오라고 하시면서 이 말씀을 전하셨다는 사실을 묵상했습니다. 왜 그날 성령에 관한 이 말씀을 하셨을까요? 추수를 마치고 넉넉한 마음으로 사람들이 소득과 형통에 감사할 때 주님은 형통과 풍요로움이 상징했던 하나님 나라를 상기시키셨습니다. 그리고 그 나라가 임했음을 증거하셨습니다. 그렇다면 이제 우리가 주목하는 것은 세상의 형통이 아니라 하나님 나라입니다. 비록 우리가 손해를 보고, 사업이 어렵고, 추수가 풍년이 되지 않아도 감람나무에 소출이 없고, 외양간에 소가 없어도 낙심하거나, 하나님의 사랑을 의심치 않고 사명으로 살아갈 수 있는 것은 바로 예수님 때문입니다.

부자가 될 때 하나님의 사랑을 아는 게 아닙니다. 문제가 잘 풀리고 어려움이 없음으로 하나님의 사랑을 확인하는 게 아닙니다. 예수님을 통해서 하나님의 사랑을 아는 것입니다. 성경이 증거하는 대로 예수 그리스도는 하나님 사랑의 확증이 되셨습니다. 바로 이 사실을 성령께서 알게 하신다는 말입니다. 성령께서 우리 안에 계셔서 우리의 보혜사(변호자 혹은 위로자)가 되신다 함은 비록 우리의 허물과 죄에도 불구하고, 예수 그리스도의 죽으심 때문에 우리가 하나님의 자녀임을 확신하게 하신다는 것입니다. 세상에서는 여전히 약함과 아픔을 경험하며 살 수 밖에 없음에도 예수 그리스도의 부활 때문에 우리가 누릴 영광스러움으로 위로받고 기뻐하게 하신다는 의미입니다.

예수님은 물을 길러 와야 하는 불편과 소외로 힘들어 하던 사마리아 여인에게 "내가 주는 물을 마시는 자는 영원히 목마르지 아니하리라"(요 4:14)

고 말씀하신 것처럼 수확과 형통으로 기뻐하는 그들에게 그것들이 예표하는 하나님의 나라가 이제 임했으니 세상의 형통함이 아닌 하나님 나라로 인해 기뻐하게 될 것이라고 말씀하신 것입니다. 우리는 형통함에만 기뻐하지 않고 환난 중에도 기뻐합니다. 환난이 좋아서가 아니라 하나님의 나라 때문입니다. 우리는 모든 게 우리의 원함과 반대로 될 때도 그리스도의 주 되심을 인정해야 합니다. 우리는 우리가 거룩하고 바르게 살 때에만 기도하는 것이 아니라 죄와 허물로 추하게 될 때에도 기도해야 합니다.

이렇게 할 수 있도록 우리를 도우시는 분이 바로 성령이십니다. 예수님은 그렇게 세상을 살아갈 제자들을 위해서 성령을 보내겠다고 약속하셨고, 그 성령이 저와 여러분 안에 있습니다. 예수님이 그를 믿는 자들에게 성령을 주심은 우리에게 영원한 생명을 주기 위해서일 뿐만 아니라 그 소망을 가지고 살아갈 수 있는 힘을 주기 위해서입니다. 이 땅에 살면서 영원한 나라에 대한 믿음을 지키며 사는 일은 불가능합니다. 그래서 주님은 우리를 세상에 버려둔 채 믿음을 지키고 살아남으라고 말씀하지 않으셨습니다. 우리에게 성령을 주셨습니다.

성령은 우리가 예수 그리스도를 믿게 할 뿐만 아니라, 우리로 하여금 주님이 죽음의 권세를 물리치셨다는 소식의 증인으로 살아갈 수 있도록 도우십니다. 성령께서 여러분의 상하고 지친 심령에 힘과 감동을 주시기를 바랍니다. 성령께서 여러분으로 하여금 예수 그리스도의 은혜를 기억나게 하시고 영원한 하나님 나라를 바라보게 하시고, 그래서 환난 중에도 기뻐하게 하십니다.

John
요한복음

요한복음 7장 45-52절

아랫사람들이 대제사장들과 바리새인들에게로 오니 그들이 묻되 어찌하여 잡아 오지 아니하였느냐 아랫사람들이 대답하되 그 사람이 말하는 것처럼 말한 사람은 이때까지 없었나이다 하니 바리새인들이 대답하되 너희도 미혹되었느냐 당국자들이나 바리새인 중에 그를 믿는 자가 있느냐 율법을 알지 못하는 이 무리는 저주를 받은 자로다 그중의 한 사람 곧 전에 예수께 왔던 니고데모가 그들에게 말하되 우리 율법은 사람의 말을 듣고 그 행한 것을 알기 전에 심판하느냐 그들이 대답하여 이르되 너도 갈릴리에서 왔느냐 찾아보라 갈릴리에서는 선지자가 나지 못하느니라 하였더라

18장
조직의 힘

어느 목사님이 제게 '조직'과 '공동체'의 차이가 무엇이냐고 물은 적이 있습니다. 어릴 적 제 별명이 대방동 빨간 벽돌이었는데 당시 조직 세계의 축이던 서방파나 양은이파, 칠성파와 같은 조직에 가입하지 않고 혼자 활동했기 때문에 조직에 대해서는 잘 모른다고 대답했습니다. 제가 그렇게 대답한 이유는 사람들은 '조직'이라고 하면 조직폭력배를 떠올리지 않을까 싶어서 한 농담이었습니다. 그런데 사람들이 그렇게 생각하는 것도 어느 정도 일리가 있습니다. 조직의 사전적인 정의는 "특정한 목적을 달성하기 위하여 여러 개체나 요소를 모아서 체계 있는 집단을 이룸"입니다. 일반적으로 조직은 공동의 유익이라는 목적을 달성하기 위해서 개인들이 모여 체계적인 집단을 만드는 것인데 조직을 위해서 개인의 희생을 당연한 것으로 여기는 가장 확실한 위계질서를 가진 집단이 폭력배라서 조직이라고 하면 조직폭력배를 연상하는 것 같습니다. 이들을 하나의 집단으로 묶어 주는 가장 확실한 무기는 의리입니다. 의리란 집단적 관계에 대한 충성과 신의를 의미하기 때문에 정의로움이나 개인의 이익과는 별로 관계가 없습니다. 두목의 의리로 부하를 잘 돌보아 주는 것에 의존할 뿐입니다.

폭력배 말고 생각할 수 있는 또 다른 조직이 있다면 회사일 것입니다. 기업도 이윤 창출을 통한 소득 분배라는 목적으로 개인들이 각자의 재능과 시간을 투자하는 체계적인 집단입니다. 기업 조직은 이루고자 하는 목적 때문에 개인보다는 조직이 중요합니다. 개인의 권리나 이익이 보장되지 않는다면 조직이 존재해야 할 이유가 없는 것 같지만 조직을 의인화시켜 권력을 휘두르는 일부 사람들에 의해서 조직은 점점 저항할 수 없는 거대한 괴물이 되고, 보장되지도 않는 이익을 위해서 때로는 개인에게 무모한 희생을 강요하기도 합니다. 그래서 억울하게 조직의 쓴맛을 보기도 하고, 대를 위해서는 소가 희생되어야 한다느니, 대의명분이라는 말로 행해지는 부당한 착취에 다수의 사람은 침묵해야 합니다. 그래서 사람들이 그 힘의 중심에 있어야 안전하다고 생각할 만큼 조직은 막강한 힘을 가지고 있습니다.

교회는 조직일까, 공동체일까

이것이 조직에 대해서 대체로 사람들이 가지고 있는 이미지라면 공동체에 대한 이미지는 함께 어우러지고 함께 산다는 것 말고 이루려고 하는 분명한 목적이 없는 집단이라는 이미지가 있습니다. 목적을 위해서 만들어진 집단이라기보다는 개인적인 이유가 비슷해서 함께 어우러지는 집단입니다. 그렇기 때문에 공동체 안에는 위계질서의 필요도 느끼지 않고, 통제를 위한 권력의 부여도 필요하지 않습니다. 질서를 위한 최소한의 권위만 부여될 뿐입니다. 아마도 여러분은 동네 이장이 회사의 부장처럼 행세하려는 모습을 보면 코웃음이 나올 겁니다. 무엇을 이루겠다는 뚜렷한 목적 없이 형성된 공동체에서, 조직적인 사고에 익숙해진 현대인들이 약간의 무력감을 느끼는 것도 이 때문일 것입니다. 그래서 현대인들은 교회도 위계질서를 세우고, 비전을 정하고, 목표를 만들어 힘차게 성도를 끌어가 주기를 기대하는지도 모릅니다.

교회가 공동체입니까? 아니면 조직입니까? 조직이 아닐 수는 없겠지만 옛날 교회들처럼 성도의 교제나 하나님을 예배하고 제자로 살도록 서로 격려하는 것에 고유의 가치를 부여하지는 못하는 것 같습니다. 교회 성장이라는 공동의 목적을 설정하고 그 목적을 이루기 위해서 개인의 희생을 강요하면서 마치 그것이 대를 위한 소의 희생인 것처럼 말합니다. 예배나 성도의 교제도 양적 성장을 위한 수단이 되어 버려서 공동체적 특징들은 상실하고, 조직체적인 특징만 남아 있다는 것이 안타깝습니다. 그렇다고 소수가 다수보다 중요하다는 말도 아니고, 개인의 권리와 유익만 존중되어야 한다는 말도 아닙니다. 만일 그렇다면 개인 간의 이해 상충으로 인해 공동체는 와해되고 말 것입니다. 문제가 되는 것은 말 그대로 힘의 논리로 운영되는 조직의 세계입니다.

2015년에 개봉된 〈미션스쿨〉이라는 영화가 있습니다. 오래전 한국을 시끄럽게 한 강의석이라는 학생이 영화감독이 되어서 만든 영화입니다. 당시에 강의석 씨는 대광고등학교의 학생 회장이었는데 아무리 미션스쿨이라고 해도 개인의 신앙적인 자유를 강요하는 것은 부당하다고 항의했습니다. 당시 학교에서는 모든 학생은 반드시 예배에 참석하도록 했고, 학교의 모든 종교적인 행사에 참여하도록 했습니다. 참석하지 않으면 마치 불량 학생처럼 불이익을 당했습니다. 이에 맞서서 강의석이라는 학생은 단식 투쟁을 하기도 하고, 길거리 농성을 하기도 했습니다. 퇴학과 전학을 강요당하면서도 끝까지 투쟁하면서 학교를 졸업했습니다.

저는 그 영화를 보면서 기독교인의 입장에서 화가 나기도 하고 답답하기도 했습니다. '미션스쿨에서 예배를 강조하는 건 당연하지 않나? 예배에 참석하기 싫으면 다른 학교로 전학을 가면 되지, 굳이 그 학교에 남아서 설립 목적에 반하는 행동으로 학교를 어지럽힐 필요가 있을까?' 이런 생각들이 들었습니다. 그러다 관점을 바꾸어 생각해 보았습니다. 만일 예배를 거부하거나 성경 공부를 원하지 않는 사람이 있다면, 학교가 그것을 강요할 것이 아니라 깊은 관심을 가지고 돌보아 주고 기다려 주고, 그의 말을 들으려고 했어야 하지 않을까요?

학생들에게 기독교 세계관을 가르치고, 세상에서 빛과 소금으로 선한 영향을 끼치도록 공동체를 만들었는데 이 집단이 조직이 되어서 조직의 일원이 되지 못할 때 왕따를 시키고, 대를 위한다는 명분으로 소가 희생됨을 당연하게 여긴다면 과연 그 사태를 지켜보는 다른 학생들에게는 어떤 메시지를 주었을까요? 조직이 개인의 권리와 요구를 소중하게 여기지 않는다면 조직은 힘을 가진 사람들이 횡포와 갈취를 맘 놓고 할 수 있는 곳이 됩니다. 그 조직 안에서 익숙함을 느끼고 안전감을 느낄 때, 사람들은 눈이 멀고 판단력을 잃어버려서 방황하게 될 수 있습니다.

언제나 옳은 건 아니다

저는 오늘 본문에서 조직의 힘을 느끼고, 그 힘의 논리의 모순을 느꼈습니다. 초막절 끝날 예수님의 선언은 엄청났습니다. 예루살렘에서 큰 소동이 일어났습니다. 조직의 수장인 대제사장들은 긴장하지 않을 수 없었습니다. 어디를 가나 사람들은 예수님 이야기를 했습니다. 그가 진짜 메시아임에 틀림없다고 주장하는 사람들이 생겼고, 예수님을 추종하는 무리도 생겼습니다. 조직의 핵심 권력에 있는 사람들에게 지금은 예수님이 메시아인가 아닌가는 중요하지 않습니다. 조직에 위협을 가하는 사람이 나타났다는 것이 문제이고, 그를 빨리 통제할 수 있어야 한다는 것이 중요했습니다. 아무리 훌륭한 사람이어도 조직 안에, 조직 아래에 있어야 합니다. 그런데 예수님이 조직의 손에 잡히지 않자, 지도자들은 긴장하고 마침내 체포령을 내렸습니다.

대제사장들과 바리새인들은 예수님을 잡아 오기 위해서 사람들을 보냈습니다. 재밌게도 한글 성경은 아랫사람들을 보냈다고 번역했고 대부분의 영어 성경은 'officers'라고 번역했는데 이들은 아마도 NIV 영어 성경에서 번역한 대로 성전 경비병들(temple guards)인 것 같습니다. 이들은 대제사장의 수하에서 일하는 사람들이었기 때문에 아마도 아랫사람들이라고 번역한 것 같습니다. 이들은 단순한 경비병이 아니라 레위 지파로, 제사 예식이나 성경에 무지한 사람들이 아니었습니다.

그들은 예수님을 잡으러 갔지만 예수님을 잡을 명분도 근거도 찾을 수 없었습니다. 단순히 예수님을 따르는 군중의 저항이 무서워서가 아니라 예수님의 말씀이 맞았기 때문입니다. 율법에 어긋나는 말씀이나 행동도 없었습니다. 그래서 그냥 돌아왔습니다. 그때 대제사장과 바리새인들이 한 말이 재미있습니다.

너희도 미혹되었느냐 당국자들이나 바리새인 중에 그를 믿는 자가 있느냐 율법을 알지 못하는 이 무리는 저주를 받은 자로다(7:47-49).

조금 의역해서 말하자면 이렇습니다. "우리 바리새인들이나 지도자들 중에 그의 말을 믿고 따르는 사람이 있더냐? 율법에 대한 해박한 지식을 가지고 늘 성경을 읽고 묵상하는 우리 중에 그를 따르는 자가 없다면 우리 말을 들어야지 율법도 잘 알지 못하는 무식한 무리가 뭘 안다고 감히 판단을 하려고 하느냐?" 간단하게 말하면 "시키면 시키는 대로 해야지 뭘 안다고 예수에게 죄가 있는지 없는지 너희들이 결정하려고 하느냐?"는 말입니다. 조직이 시키는 대로 순종할 것이지 왜 나서느냐는 말입니다. 이건 조직의 횡포입니다. 무척 위험한 발상이지만 사실은 굉장한 유혹입니다.

가끔은 목사도 그렇게 말하고 싶어 합니다. 모든 신자가 선지자이고 하나님 말씀인 성경의 가르침은 보편적이라서 정직하게 읽으면 누구라도 하나님의 원하심을 알 수 있다고 가르치면서도 교인들이 목사의 설교나 목회 방침에 이의를 제기하면 "그래도 내가 명색이 목사인데, 신학을 했어도 내가 더 많이 했고, 교회를 사랑해도 내가 더 사랑하는데 교인들이 뭘 안다고 자꾸 나서느냐"고 말하고 싶어집니다.

그런 말이 오늘 본문에서 바리새인과 대제사장들이 한 말과 뭐가 다를까요? 이것은 조직의 중심부에서 힘을 발휘하려는 말일 뿐입니다. 정말 중요한 것은 누가 사실과 진리를 말하고 있는가이지 누가 그 말을 했는가가 아닙니다. 교회 생활을 오래 한 사람들, 직분자들, 목사들이 말씀에 관해 더 많은 것을 알 수 있는 가능성이 높을지 몰라도 그렇다고 해서 그들이 언제나 옳은 것은 아닙니다.

율법도, 경건도 합리화의 구실일 뿐이다

이 말을 옆에서 듣고 있던 사람이 있었습니다. 요한복음 3장에 나오는 니고데모라는 사람입니다. 니고데모는 바리새인이고 유대인의 지도자였습니다. 최고 권력자는 아니지만 상당한 학식과 영향력이 있어서 그의 말을 소홀이 취급할 수 없는 위치에 있던 사람임에는 틀림없습니다. 그가 말했습니다. "우리 율법은 사람의 말을 듣고 그 행한 것을 알기 전에 심판하느냐?"(요 7:51) 그 사람이 틀렸는지 맞는지는 일단 들어 보고 결정해야 하는 게 아니냐는 말입니다.

종교적 집단이 존재하는 궁극적인 이유가 옳고 그른 것을 판단하고 그 백성을 하나님 뜻대로 인도하는 것이라면 일단은 그의 말을 들어 보고 판단해야 한다는 말은 아주 당연한 말 아닙니까? 그런데 그 말에 대해 조직의 권력자들이 한 말을 들어 보시기 바랍니다. "너도 갈릴리에서 왔느냐 찾아보라 갈릴리에서는 선지자가 나지 못하느니라"(요 7:52). 엄청난 편견입니다. 조금 전에 말씀드린 대로 니고데모의 말이 맞는지 틀리는지는 그리 중요하지 않습니다. 그의 말이 맞다 할지라도 조직의 유익과 건재를 위해서는 틀린 말로 만들어야 합니다.

정말 진리를 알고 싶어서였지만 니고데모가 밤에 몰래 예수님을 찾아가 대화를 나누었다는 것을 그 사람들이 알았다면 그는 틀림없이 위계질서를 깨뜨려 조직에 해를 끼친 자가 되는 것입니다. 바로 이 사건 직후에 간음하다 현장에서 잡힌 여인에 관한 이야기가 나옵니다. 이 사건이 사본상 논란이 되는 것도 있고, 시간적으로 오늘 말씀 이후에 곧바로 발생한 사건인지도 확실치 않지만 문맥상 논리로 볼 때는 종교 지도자들이 니고데모의 말을 듣고 무시하고 위협하기는 했지만 마음에 걸렸다는 것을 알 수 있습니다.

서기관과 바리새인들이 간음하다 현장에서 잡힌 여인을 데리고 예수님께 와서 율법으로 예수님을 시험합니다. 이것도 조작된 사건이었습니다. 그들은 예수님이 그들 조직에 위협이 된다는 것을 알고 명분이 필요하다면 굳이 만들어서라도 그를 제거하기로 결정한 것입니다. 이것이 조직의 특징입니다. 그 후에는 율법도, 경건도 합리화의 구실일 뿐입니다. 정말 악하지 않습니까? 율법을 연구하고, 하나님 말씀대로 살겠다고 모인 사람이 어쩌다가 이런 위협적인 조직이 되었습니까?

그런데 우리가 이렇게 변하는 것은 그리 어려운 일이 아닙니다. 코스타 강의를 갔다가 한국에서 오신 어느 목사님과 이야기를 나누는 중에 들은 이야기가 있습니다. 미국에서 한국의 대형 교회로 가신 분 중에 많은 분이 2년 안에 변한다고 했습니다. 어떻게 변하냐고 물었더니 몹시 권위적이 될 뿐만 아니라 상위 2퍼센트 상류 사회의 누림에 아주 자연스러워진다고 했습니다. 그것은 조직의 핵심에 다가감으로 주어지는 특권인데 그것을 누리기 시작하면 그 대가로 당연히 조직을 유지하기 위한 요구를 따라야 합니다. 조직의 일원으로 남는 것이 교회가 존재하는 궁극적인 이유보다 더 중요해지는 것입니다.

예수님은 무엇을 원하시는가

제가 오늘 설교에서 교회 조직과 폭력배 조직을 동일시하는 것 같아서 마음이 좀 불편하십니까? 하지만 바리새인들이 예수님께 한 일을 보십시오. 조직폭력배와 뭐가 다릅니까? 그렇다면 교회는 어떻습니까? 교회가 정말로 사람을 소중히 여기고 계급적인 관계를 허물지 않는다면 과격함의 차이가 있기는 하지만 체계적인 집단으로서 폭력배 집단과 크게 다르지 않을 것입니다. 어쩌면 교회와 조직폭력배가 같다고 말하면 오히려 폭력배 조직이 화를 내며 말할 것 같습니다. "그래도 우리는 의리라도 있지만 교회에는 뭐가 있는가?"

진심으로 예수님의 말씀 앞에 겸손해지지 않고 정직해지지 않으면, 특히 애매한 위계질서를 가지고 있다면, 그런 교회는 더욱 과격해지고 비상식적이 될 수 있습니다. 그것이 경건과 신앙이라는 명목으로 합리화될 수 있기 때문입니다. 교회에서도 예수님의 원하심을 따르지 않고, 교인들에게 편리를 제공하는 조건으로 일부 사람들에게 힘이 주어집니다. 그리고 그 힘으로 교인들을 이용해서 더 큰 권력과 이익을 취하기 위해 조직적 위계질서를 강조합니다. 이렇게 된다면 교회는 일반 기업 단체와 다를 바 없는, 아니 더 못한 조직체로 전락하고 말 것입니다.

우리는 바리새인들과 대제사장들이 주님을 대하는 모습을 교훈으로 삼아야 합니다. 하나님을 사랑하는 열심도, 경건을 위한 율법적 지식도, 사람을 망가뜨릴 수 있습니다. 하나님과 하나님 말씀 앞에 진실하지 않으면 그렇습니다. 니고데모가 바리새인과 대제사장에게 일단 그의 말을 들어 보고 판단해야 한다고 요구한 것은 예수를 믿으라는 것이 아니라 그들이 믿고 고백하는 것에 진실하자는 것이었습니다. 성전 경비병들이 예수님을 잡아 오지 않고 잘못이 없어 보인다고 한 말도 그가 메시아인지 한 번 들어 보아야 하지 않겠느냐는 것이었습니다. 그들은 말합니다. "들을 필요도 없다." 그가 메시아가 아니라는 확신이 있었기 때문이 아니라 조직을 위해서 그는 메시아가 아니어야 한다는 결정이 있었기 때문입니다.

우리도 그렇습니다. '예수님은 무엇을 원하시는가'라는 질문보다 예수님은 지금 무엇을 원하셔야 하는가가 이미 우리 마음에 정해져 있습니다. 그 결정의 근거는 때로는 조직의 유익이고, 때로는 개인의 편리입니다. 교회가 분쟁이 생기고 문제가 발생했을 때 다른 사람의 말을 통해서 들릴 수 있는 하나님의 음성에 마음을 열어 놓는 경우는 거의 없습니다. 특히 목사와 같이 조직의 중심에 있는 사람들은 다른 사람들의 말에 귀를 잘 기울이지 않습니다. 그러면서 말하지요. "교인들은 무지해서 잘 몰라요. 그래도 교회를 가장 잘 알고 사랑하는 사람은 목사 아니겠습니까?" 그 말이 사실인가 아닌가는 중요하지 않습니다. 하나님의 말씀과 원하심에 진실하게 열려 있는가가 중요합니다.

이것은 교인들에게도 마찬가지입니다. 주님의 원하심이 무엇인지 아직 분명히 모르고 있다는 것은 우선적인 문제가 아닙니다. 우선적인 문제는 주님의 원하심에 진심으로 순종할 마음이 없다는 것입니다. 그러면 저나 여러분도 바리새인이나 대제사장처럼 모순된 모습을 보일 수 있습니다. 판단하고 결정하기 전에 신중히 생각해야 합니다. 어쩔 수 없는 선입관과 편견에 의해 마음이 쏠렸다고 해도, 하나님이 원하시는 것은 무엇일까에 항상 마음이 열려 있어야 합니다. 저와 여러분에게는 어떤 상황에서도 우리가 주인으로 섬기는 주님의 원하심이 가장 중요하기 때문입니다.

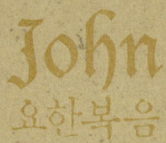

요한복음 8장 2-11절

아침에 다시 성전으로 들어오시니 백성이 다 나아오는지라 앉으사 그들을 가르치시더니 서기관들과 바리새인들이 음행 중에 잡힌 여자를 끌고 와서 가운데 세우고 예수께 말하되 선생이여 이 여자가 간음하다가 현장에서 잡혔나이다 모세는 율법에 이러한 여자를 돌로 치라 명하였거니와 선생은 어떻게 말하겠나이까 그들이 이렇게 말함은 고발할 조건을 얻고자 하여 예수를 시험함이러라 예수께서 몸을 굽히사 손가락으로 땅에 쓰시니 그들이 묻기를 마지 아니하는지라 이에 일어나 이르시되 너희 중에 죄 없는 자가 먼저 돌로 치라 하시고 다시 몸을 굽혀 손가락으로 땅에 쓰시니 그들이 이 말씀을 듣고 양심에 가책을 느껴 어른으로 시작하여 젊은이까지 하나씩 하나씩 나가고 오직 예수와 그 가운데 섰는 여자만 남았더라 예수께서 일어나사 여자 외에 아무도 없는 것을 보시고 이르시되 여자여 너를 고발하던 그들이 어디 있느냐 너를 정죄한 자가 없느냐 대답하되 주여 없나이다 예수께서 이르시되 나도 너를 정죄하지 아니하노니 가서 다시는 죄를 범하지 말라 하시니라

19장
나도 너를 정죄하지 아니하노니

　누구나 학창 시절에 한 번쯤 짝사랑하던 선생님이 있을 것입니다. 그런데 저는 마음속에 품고 짝사랑하던 여선생님이 없었습니다. 남자 학교라 여자 선생님이 많지 않아서이기도 했고, 선생님에 대한 두려움이 컸기 때문입니다. 저에게 선생님은 항상 엄하고 무서운 분이었으니까요. 그렇다고 제 또래 여자를 좋아해서 따라다닌 적도 없었던 것 같습니다. 남자 중고등학교에 다녔고, 집에서도 4형제 중에 자란 탓에 학교와 집, 그리고 동네에서 개구쟁이 짓을 하는 것이 전부였습니다. 이렇게 저는 여학생을 가까이에서 본 적이 없었습니다.
　고등학생 때 교회에 나가서 처음으로 여학생들을 가까이에서 보았는데 누구를 좋아한 적은 없었습니다. 그래도 이성에 관심이 없었던 것은 아닙니다. 저는 주로 연예인들을 좋아했습니다. 사진을 오려서 가슴에 품고 다닌다든지, 좋아하는 연예인의 신상을 알아보고 집 주변을 서성거린다든지 그런 일은 한 적이 없지만 한 번 연애해 보고 싶다고 생각한 연예인들은 있었습니다. 제가 궁금한 것은 이렇게 연예인이나 학교 선생님을 보면서 두근거린 것도 죄인가 하는 것입니다.

여러분은 혹시 유부녀나 유부남에게 마음이 끌리거나 두근거린 적이 있으십니까? 불순한 마음은 아니더라도 나도 모르게 호감이 가고, 두 번 눈이 가고, 함께 있으면 기분이 좋아지는 그런 경우가 있었다면 그것도 죄일까요? 아니면 그렇게 생각만 하는 것은 순수한 것이고 잠자리를 같이 하고 싶다는 에로틱한 마음이 생기는 것은 죄가 되나요? 그것도 일종의 간음이라고 한다면 인정은 하겠지만 저를 불편하게 만드는 것이 있습니다. 그것은 자칫 모든 죄를 동일시함으로 간음을 소홀히 여기게 만들 수 있는 가능성입니다. 마음속에 음욕이 생겼지만 죄를 짓지 않으려고 애쓰고 있는 것과 실제로 간음을 행한 것이 어떻게 같은 죄가 된단 말입니까? 인간이 하나님 앞에 더 깊은 죄인임을 말함에는 이의가 없지만 정말로 하나님이 이 두 죄를 동일하게 여기지는 않으실 것 같습니다. 만일 그렇다면 죄 앞에 무력한 인간으로서는 죄를 더욱 엄하게 다루기보다는 가볍게 다룰 가능성이 더 높습니다.

예수님이 마음에 음욕을 품은 자마다 간음한 자라고 말씀하신 것은 단순히 야동을 본 것과 간음을 동일시하여 간음의 심각성을 희석시킨 것이 아닙니다. 결혼 관계를 소홀히 여기거나 깨뜨리려 하지 말라는 경고를 하신 것입니다. 그런데 우리는 자칫 모든 죄를 동일시함으로 죄를 두려워하기보다는 합리화하는 데 익숙해지고 말았습니다. 모든 죄는 결국 다 같은 죄이며 이 세상에 죄 없는 사람이 어디 있느냐는 말은 죄에 대한 엄격함과 철저함보다는 용납과 타협을 의미하는 경우가 많습니다.

간음을 저지른 여인

아마도 사람들이 그렇게 생각하는 데 큰 영향을 끼친 성경 말씀이 있다면 오늘 본문이 아닐까 생각합니다. 오늘 본문은 석연치 않은 부분이 참 많습니다. 오늘 본문은 사본상 문제가 무척 많아서 성경에서 빼야 한다고 주장하는 사람도 제법 많습니다. 그래서 오늘 설교를 준비하면서 본 주석책들 중에는 오늘 본문에 대해서 아예 주석을 하지 않은 책들도 있었습니다. 한글 성경도 7장 53절부터 8장 11절까지는 괄호를 해 놓아서 원래 성경에 없는 내용일 가능성을 열어 두었습니다. 사본 상의 문제가 있기는 하지만 오늘 이 사건이 실제로 있었던 사건이라는 전제하에 주님이 하신 말씀의 의미를 생각해 보려고 합니다.

대제사장과 바리새인들은 니고데모의 말이 걸렸습니다(요 7:51). 아마도 니고데모의 위치 때문이었을 것입니다. 권력의 속성이 약한 자 앞에서는 강하고 강한 자 앞에서는 약한 것이니까 니고데모의 말은 무시할 수 없었을 것입니다. 아니면 산헤드린 공회 안에서 한 목소리가 나와야지 다른 목소리가 나오면 안 되겠다 싶었는지도 모릅니다. 니고데모의 입을 막고 지도자들이 하나 되는 길은 예수님이 율법대로 행하지 않는 자라서 선지자일 수도 메시아일 수도 없음을 보여 주는 것입니다. 밤새도록 머리를 맞대고 고민했을 것입니다.

다음 날 이른 아침에 예수님이 성전에서 가르치실 때 서기관과 바리새인들이 간음하다 현장에서 잡힌 여인을 데리고 왔습니다. 간음하다 현장에서 잡혔다고 하지만 그날 새벽에 현장에서 붙잡힌 사람은 아닌 것 같습니다. 아침에 현장에서 잡았다면 그 자리에 있던 남자를 잡아 오지 않았다는 것도 이상하고, 잡자마자 공회로 데리고 가서 조사나 재판을 받도록 하지 않고 바로 예수님께 데리고 왔다는 것도 이상합니다. 현장에서 붙잡혔는데 실제로 간음을 행했는지 조사받던 여인이거나, 행실이 바르지 않았는데 예수님을 시험하기 위해서 붙잡아 온 여인인 것 같습니다. 율법에는 약혼한 여자가 간음을 행하다 붙잡히면 돌로 치라고 했으니까 이 여인은 아직 결혼한 여자가 아니라 약혼한 여자였다는 주장도 있습니다. 하지만 그것은 그리 중요한 게 아닐 것입니다. 분명한 것은, 그리고 중요한 것은 당시 종교 지도자들이 예수님을 고발할 조건을 찾기 위해서, 예수님을 시험하기 위한 목적에서 그 여인을 예수님께 데리고 왔다는 사실입니다.

그 여인이 어떤 여인인가를 확인하는 것보다는 예수님으로 하여금 율법을 어기도록 만드는 게 서기관들과 바리새인들의 목적이었습니다. 그 여인이 진짜 죄인인지 아닌가를 예수님이 판설해 주거나, 이 여인에게는 어떤 벌을 주어야 하는가를 알고 싶어서 예수님께 이 여인을 데리고 온 것은 아니었으니까 그 여인이 누구인가는 그리 중요하지 않았습니다. 예수님이 과연 그들이 파 놓은 함정에 걸릴까가 중요했습니다.

사람들이 보인 이상한 반응

율법에 따르면 하나님의 이름을 망령되이 일컫는 자도 죽여야 했습니다. 하지만 로마의 통치 아래 있었던 그들은 사람을 마음대로 죽일 수 없었습니다. 그들은 예수님이 자신을 하나님이라고 말하고, 하나님의 아들이라고 말함으로 하나님의 이름을 망령되이 일컬었기 때문에 죽여야겠다고 생각했지만 그들에게는 사람을 처형할 수 있는 권한이 없어서 빌라도를 찾아가 허락을 받아야 했습니다. 하나님의 율법에는 반드시 죽이라고 했어도 로마 정권의 허락 없이는 함부로 사람을 죽일 수 없습니다. 그러니까 주님이 그 여인을 죽여야 한다고 하면 로마 정권에 대항한 자로 고발하면 되고, 주님이 살려야 한다고 하면 율법보다는 자신의 신변을 더 생각하는 비겁자가 되어서 백성의 지지를 잃을 것입니다. 당시 종교 지도자들도 난처하게 생각한 문제였기 때문에 예수님을 율법을 어긴 자로 몰고 갈 수 있는 최고의 함정이었습니다.

그런데 주님이 상황을 반전시켰습니다. 너희 중에 죄 없는 자가 먼저 돌로 치라고 했고, 이 말씀에 어른부터 젊은이까지 모두 물러났습니다. 그런데 여러분은 이 상황이 이해가 되십니까? 저는 이 말씀이 왜 상황을 반전시킨 말씀이 되었는지가 이해되지 않았습니다. 이렇게 한번 각색해보면 어떨까요?

그날 아침에 예수님의 가르침을 듣기 위해서 많은 사람이 예수님 주변에 모여 있었습니다. 그런데 그곳에 바리새인들과 서기관들이 중심이 된 한 무리가 간음하다 현장에서 잡혔다는 여인을 끌고 왔습니다. 그러고는 그 여인 주변에 둘러서서 예수님에게 이 여인을 어떻게 해야 할지 물었습니다. 그때 예수님은 몸을 굽혀 땅에 무엇이라 쓰셨습니다. 다양한 추측이 있지만 주님이 무엇을 쓰셨는지는 알 길이 없습니다. 아마도 그들로 하여금 좀 더 깊이 생각하도록 시간을 주기 위한 행동이었을 것 같기도 합니다. 그들은 말 없이 땅에 무언가를 쓰시는 주님께 계속 답을 재촉했습니다. 한 여인의 운명이 달린 상황에서 그렇게 답을 재촉할 일이 아니었는데 말입니다.

마침내 주님이 허리를 펴고 일어나면서 말씀하셨습니다. "너희 중에 죄 없는 자가 먼저 돌로 치라"(요 8:7). 그런데 그 말에 여인 주변에 모여 있던 사람들이 하나씩 뒤로 물러났습니다. 집으로 가 버린 것이 아니라 뒤로 물러섰다는 말입니다. 한글 성경에서도 재미있게 번역되어 있었는데 누구든지 죄 없는 자가 먼저 돌로 치라고 말씀하셨을 때 사람들이 "나갔다"(went out)고 했습니다(ESV나 NIV는 "멀리 갔다"[went away]고 번역함). 그리고 그 가운데 서 있는 여자와 예수님만 남았더라고 번역했습니다.

번역이 이상하지 않나요? 다 가고 여자와 예수님만 남았는데 어떻게 여자가 가운데 설 수 있을까요? 제가 이해하기에 이 장면은 영화에서 보는 것처럼 흥분해서 모인 군중이 하나씩 다 흩어져 집으로 가 버리고, 제자들도 어디론가 사라진 쓸쓸하고 황량한 거리에 여인과 예수님만 남아 있는 장면이 아닙니다. 이 여인을 붙잡아 와서 예수님을 시험하기 위해 어떻게 할까를 묻던 사람들이 하나씩 모두 뒤로 물러나 주변에 둘러싸고 있던 군중 사이로 들어가고 그 군중에 둘러싸인 가운데 그 여인과 예수님이 있는 모습입니다.

그런데 저는 바로 이 부분이 잘 이해되지 않았습니다. 이 여인은 간음하다 현장에서 잡힌 여인입니다. 죄 없는 자가 먼저 돌로 치라는 말씀에 다 물러났다면 거기에 온 사람들이 다 간음한 사람들이라서 죄책감을 느끼고 물러섰다는 말입니까? 아니면 간음하다 현장에서 잡힌 여인을 놓고 죄 없는 자가 먼저 돌로 치라고 말씀하시자, 성령의 강한 감동으로 이웃집 여자가 목욕하는 것을 훔쳐보거나 자고 싶다는 생각을 한 것이 떠올라 몹시 창피하고 부끄러워서 뒤로 물러선 것일까요? 간음한 사람이 간음한 사람을 판단하고 재판하는 것이 양심에 걸려서 물러난 것이라면 이해가 됩니다. 하지만 이들이 모두 간음한 자가 아니라면 주님의 말씀에 마음에 품었던 음욕, 탐욕까지 떠올라서 모두 괴로워 견딜 수 없었다는 의미로 이해해야 하나요? "도둑질한 사람을 재판하면서 우리 모두 한 번쯤은 탐심을 가진 적이 있으니 이 사람을 판단할 자격이 없다. 그러니 용서하자"는 논리가 이해가 안 된다는 말입니다. 그 재판은 탐심에 관한 재판이 아니라 도둑질에 관한 재판이기 때문입니다.

만일 어떤 사람이 예수님의 말씀에 항변해서 "나는 완전한 사람은 아니지만 율법의 요구는 음욕을 품은 사람들도 돌로 쳐서 죽이라는 것이 아니라 간음한 자를 돌로 쳐서 죽이라는 것이기에 이 여인은 돌에 맞아도 마땅하다고 생각합니다"라고 말했다면 그 사람은 자기 눈에 있는 들보는 보지 못하는 뻔뻔한 사람이 되는 겁니까? 오히려 그렇게 말하는 것이 정당하지 않나요?

정죄하고 심판하러 오신 분이 아니다

저는 주님이 이것이 함정인 것을 아셨다고 생각합니다. 그래서 죄 없는 자가 먼저 돌로 치라고 하셨습니다. 많은 사람은 주님의 이 말씀이 신명기 17장 7절을 염두에 두고 하신 말씀이라고 생각합니다.

> 이런 자를 죽이기 위하여는 증인이 먼저 그에게 손을 댄 후에 뭇 백성이 손을 댈지니라(신 17:7).

여기에 죄 없는 사람은 예수님처럼 거룩하고 죄가 없는 사람이 아니라 그 여인을 죽임에 책임을 질 수 있는 증인이 될 사람을 의미합니다. 현장에서 잡힌 여인이었다는데 아무도 증인이 될 수 없었습니다. 아직 증인도 확보하지 못한 사건을 예수님께 가지고 와서 예수님을 시험한 것입니다. 그렇다면 죄 없는 자가 먼저 돌로 치라는 예수님의 말씀에 어른부터 젊은이까지 모두 양심의 가책을 느끼고 한 명씩 나가고 예수님과 그 가운데 서 있는 여자만 남았다는 말씀은 예수님을 고발할 조건을 찾던 바리새인들과 서기관들이 자신도 죄인임을 깨닫고 회개했다는 의미가 아닙니다. 어떤 사람도 다른 사람의 잘못에 대해 판단할 자격이 없음을 알게 되었다는 의미도 아닙니다.

이 사건의 핵심은 그 여인에게 죄가 있는가 없는가 혹은 그런 죄인들에게는 어떻게 대해야 하는가가 아닙니다. 당시 종교 지도자들이 예수님을 대적하여 죽이기로 마음을 정했다는 것입니다. 예수님을 음해할 죄를 품고 있는 자들이 죄 없는 예수님을 잡으려고 했다는 것이 문제였습니다. 예수님에게 죄가 없음을 알면서 죄를 만들어서라도 여인을 정죄한 것처럼 예수님을 정죄하려고 했습니다.

주님께서는 죄 없는 자가 돌로 치라고 말씀하신 후에 다시 허리를 굽혀 무언가를 쓰셨습니다(요 8:8). 사람들이 다 뒤로 물러가고 얼마 후에 주님은 다시 일어나 홀로 서 있는 여인에게 물으셨습니다. "여자여 너를 고발하던 그들이 어디 있느냐 너를 정죄한 자가 없느냐"(요 8:10) 아무도 여자에게 돌을 던질 수 없었습니다. 그들에게는 돌을 던질 권한이 없었습니다. 그런데 저는 그 다음 말씀이 감동으로 다가옵니다.

나도 너를 정죄하지 아니하노니 가서 다시는 죄를 범하지 말라(8:11).

'너를 정죄한 자가 없느냐'고 할 때의 단어(κατηγορεω)와 '나도 정죄하지 않는다'고 할 때 사용한 단어(κρινω)가 다르지만 의미는 크게 다르지 않습니다. 정말 다른 건 그들은 정죄할 수 없어서 정죄하지 못했지만 예수님은 정죄할 수 있음에도 정죄하지 않았다는 것입니다. 사람들은 죄 없는 자가 돌로 치라는 말씀과 균형을 이루기 위해서 다시는 죄를 짓지 말라고 하신 말씀을 강조합니다. 하지만 이 사건의 핵심은 정죄함에 있습니다. 당시 종교 지도자들은 죄 없는 예수님을 정죄하려고 했고, 그래서 억지스럽게 사건을 만들어 여자도 정죄하려고 했지만 예수님은 이 사건을 통해서 예수님은 우리를 정죄하고 심판하러 오신 분이 아니라 용서하고 생명을 주러 오신 분임을 보여 주셨습니다.

정죄함이 없는 은혜로의 초청

주님은 정죄당하는 상황에서도 세상을 이처럼 사랑하사 그를 믿는 자들에게 생명을 주기 위해 오신 분임을 보여 주셨고, 그 여인에게도 그 사랑을 보여 주기 원하셨습니다. 예수님은 그 여인이 죄가 없음을 확인하고, 다시는 죄를 짓지 않겠다는 다짐을 받고 면죄한 것이 아닙니다. 가서 다시는 죄를 짓지 말라는 말씀은 용서해 주지만 죄를 지으면 면죄가 허사가 된다는 의미도 아닙니다. 죄가 없는 예수님에게 억지로 죄를 씌우려고 한 당시 지도자들과 달리 주님은 그 여인을 정죄하지 않겠다고 하셨습니다. 제임스 보이스 목사는 "나도 너를 정죄하지 않겠다"는 무조건적인 용서의 말씀을 설명하면서 이런 예를 들었습니다. 자식이 아버지에게 "아빠, 나 사랑해?" 하고 물으면 아버지는 "그럼 당연히 사랑하지"라고 대답할 것입니다. "왜 사랑해?"라고 물으면 부모가 뭐라고 대답합니까? 예쁘니까? 공부를 잘하니까? 말을 잘 들으니까? 아닙니다. 아마 이렇게 대답할 것입니다. "너니까. 내 딸이니까, 내 아들이니까." 그 다음에는 이런 말을 할지 모릅니다. "그러니까 공부 열심히 해. 내가 너를 사랑하니까 열심히 살아라."

가서 다시는 죄를 짓지 말라는 말씀은 내가 너를 정죄하지 않고 사랑한다는 말씀입니다. 이 말씀은 준엄한 요구가 아니라 따뜻한 요청입니다. 물론 소홀히 여겨서는 안 되는 말씀이지만 이것은 정죄함을 받지 않기 위한 율법적 요구가 아니라 정죄함이 없는 은혜로의 초청입니다.

나를 믿는 자에게는 정죄함이 없다는 말이 이제 막 살아도 된다는 말이 아니듯이 가서 다시는 죄를 짓지 말라는 말씀도 정죄함을 면하기 위한 요구 조건이 아닙니다. 다시는 죄를 짓지 않겠다는 결심을 가능하게 하는 것도, 다시 죄를 지었음에도 뉘우치며 다시 일어섬을 가능하게 만드는 깃도 "내가 너를 정죄하지 않는다"는 주님의 선언 때문입니다. 하나님이 돌을 들어 그 여인을 치지 않으심은 예수님이 대신 돌에 맞으셨기 때문입니다. 그 십자가의 사랑 때문에 우리가 하나님의 자녀인 것이고, 우리가 하나님의 자녀이기 때문에 다시는 죄를 짓지 말라는 말씀에 기꺼이 반응할 수 있는 것입니다.

John
요한복음

요한복음 8장 12-20절

예수께서 또 말씀하여 이르시되 나는 세상의 빛이니 나를 따르는 자는 어둠에 다니지 아니하고 생명의 빛을 얻으리라 바리새인들이 이르되 네가 너를 위하여 증언하니 네 증언은 참되지 아니하도다 예수께서 대답하여 이르시되 내가 나를 위하여 증언하여도 내 증언이 참되니 나는 내가 어디서 오며 어디로 가는 것을 알거니와 너희는 내가 어디서 오며 어디로 가는 것을 알지 못하느니라 너희는 육체를 따라 판단하나 나는 아무도 판단하지 아니하노라 만일 내가 판단하여도 내 판단이 참되니 이는 내가 혼자 있는 것이 아니요 나를 보내신 이가 나와 함께 계심이라 너희 율법에도 두 사람의 증언이 참되다 기록되었으니 내가 나를 위하여 증언하는 자가 되고 나를 보내신 아버지도 나를 위하여 증언하시느니라 이에 그들이 묻되 네 아버지가 어디 있느냐 예수께서 대답하시되 너희는 나를 알지 못하고 내 아버지도 알지 못하는도다 나를 알았더라면 내 아버지도 알았으리라 이 말씀은 성전에서 가르치실 때에 헌금함 앞에서 하셨으나 잡는 사람이 없으니 이는 그의 때가 아직 이르지 아니하였음이러라

20장
질문 뒤에 감춰진 진짜 의도

사극에서 제가 꼭 해보고 싶은 역할이 하나 있습니다. 한 나라의 지존인 왕이 되는 것도 좋고 장군이 되어서 적군과 싸우는 것도 근사하지만 어찌 생각하면 왕보다 더 유쾌하고 멋있어 보이는 역할이 하나 있습니다. 제가 가장 해보고 싶은 역할이 무엇인지 혹시 짐작이 되십니까? 바로 암행어사입니다. 암행어사는 자신의 신분을 감춘 채 지방을 순회하며 탐관오리들의 비리를 찾아내고, 힘없는 백성을 권력의 횡포에서 보호해 주는 종2품 벼슬입니다. 당시 지방의 모든 관직보다 직책이 높고, 왕의 직속으로 은밀히 활동하는 사람이기 때문에 탐관오리들이 가장 두려워했습니다. 그래서 암행어사는 모든 학생의 로망이었습니다.

사극에서 아주 못된 벼슬아치가 암행어사를 몰라보고 함부로 비웃거나 거침없이 행동할 때면, 그가 누구인지 아는 시청자들로서는 억울함이나 분함을 느끼기보다는 "그래 조금만 더 까불어라. 잘한다. 넌 이제 죽었다" 하면서 오히려 시원해 하기도 합니다. 탐관오리의 포악이 극에 달했을 때 어디선가 "암행어사 출두요" 하면서 부채로 얼굴을 가린 사람이 군사들과 함께 모습을 드러내고 얼굴을 가린 부채를 치우는 순간 그 사람이 노진준인 걸 알고 모두 경악을 금치 못하는 장면을 상상하면 저도 모르게 웃음이 나고 기분이 좋습니다. 사실 요즘도 가끔 차를 아주 험하게 몰거나 불법적인 행동을 하는 사람을 보면 제가 암행어사는 아니더라도 위장 경찰로라도 짠 하고 나타나서 신분을 드러내며 나쁜 사람들을 혼내 주는 그런 권한이 있으면 좋겠다는 상상을 하곤 합니다. 암행어사는 처음부터 신분을 감추고 은밀하게 활동하기 때문에 그가 신분을 드러냈을 때 정말 왕의 전권을 맡은 자라는 것을 증명할 수 있어야 합니다. 그래서 암행어사들이 품고 다닌 것이 바로 마패입니다.

마패는 정말 매력적인 물건입니다. 혹시 제게 생일 선물을 주고 싶은 분이 계시다면 사사로이 좋으니까 마패를 주시기 바랍니다. 영의정의 마패가 7마패, 왕의 마패가 10마패였다니까 저는 8마패 정도면 좋겠습니다.

내가 생명의 빛이라

예수님이 초막절에 수많은 사람이 모인 곳에서 "나는 생명의 물"이라 선언하시고(요 7:37-38), "나는 세상의 빛"이라고 선언하신 것(요 8:12)은 마치 바리새인들과 서기관들에게 "암행어사 출두요"를 외친 것과 같아 보입니다. 아버지의 명으로 이 땅에 은밀하게 오셔서 30년 동안 감추었던 신분을 드디어 드러내신 것입니다. 하지만 사람들이 예수님을 믿어 줄 리 없습니다. 그들은 마패를 보여 달라고 했습니다. 오늘 바리새인들과 예수님의 대화는 이 마패를 놓고 벌어진 대화입니다. 결론부터 말씀드리면 그들은 마패를 보여 달라고 했고, 예수님은 "왕에게 반심을 품은 너희가 마패를 본다고 믿겠느냐? 오히려 마패를 보았기 때문에 왕이 보낸 자를 죽이려고 하지 않는가?"라고 대답하셨습니다.

우선 이 말씀의 배경인 초막절에 대해 좀 더 생각해 보겠습니다. 초막절은 이스라엘 백성이 40년 동안 광야에서 지낼 때 하나님이 반석에서 물이 나게 하셔서 그들에게 마시게 하시고, 구름기둥과 불기둥으로 그들의 길을 인도하신 것을 기억하고 감사하는 절기입니다. 그리고 가나안에 정착한 후에는 하나님이 비를 내리셔서 추수할 수 있게 하심에 감사하는 절기입니다. 그러니까 실로암에서 물을 길어다가 제단에 부으면서 하나님이 물을 주심에 감사하는 예식을 행하던 당시 사람들에게 예수님이 "누구든지 목마르거든 내게로 오라"(요 7:37) 하시며 당신이 생명의 물임을 증거하신 것은 예수님이 바로 그 예식을 완성한 분임을 보여 주신 것입니다. 그러고 나서 주님은 "나는 세상의 빛이라"(요 8:12)고 말씀하셨습니다. 이것도 예식과 관련이 있습니다.

초막절 때에는 아주 커다란 등불 두 개 혹은 네 개를 비추어서 성전 안 전체를 환하게 밝혔습니다. 이 등불은 이스라엘 백성이 광야 생활을 할 때 그들을 인도하던 구름기둥과 불기둥을 상징했습니다. 하나님이 그 백성의 길을 인도하고 위험과 환난에서 그 백성을 보호하며 그들과 함께하신다는 하나님의 임재의 상징이 바로 구름기둥과 불기둥입니다. 초막절에는 이렇게 불을 환히 밝혀 놓고 경건한 남자들은 뜰에서 밤늦도록 춤을 추고 노래하면서 은혜에 감사하는 기쁨의 축제를 가졌습니다.

요한복음 7장과 8장의 사건이 같은 때에 일어난 사건들이라고 본다면 예수님이 "내가 세상의 빛이라"는 말씀을 하셨을 때는 그렇게 등불을 켜놓고 춤을 추며 즐기던 축제가 끝나고 난 다음이었다고 보는 게 더 합당해 보입니다. 축제 마지막 날에는 제사장들이 황금 주전자에 물을 길어다가 제단에 붓는 예식을 하지 않았다고 합니다. 그 예식이 끝나고 난 다음에 주님은 "내가 바로 생명의 물이니 내게 오는 자는 목마르지 않을 것이라"고 말씀하심으로 주님이 그 예식의 완성이고 성취임을 증거하셨습니다. 마찬가지로 등불을 밝혀 구름기둥과 불기둥을 기억하고 기념하는 예식이 끝나 밝고 찬란하던 광장이 쓸쓸하고 어두워졌을 때 주님은 다시 그들에게 "내가 생명의 빛이라"고 말씀하신 것입니다.

메시아에 갈증을 느끼지 않는 사람들

예식이나 행사는 하는 동안에는 엄숙하고 감동스럽지만 일단 끝나고 나면 허전합니다. 예배 순서가 아무리 감동적이고, 그 즐거움의 여운이 제법 오래 간다고 해도 정말 잠깐입니다. 그 예배가 증거하는 예수 그리스도의 임재와 그분과의 관계만이 영원할 뿐입니다. 그런데 이 물과 등불이 상징하던 메시아가 드디어 오셨습니다. 이제는 목마르지 않아도 되고, 갈급하지 않아도 됩니다. 애석하게도 여전히 많은 사람이 예수 그리스도를 통해 갈증을 해소하려고 하지 않고, 행사나 프로그램으로 갈증을 해소하려고 하지만 사실은 갈증만 더할 뿐입니다. 아무리 좋은 프로그램도, 아무리 감격적인 예배의 경험도, 아무리 탁월한 설교도 그것이 영원히 목마르지 않게 하시는 예수님을 바라보도록 하는 것이 아니라 경험과 감정, 혹은 지성으로 마음을 채우려고 하는 것이면 얼마 지나지 않아 다시 허전함을 느끼게 된다는 말입니다.

오늘 본문에 나오는 바리새인들은 그런 행사와 예식에는 익숙하지만 사람들이지만 메시아에 갈증을 느끼지는 않는 사람들입니다. 저는 앞서 예수님이 "죄 없는 자가 먼저 돌로 치라"고 했을 때, 서기관들과 바리새인들이 자기들도 죄인이라서 그 여인을 정죄할 자격이 없음을 깨닫고 부끄러워서 뒤로 물러선 것은 아니라고 말씀드렸습니다. 오히려 예수님의 트집을 잡고 싶었지만 아무도 증인이 될 수 없었기 때문에 뒤로 물러선 것이라고 했습니다.

그 후에 주님은 "나는 세상의 빛이니 나를 따르는 자는 어둠에 다니지 아니하고 생명의 빛을 얻으리라"(요 8:12)고 하셨습니다. 충격적이고 위험한 선언임에 틀림없습니다. 그런데 바리새인들의 반응이 재미있습니다. "당신이 정말로 세상의 빛이라면 증인이 있어야 하는데. 증인도 없이 혼자 그렇게 말하니 그 말은 믿을 수 없습니다"(요 8:13 참조).

이것을 간음하다 현장에서 잡힌 여인의 사건과 연관시켜 생각해 보면 더 재미있습니다. 이들은 예수님을 잡으려고 했지만 그 여인의 죽음에 증인이 될 수 있는 사람이 있느냐고 물으셨고, 증인이 없었기 때문에 망신을 당했습니다. 이들은 예수님에게 진 것이 절차상 하자가 있어서 그랬다고 생각했나 봅니다. 그래서 주님이 "나는 세상의 빛"이라고 하시니까 당신이 세상의 빛이라서 당신을 따르는 사람들이 생명의 빛을 얻을 것이라면 당신 말에 책임져 줄 증인이 있냐고 반격을 가했습니다. 아마도 신명기 19장 15절을 염두에 둔 것 같습니다.

사람의 모든 악에 관하여 또한 모든 죄에 관하여는 한 증인으로만 정할 것이 아니요 두 증인의 입으로나 또는 세 증인의 입으로 그 사건을 확정할 것이며(신 19:15).

예수님이 사람들에게 생명의 빛을 주실 세상의 빛임을 증명해 줄 수 있는 증인이 있습니까? 이 부분에 관해서는 예수님이 이미 한 번 말씀하신 적이 있었습니다. 요한복음 5장 31-33절을 보면 예수님이 세상의 빛이라는 사실에 대한 증인은 바로 세례 요한입니다. 5장 35절에도 이렇게 기록되어 있습니다.

- 요한은 켜서 비추이는 등불이라 너희가 한때 그 빛에 즐거이 있기를 원하였거니와 (요 5:35).

그러나 그들은 요한의 증거를 믿지 않기로 했습니다. 그들은 어둠을 택한 것입니다. 그때도 주님은 그들의 문제는 증거나 증인이 아니라 믿지 않기로 정한 그들의 굳은 마음이었음을 지적하셨습니다(5:37-38). 그리고 오늘 말씀에서는 하늘에 계신 아버지께서 증인이 되신다고 했습니다. 재미있지 않습니까? 예수님께서 당신이 세상을 비추는 빛이라고 말씀하셨는데 그 말의 진실 여부를 따지기보다는 절차를 따집니다. 증인이 먼저 정죄하라는 예수님의 말씀에 뒤로 물러서야 했던 그들의 반격이겠지만 유치합니다. 절차와 법을 따질 때는 의도가 중요한데 그 의도가 불순하면 엄격함과 철저함조차도 참을 수 없이 가벼워 보입니다.

서로의 관심이 다르다

어떤 부자가 예수님께 "선한 선생님, 어떻게 해야 영생을 얻을 수 있습니까?"(막 10:17 참조)라고 물었습니다. 이 질문 자체는 굉장히 중요합니다. 하지만 이 질문을 한 부자의 의도는 자기가 영생을 얻을 수 있을 만큼 의롭다는 것을 확인하기 위한 것이었습니다. 영생에 그만큼 관심이 있어서 정말 영생을 얻기 위한 답을 알고 싶은 것도 아니고, 그 제안을 따를 마음도 없었습니다. 그에게는 예수님의 지식과 지혜에 대한 관심도 없었습니다. 그냥 자신이 괜찮은 사람이라는 것을 확인하고 싶었을 뿐입니다. 주님은 그 불순한 의도를 만족시키기를 원치 않았습니다. 그래서 주님의 대답은 단호했습니다. "왜 나를 선하다고 하느냐 선한 분은 하나님뿐이니라"(막 10:18 참조). 그러고는 "가진 것을 다 팔아서 가난한 자에게 주고 나를 따르라"(막 10:21 참조)고 하셨습니다.

가진 것을 다 팔아 가난한 자에게 주는 것은 영생을 얻는 길이 아닙니다. 그건 영생의 가치를 아는 사람들이 기꺼이 취할 수도 있는 과감한 행동일 뿐입니다. 하지만 주님은 그 부자의 의도를 아셨기 때문에 꽤 괜찮아 보이는 종교적인 질문에 답하지 않으셨습니다. 그는 영생에 관심이 있는 것처럼 보이는데 실제로는 그렇지 않았습니다. 가진 것을 다 팔아서 가난한 자에게 줄 수도 있는 그 엄청난 생명의 가치, 그리고 그 가치를 가능하게 하는 생명의 빛이 되시는 예수님에게는 관심이 없었습니다. 그는 자기가 얼마나 괜찮은 사람인가를 확인하고 자신의 소유를 누리는 일에 더 큰 관심이 있었기 때문에 근심하며 주님을 떠났습니다.

마찬가지로 증인을 요구하고 있는 바리새인들의 의도는 정말 주님의 말씀이 사실인가를 확인하기 위한 것이 아니었습니다. 그들의 의도는 주님을 믿기 위함이 아니라 주님을 잡기 위함이었습니다. 절차상 중요해 보이는 증인 요구도, 합당해 보이는 질문들도 의도가 악하다면 대답은 무의미합니다.

"술을 마시는 게 죄인가요? 십일조를 꼭 해야 하나요? 교회에 꼭 나가야 하나요?" 저는 이런 질문들이 정당하고 좋은 질문이라고 생각합니다. 하지만 이런 질문들은 답을 찾고 싶은 구도자의 진실한 질문일 수도 있고, 자신의 주인 됨을 합리화하기 위한 질문일 수도 있습니다. 때로는 단순히 자신들의 행동의 합리화를 위해서 동의해 줄 사람을 찾아 질문을 하는 청년들도 있습니다. 그런 경우는 그들이 원하는 답을 해주면 열린 사람이 되고, 그렇지 않으면 꽉 막힌 사람이 됩니다. 그러니까 바리새인들이 예수님과 계속 대화를 나누지만, 그리고 예수님이 증인을 요구한 것처럼 그들도 증인을 요구하지만 그 대화가 동문서답처럼 들리는 것은 서로의 관심이 다르기 때문입니다.

그들은 예수님이 메시아인지에 관심이 없습니다. 기득권을 지키고 편리를 유지하기 위해서는 메시아라도 죽여야 했으니까 그들은 종교를 통한 지위와 소득에만 관심이 있었을 뿐입니다. 오늘날은 이런 사실이 그리 충격적으로 들리지 않을 만큼 보편화된 현상이라는 것이 우리 모두를 슬프게 합니다.

질문의 의도는 무엇입니까

몇 년 전에 아들이 학교에서 낮은 성적을 받아 왔습니다. 자기도 충격을 받았나 봅니다. 아니면 제게 많이 미안했나 봅니다. 제가 공부를 잘하고 싶으냐고 물었더니 잘하고 싶다고 했습니다. 그럼 다음번에는 좋은 성적을 받기 위해서 노력하겠느냐고 했더니 뭐든지 하겠다고 했습니다. 텔레비전을 지나치게 자주 보는 것 같으니까 평일에는 텔레비전을 보지 말고 주말에만 보자고 했습니다. 그리고 하루에 두 시간만 독서를 하자고 했습니다.

그때 아들이 물었습니다. "금요일도 주말에 들어가요? 친구 집에서 게임을 하는 건 어떤가요? 학교에 가지 않는 날에는 텔레비전을 봐도 되나요? 학교 숙제로 읽은 것도 독서에 들어가나요?" 실제적이고 좋은 질문들입니다. 그런데 저는 그 질문을 들으면서 '아! 우리 아들은 공부를 잘하기는 힘들겠구나'라고 생각했습니다. 질문의 의도들이 보였기 때문입니다. 성의 있는 대답이 그 아이가 공부를 잘하게 하지는 않을 것입니다. 진심으로 공부하고 싶은 마음이 생겨야 할 것입니다.

그들은 예수님에게 많은 질문을 했고, 그 말이 사실임을 보일 수 있는 증인도 요구했지만 주님을 믿을 마음은 없었습니다. 그들이 주님을 잡지 못하고, 주님의 가르침에 관심을 보인 이유는 단지 아직 주님을 잡을 때가 되지 않았을 뿐이기 때문입니다.

요한은 이 일이 헌금함 앞에서 있었다고 했습니다(요 8:20). 헌금함 앞에서 이 말을 했다는 것이 무슨 의미가 있는가에 대한 의견이 분분합니다. 당시 예루살렘 성전에는 이방인의 뜰이 있고, 여인의 뜰이 있었습니다. 성전 안에서 이방인들은 이방인의 뜰까지만 들어갈 수 있었고, 여인들은 여인의 뜰까지만 들어갈 수 있었습니다. 초막절 등불 축제가 벌어진 곳은 바로 이 여인의 뜰이었고 헌금함은 여인의 뜰에 있었는데 그 근처에 산헤드린 공회의 회의장이 있었습니다.

예수님이 당신은 생명의 빛이고, 하나님이 당신의 증인이 된다는 참람한 말을 종교 지도자들의 면전에서 했음에도 예수님을 잡을 수 없었던 이유는 그들이 예수님에게서 죄를 찾을 수 없어서가 아니라 아직은 때가 아니었음을 강조하기 위해서 이 말씀을 헌금함 앞에서 하셨음을 요한이 강조한 것 같습니다. 오늘 본문은 증인을 요구하는 바리새인들의 질문에 대한 예수님의 대답이지만 문제의 핵심은 누가 증인인가가 아니라 그들에게는 예수님을 믿을 마음이 전혀 없었다는 것입니다.

우리 안에는 많은 질문이 있고, 많은 고민이 있습니다. 저는 그 질문과 고민들은 대체로 필요하고 유익한 것들이라고 생각합니다. 하지만 우리는 정직하게 그 의도를 살펴보아야 합니다. 살리기 위한 것입니까 아니면 죽이기 위한 것입니까? 순종하기 위한 것입니까 아니면 불순종하기 위한 것입니까? 알고 싶어서입니까 아니면 모르고 싶어서입니까? 생명의 빛이 정말로 궁금하십니까? 진심으로 하나님의 뜻에 순종하며 살기를 원하십니까? 그 뜻대로 살 능력이 되지 않아 답답하고, 때로는 뭘 어떻게 해야 할지 몰라서 안타깝지만 한평생 주님의 임재 앞에서 주님과 함께 살고 싶다는 간절함이 우리 안에 있지 않습니까?

그 당시 주님의 말씀을 이해하지 못하기는 마찬가지였지만 제자들에게는 이 열망이 있었고, 바리새인들에게는 이 열망이 없었습니다. 제자들도 질문을 했고 바리새인들도 비슷한 질문을 했지만, 두 질문은 전혀 다른 질문이었습니다.

오늘날 교회들은 혼동과 미숙함 가운데 방향을 잃은 것 같습니다. 반복된 실수와 실패로 교인들도 상처받고 무엇이 참인가를 묻고 싶어 합니다. 저는 이 혼란 가운데 저와 여러분이 가지게 되는 의문과 회의, 하나님의 임재의 요구가 바리새인들의 의도가 아닌 제자들의 의도였으면 좋겠습니다.

John
요한복음

요한복음 8장 21-33절

다시 이르시되 내가 가리니 너희가 나를 찾다가 너희 죄 가운데서 죽겠고 내가 가는 곳에는 너희가 오지 못하리라 유대인들이 이르되 그가 말하기를 내가 가는 곳에는 너희가 오지 못하리라 하니 그가 자결하려는가 예수께서 이르시되 너희는 아래에서 났고 나는 위에서 났으며 너희는 이 세상에 속하였고 나는 이 세상에 속하지 아니하였느니라 그러므로 내가 너희에게 말하기를 너희가 너희 죄 가운데서 죽으리라 하였노라 너희가 만일 내가 그인 줄 믿지 아니하면 너희 죄 가운데서 죽으리라 그들이 말하되 네가 누구냐 예수께서 이르시되 나는 처음부터 너희에게 말하여 온 자니라 내가 너희에게 대하여 말하고 판단할 것이 많으나 나를 보내신 이가 참되시매 내가 그에게 들은 그것을 세상에 말하노라 하시되 그들은 아버지를 가리켜 말씀하신 줄을 깨닫지 못하더라 이에 예수께서 이르시되 너희가 인자를 든 후에 내가 그인 줄을 알고 또 내가 스스로 아무것도 하지 아니하고 오직 아버지께서 가르치신 대로 이런 것을 말하는 줄도 알리라 나를 보내신 이가 나와 함께하시도다 나는 항상 그가 기뻐하시는 일을 행하므로 나를 혼자 두지 아니하셨느니라 이 말씀을 하시매 많은 사람이 믿더라 그러므로 예수께서 자기를 믿은 유대인들에게 이르시되 너희가 내 말에 거하면 참으로 내 제자가 되고 진리를 알지니 진리가 너희를 자유롭게 하리라 그들이 대답하되 우리가 아브라함의 자손이라 남의 종이 된 적이 없거늘 어찌하여 우리가 자유롭게 되리라 하느냐

21장

많은 사람이 믿더라

　제가 워낙 먹는 걸 좋아하니까 미식가인 줄 아는 분이 많습니다. 그래서 어느 음식점이 맛있게 요리하는지 저에게 물어보는 분들도 있습니다. 워낙에 사람마다 음식 취향이 다양하기 때문에 음식점을 소개하는 일은 친구를 소개하는 것만큼이나 어려운데 그래도 추천을 해달라고 하면 몇 군데 추천해 주기도 합니다. 그렇게 추천을 해줄 때 제가 하는 말이 있습니다. "그 음식점에 가면 노진준이 보냈다고 하세요." "아, 진짜요? 그 집 주인을 잘 아세요?" "아니요. 전혀 몰라요." "그런데 왜?" "그냥 한번 제 이름을 대보시라고요. 그러니까 식당에 가서 제 이름을 대시고 마음대로 드셔도 되는데 돈은 내셔야 합니다."

　식당 주인을 전혀 모르면서 제가 그렇게 말하는 이유가 뭔지 여러분은 아십니까? 그 이유는 제가 과대망상증에 걸렸기 때문입니다. 일명 왕자병이라고도 하지요. 왕자병의 증세 중 하나는 식당에 가도 사람들이 자기를 알아보고 쳐다본다고 생각해서 늘 구석에 앉는 것인데, 사실은 알아보는 사람이 아무도 없습니다. 제가 이런 왕자병 증세를 가지고 있다는 것을 알기 때문에 식당에 가서 제 이름을 대라고 해도 저를 잘 아는 분들은 제 말을 믿지 않습니다. 농담이라고 생각하고 무시합니다.

그런데 이런 상황에서 누가 제 말을 믿었다면 그건 어떤 의미일까요? 제가 진짜 유명한 사람이라서 어디에 가든지 제 이름만 대면 사람들이 알아볼 것이라고 생각했다는 의미일 수 있습니다. 하지만 그 정도로 저를 인정해 주는 것으로는 진짜 저를 믿었다고 볼 수 없습니다. 진짜로 저를 믿는다면 제 이름을 대고 공짜로 먹을 수 있을 것이라고 기대해야 합니다. 문제는 망신을 당할 수 있는 위험을 감수할 만큼 제 말을 신뢰해서 실제로 제 이름을 대고 음식을 먹으려는 사람은 없다는 것입니다.

주님과 바리새인의 대화

아마 당시 유대 지도자들이 정신의학적인 지식이나 심리학적 지식이 있었더라면 예수님이 과대망상증과 피해망상증을 가지고 있다고 생각했을 것입니다. 예수님은 "나는 세상의 빛이니 나를 따르는 자는 …… 생명의 빛을 얻으리라"(요 8:12)고 하셨습니다. 이에 바리새인들은 증인을 요구했습니다. 예수님은 "나를 보내신 아버지도 나를 위하여 증언하시느니라"(요 8:18)라고 대답하셨습니다. 어처구니없는 대답처럼 들리는데도 바리새인들은 성실하게 물었습니다. "네 아버지가 어디 있느냐?"(요 8:19) 정상적인 질문입니다. 주님이 대답하십니다. "너희는 내가 아무리 말해 줘도 내 아버지가 누구인지 알 수 없을 것이다"(요 8:19 참조).

예수님이 정말 하나님이 아니라면 과대망상증 환자입니다. 그리고 주님이 말씀하셨습니다. "이제 너희도 다 죽고 나도 떠날 텐데 너희는 나 있는 곳에 올 수가 없을 것이다"(요 8:21 참조). 이건 또 무슨 말씀입니까? 그래서 그들이 두 번째 질문을 합니다. "네가 가는 곳에 우리는 갈 수 없다니 지금 자살을 생각하고 있느냐?"(요 8:22 참조) 예수님의 정신 상태를 의심해서 그들이 물을 수 있는 질문이었습니다. 이럴 때는 주님이 피해망상증 환자 같습니다. 주님이 말씀하십니다. "나는 이 세상에 속하지 않았고 너희는 이 세상에 속했기 때문에 너희는 모두 죄 가운데 죽을 것이라서 나에게 올 수 없다고 말한 것이다"(요 8:23-24 참조). 그들이 세 번째 질문을 합니다. "그럼 네가 도대체 누구냐?"(요 8:25 참조) "내가 누군지 말해도 지금은 너희가 모를 것이고, 내가 죽은 후에야 너희는 내가 누구인지를, 그리고 나를 보내신 이가 바로 아버지이신 줄을 알게 될 것이다"(요 8:26 참조).

저는 이 본문으로 설교를 준비하면서 처음에는 솔직히 좀 답답하다는 생각을 했습니다. 워낙 이해하기 어렵고 애매한 대화를 풀어 간다는 것도 쉽지 않았지만 지금 이런 내용의 대화가 세상 살기 버겁고 힘든 교인들에게 어떤 의미가 있을까 싶었기 때문입니다. 바리새인들이 한 질문들, "네 아버지가 어디 있느냐?", "네가 죽으려고 하느냐?", "너는 누구냐?"는 이 질문들에 대한 답을 알고 있는 우리에게도 이 내용이 어렵고 애매한데 당시 사람들은 이 대화를 어떻게 이해했을까요? 아니 우리보다 훨씬 열악한 환경에서 하루하루를 살아 내는 것도 쉽지 않던 그 많은 사람에게 이 대화가 어떤 의미가 있었을까요? 그래서 저는 오늘 본문의 30절이 마음에 걸렸습니다. "이 말씀을 하시매 많은 사람이 믿더라"(요 8:30).

이런 대화를 통해 어떻게 믿을 수 있죠? 그들이 뭘 믿었다는 말이죠? 그들이 바리새인과 예수님의 대화를 들으면서 바리새인들의 억지보다는 예수님의 논리에 더 마음이 끌려서 예수님을 메시아라고 생각했을 수도 있습니다. 성령의 거듭나게 하시는 강력한 역사로 예수님이 하신 모든 말씀이 다 믿어졌을 수도 있습니다. 많은 사람이 믿었다고 했는데 그 말이 무슨 의미일까에 대해서는 여러 의견이 있습니다. 다양하게 접근할 수 있겠지만 분명한 것은 그들이 믿는다는 말이 단순한 지적인 동의라면 그것은 별로 의미가 없다는 것입니다. 믿는다고 말하지만 그 말이 예수님이 메시아이심을 인정함으로 천국에 들어갈 수 있는 입장권을 공짜로 받는 것을 의미한다면 그 믿음은 우리의 힘들고 어려운 현실에서는 천 원의 값어치도 없어 보인다는 것입니다. 천국과 영생을 가볍게 여겨서가 아니라 당장 현실의 무게 앞에서는 죽어서나 갈 수 있는 천국은 중요한 문제가 아니라는 말입니다.

믿는다는 말이 이 삭막한 현실에서도 무게가 있으려면 그 믿음은 단순히 천국이 있다는 사실에 대한 동의가 아니라, 우리에게 힘을 주시고 우리와 함께하시는 주님의 동행에 대한 확신이 있어서 주님께 그 삶을 맡길 수 있는 신뢰이어야 합니다. 저는 주님이 이 사실을 강조하셨다고 생각합니다. 31절과 32절을 한번 보시기 바랍니다.

> 그러므로 예수께서 자기를 믿은 유대인들에게 이르시되 너희가 내 말에 거하면 참으로 내 제자가 되고 진리를 알지니 진리가 너희를 자유롭게 하리라(8:31-32).

이 말씀은 신자가 되는 것과 제자가 되는 것을 구분하시고, 믿고 신자가 된 사람들에게 제자가 되는 방법을 가르쳐 주신 것이 아닙니다. 그렇다고 예수를 믿고 신자가 되었다고 해도 제자가 되지 않았다면 자유를 모른다는 말씀을 하시는 것도 아닙니다. 앞으로 좀 더 살펴보겠지만 주님은 신자가 되는 것과 제자가 되는 것을 나누지 않으셨습니다. 이 말씀은 예수님의 말씀에 지적으로 동의하고 믿을 수 있었던 사람들에게 믿는다는 것이 어떤 것인지를 다시 설명하는 말씀입니다.

예수님이 하나님의 아들임을 알고 동의하는 것은 마귀도 한 일입니다. 제자로서의 의미를 부여하지 않고 그냥 인정만 해줘도 고마울 만큼 주님은 사람들의 동의를 구걸하는 자존감 낮은 분이 아닙니다. "많은 사람이 믿더라"라고 했지만 그 믿음이 참된 믿음처럼 보이지 않습니다. 그 많은 이가 진정으로 믿은 사람들이라면 그렇게 믿은 사람에게 주님은 "내 말에 거하면 참으로 내 제자가 되고 진리를 알지니 진리가 너희를 자유롭게 하리라"(요.8:31-32)고 말씀하시지 않을 것 같기 때문입니다. 아니 그보다 충격적인 것은 그렇게 예수님을 믿은 사람들이 이 말씀에 "우리가 아브라함의 자손이라 남의 종이 된 적이 없거늘 어찌하여 우리가 자유롭게 되리라 하느냐"(요 8:33)고 반문한 사실입니다.

그들은 마치 예수님을 메시아로 믿고 난 후에 예수님을 왕으로 삼아서 권세를 누리려 한 일부 백성처럼 예수님을 믿었지만 아브라함의 자손이라는 사실에서 자유를 누리려 했습니다. 그들은 메시아로 믿는다고 말했어도 종교적인 수준에 머물러 있었을 뿐입니다.

그들은 자신들이 아브라함의 자손으로 누구에게 구속된 적이 없었음을 강조했습니다. 이렇게 종교적인 수준에서 하는 말이라면 당장의 고되고 힘든 생활에 지쳐 있는 대부분의 사람들에게 주님과 바리새인의 대화는 별로 관심도 없는 사변적인 대화에 불과할 뿐입니다. 제가 예수님과 바리새인의 대화를 보면서 이 대화가 지금 교회의 교인들의 삶과도 별로 상관없는 대화일 수 있지 않을까 싶었던 것도 자칫 이 대화가 종교적 영역에 대한 관심을 유발시키는 대화 정도로 들릴 수도 있기 때문입니다.

현실적인 어려움 때문에

예수님의 마음은 그렇지 않았습니다. 주님은 이 문제를 생과 사를 나누는 문제로 말씀하셨습니다. 이 문제는 그런 종교적이고 사변적인 이야기가 아니라 진정한 자유의 문제이기 때문에 바리새인들과 대화를 나누던 예수님의 말씀을 이해하고 믿는 것처럼 보였을 때에도 주님은 "내 말에 거하면 진리가 자유롭게 할 것"임을 거듭 강조하신 것입니다.

이렇게 말하는 것이 쉽지 않아서 조심스럽기도 하지만 주님은 틀림없이 이렇게 말씀하신다고 확신합니다. "경제적으로 몹시 힘들고, 신분의 문제도 해결이 안 되고, 몸도 자꾸 아파서 힘들지? 그래서 내가 너에게 영생을 주고 자유를 주기 위해서 어둠 가운데 왔다. 나를 믿으면 참 자유를 얻게 될 거야."

솔직히 저도 현실적으로 여러 어려움을 겪고 있는 여러분에게 생명의 빛, 영원히 목마르지 않는 물에 관한 이야기가 얼마나 힘이 될까 싶습니다. 하지만 주님은 오늘도 그 이야기를 하고 싶어 하십니다. 주님은 우리가 보지 못하는 것을 보시고, 우리의 상태를 아시기 때문에 무엇보다 이 말씀을 하고 싶어 하십니다. 당장 부족한 게 있고, 아픈 게 있어서 도움이 필요한 사람에게 이 말씀을 하신 주님은 어떤 심정이었을까요?

어떤 사람이 차에 앉아서 지금 겪고 있는 어려움에 관한 이야기를 합니다. 돈 문제, 관계 문제, 건강 문제를 심각하게 이야기하고 있습니다. 그런데 그의 차가 슬금슬금 앞으로 나아갑니다. 앞에는 절벽이 있는데 말입니다. 그렇다면 끝까지 그 사람의 현실적인 문제를 논하기보다 "정신 차려! 차 세워!"라고 외쳐야 할 겁니다. 주님은 바로 그런 심정으로 "나는 생명의 물이고, 세상의 빛이라"고 외치신 것입니다.

동부에서 목회할 때 저에게 정말로 큰 힘이 되어 주신 장로님이 계셨습니다. 제 주치의셨는데 음악을 좋아하시고, 가정적이고, 마음이 따뜻해서 어려운 사람도 많이 도와주신 분입니다. 저는 누구와도 마음을 터놓고 가깝게 지내지 못하는 편인데 그 장로님과는 놀러도 가고, 콘퍼런스도 함께 가고, 영화도 같이 보았습니다. 하루는 그 장로님이 토요일 새벽 기도회를 마치고 부인과 함께 저를 찾아오셨습니다. 갑자기 암 말기인 것을 알게 되었다고 하시면서 이틀 후에 수술을 하게 되었다고 하셨습니다.

그때 그분이 50세였던 것으로 기억합니다. 지금 생각하면 젊은 나이였습니다. 정말 힘들게 투병 생활을 하시면서 항상 천국을 소망하시고, 믿음으로 교인들과 가족들을 격려하시고, 조금만 기력을 찾아도 병자들을 심방하셨습니다. 암 말기라는 판정을 받은 후 단순히 아파서가 아니더라도 가족을 대하는 눈빛, 재물에 대한 생각, 병자를 심방하는 마음, 그 모든 게 달라졌습니다. 제가 짐작할 때는 돈 문제도, 관계 문제도, 자존감의 문제도 그분에게는 그렇게 절실하거나 심각하지 않았을 겁니다. 저는 건강했고 그분은 아팠지만 저는 그분에게서 자유를 보았습니다.

"위험하다! 빨리 나오라!"

우리가 모두 이렇게 많이 아파서 언제 무너질지 모르는 상태에 처해 있다는 것을 안다면 돈 문제의 해결이 자유가 아니고, 관계의 회복이 자유가 아님을 알 수 있을 것입니다. 답답한 현실에서 하는 우리의 이야기들을 주님이 듣지 않는 것 같아서 답답하고 화가 나지만 주님은 오히려 우리에게 아주 다급하게 "정신 차려라!" 하고 말씀하십니다.

우리 주님은 지속적으로 당신의 죽음에 관해 말씀하셨습니다. 그리고 당신이 죽음으로 우리에게 주실 자유와 생명에 관해 말씀하셨는데 우리가 누려야 할 자유는 당신의 생명을 내놓으실 만큼 절실했습니다. 사람들은 몰랐지만 예수님은 사람들이 암 말기라는 것을 아셨기 때문입니다. 눈앞에 놓인 절박한 상황을 아는 사람의 외침은 그 절박함을 모르는 사람에게는 피해망상증 환자의 외침으로 들릴 수도 있고, 과대망상증 환자의 것으로 들릴 수도 있습니다. 과격해 보일 수도 있고, 기존 질서를 깨뜨리는 사람으로 보일 수도 있습니다. 그러나 그 절박한 상황을 알게 되면 예수님이 왜 현실감이 떨어지는 이런 말씀들을 지속적으로 하시는지 알 수 있을 것입니다. 지금 당장 시급한 문제만 해결하면 다른 건 다 괜찮아 보이는데 주님은 말씀하십니다. "위험하다! 빨리 나오라!"

예수님을 믿는다는 것은 지금 우리가 괜찮지 않다는 그 말을 믿고 나오는 것입니다. 진정한 믿음은 예수님 안에 안전이 있음을 알고 그 안에 머무는 것이고, 그 안에 거함으로 자유를 누리게 되는 것입니다. 아브라함의 자손이 됨으로 자유를 누리는 것이 아닙니다. 소유와 신분에 의해서 만들어진 안전감이 자유를 주는 것이 아닙니다. 인간이 처한 상황이 얼마나 절박하고 절망적인지 안다면 자유는 소유나 신분에 있는 것이 아니라 생명에 있음을 알게 될 것입니다. 하나님이 예수 그리스도를 통하여 이 생명을 우리에게 주셨음이 복음이고, 이 복된 소식을 신뢰하는 것이 바로 믿음입니다.

많은 사람이 예수님을 믿었더라고 했습니다. 저는 그들의 믿음이 참 믿음이었는지 아니었는지는 잘 모르겠습니다. 하지만 주님은 그들의 믿음이 참 믿음이라면 주님 안에 거하며 자유를 얻게 될 것이라고 말씀하셨습니다. 종교적인 모양만으로는 안 됩니다. 종교적 신분과 경험으로도 안 됩니다. 아브라함의 자손이라도 안 됩니다. 당장의 시급한 문제들이 해결되어서 자유가 주어지는 것도 아닙니다. 그래서 우리는 오늘도 부족하고 힘들더라도 오직 예수 그리스도를 바라보아야 합니다.

John
요한복음

요한복음 8장 31-36절

그러므로 예수께서 자기를 믿은 유대인들에게 이르시되 너희가 내 말에 거하면 참으로 내 제자가 되고 진리를 알지니 진리가 너희를 자유롭게 하리라 그들이 대답하되 우리가 아브라함의 자손이라 남의 종이 된 적이 없거늘 어찌하여 우리가 자유롭게 되리라 하느냐 예수께서 대답하시되 진실로 진실로 너희에게 이르노니 죄를 범하는 자마다 죄의 종이라 종은 영원히 집에 거하지 못하되 아들은 영원히 거하나니 그러므로 아들이 너희를 자유롭게 하면 너희가 참으로 자유로우리라

22장

참된 자유

저는 결혼하고 3년 후에 딸을 낳았습니다. 제 아내가 딸과 함께 처음 친정에 나들이 간 날의 기억이 지금도 생생합니다. 아침에 아내와 딸을 공항에 데려다 주고 돌아오는 길에 설렁탕을 한 그릇 먹었습니다. 그리고 집에 들어가 고무줄 바지로 갈아입고 텔레비전을 켰습니다. 그날 저는 학교에 가지 않았습니다. 자는 시간이 아까웠지만 오후에 잠시 낮잠을 자고 미혼 때 즐겨 하던 대로 싸구려 중국 요리를 사다 먹으면서 영화를 한 편 보았습니다. 그리고 침대에서 자지 않고 소파에서 잤습니다. 제가 하고 싶지 않으면 하지 않아도 되고, 하고 싶은 것만 할 수 있는 그 공간과 시간에 누구의 눈치도 보지 않고 그냥 즐기고 싶었습니다.

겨우 하고 싶었던 일이 싸구려 중국 음식을 사 와서 혼자 영화를 보다

자는 것 정도였지만 당시에는 그것이 제가 누릴 수 있는 최고의 자유였습니다. 아내로부터의 해방, 아이로부터의 해방, 일상의 책임으로부터의 해방! 정말 좋았습니다. 그런데 딱 하루였습니다. 이틀째가 되자 아기의 울음소리가 그리웠고, 아내의 웃음소리가 없는 집에 들어가기가 싫었습니다. 혼자 밥을 해 먹는 것이 불편했습니다. 사람들은 모두 자유를 원하지만 막상 자유가 주어졌을 때 그 자유를 만끽할 수 있는 시간은 그리 길지 않을지도 모릅니다.

아마도 그건 참된 자유가 아니기 때문일 것입니다. 자유를 사전적으로 정의하자면 외부적인 구속이나 무엇에 얽매이지 않고 자기 마음대로 할 수 있는 상태를 가리킵니다. 명백한 반의어임에도 자유와 구속은 그 구분이 애매해서 사람들은 자신이 자유로운 것인지 구속된 것인지 분명히 인식하지 못할 때가 많습니다. 다시 말하면 자유는 구속되지 않은 상태로 정의되지만 참된 자유는 구속을 통해서만 가능한 경우가 허다하기 때문에 사람들은 자유를 말하면서도 무엇이 참된 자유인지는 잘 모르는 것입니다.

자유를 위한 투쟁

요즘 유행하는 말이 '자유로운 영혼의 소유자'입니다. 사회적인 통념이나 시선을 의식하지 않고 자기가 하고 싶은 대로 말하고 행동하는 사람들을 가리키는 말인 듯합니다. 남이 무슨 옷을 입든지 상관없이 내가 입고 싶은 옷을 입고, 남이 뭐라고 하든 남의 시선을 전혀 의식하지 않는 사람이 자유로운 영혼을 가진 사람이라고 생각합니다. 저는 적어도 옷에 있어서는 제가 자유로운 영혼의 소유자라고 생각합니다. 저는 집회를 갈 때 넥타이를 매야 하는지, 간편한 복장도 허락되는지를 묻습니다. 그리고 요청하는 대로 맞추어서 입고 갑니다. 여행을 다니면서 양복을 가지고 다니는 것이 불편하기도 하고, 거동하기에도 간편한 것이 좋지만 그것이 저에게 그리 중요한 문제가 아니기 때문에 상대방의 요청에 맞추어도 제 존재감이나 정체성에 불편한 마음이 들지 않습니다. 죽기보다 하기 싫은 게 아니라면 일반적인 사람들의 기대에 맞추는 것이 저는 편합니다. '초월'은 언제나 하고 싶은 대로 하는 것이 아니라 자발적인 구속을 의미하기도 합니다.

사람이 자유하지 않다고 생각하는 데는 여러 가지 경우가 있습니다. 아무도 구속하지 않지만 자신의 생각에 스스로 구속되어 있는 경우도 있고, 기대치가 매우 높아서 만족할 수 없는 경우도 있고, 남의 자유를 심각하게 침해할 수 있는 무절제하고 방만한 삶의 방식을 고집하는 이기심 때문인 경우도 있습니다. 어찌 보면 사람은 평생 자유를 위해 싸우며 살다가 죽는지도 모릅니다.

조금 전에 정의한 대로 자유란 외부적인 구속이나 무엇에 얽매이지 않고 자기 마음대로 할 수 있는 상태를 의미한다면, 그렇게 원하는 대로 살기 위해서는 구속받거나 얽매이지 않을 힘이 필요할 수도 있습니다. 그래서 자유를 위한 투쟁은 결국 힘을 위한 투쟁으로 보이기도 합니다. 힘이 없으면 구속받기 때문입니다. 자유, 즉 자기 마음대로 할 수 있는 상태에 이르기 위해서 사람들은 재력이든 권력이든 힘을 가지려고 합니다. 열심히 돈을 버는 이유도, 좋은 대학에 가는 이유도, 특정한 직업을 원하거나 부러워하는 이유도, 결혼을 하는 이유도, 혼자 사는 이유도 구속받지 않는 자유에 대한 갈망입니다.

자유하다는 착각

인간은 어느 누구도 그렇게 온전히 자유한 적이 없습니다. 마치 모든 것을 다 초월한 듯이 자고 싶을 때 자고, 가고 싶을 때 가면서 가난과 고난, 죽음에 초연한 모습도 자유를 얻은 모습이 아니라 자유를 포기한 모습으로 보입니다. 천하를 소유해서 자기가 원하는 것은 다 할 수 있고, 다 가질 수 있어도 자유로워 보이지 않습니다. 그래서 자유를 갈망하는 사람들에게 솔로몬의 고백은 가히 충격적입니다. 그는 이렇게 고백합니다.

> 무엇이든지 내 눈이 원하는 것을 내가 금하지 아니하며 무엇이든지 내 마음이 즐거워하는 것을 내가 막지 아니하였으니 이는 나의 모든 수고를 내 마음이 기뻐하였음이라 이것이 나의 모든 수고로 말미암아 얻은 몫이로다 그 후에 내가 생각해 본즉 내 손으로 한 모든 일과 내가 수고한 모든 것이 다 헛되어 바람을 잡은 것이며 해 아래에 무익한 것이로다(전 2:10-11).

솔로몬도 나중에 고백하지만 결국 성경이 말하는 것은 인간은 구속이 싫어서 스스로 하나님이 되려고, 즉 온전히 자유해지려고 하나님을 떠났지만 사망과 심판이라는 영원한 족쇄에 얽매여 자유함을 잃었다는 것입니다. 이 자유가 유대인들로서는 별로 말하고 싶지 않은 뜨거운 감자였는지도 모릅니다.

그들에게 자유는 아주 예민한 문제였을 뿐만 아니라 자부심의 문제이기도 했을 테니까요. 예수님이 "너희가 내 말에 거하면 참으로 내 제자가 되고 진리를 알지니 진리가 너희를 자유롭게 하리라"(요 8:31-32)고 말씀하셨을 때 유대인들은 민감하게 반응했습니다. 그들은 하나님의 백성으로 누군가의 종이 된 적이 없다는 일종의 종교적인 최면을 걸고 있었기 때문입니다. 그들의 대답을 들어 보시기 바랍니다.

> 우리가 아브라함의 자손이라 남의 종이 된 적이 없거늘 어찌하여 우리가 자유롭게 되리라 하느냐(8:33).

남의 종이 된 적이 없다고요? 아브라함의 손자 야곱 때부터 400년 동안 그 자손이 누구의 종으로 살았는데요? 바벨론에 포로로 잡혀가서 종살이한 것은 뭔가요? 그 후에 고향으로 돌아왔지만 말이 해방이지 페르시아(바사)가 망할 때까지 페르시아의 통치 아래 있지 않았나요? 아니, 지금 예루살렘의 실제적인 통치자가 누구인가요? 로마에서 온 총독 본디오 빌라도 아닙니까? 로마의 정권에 눌려서 율법대로 범죄자를 처벌할 수도 없어 간음하다 현장에서 잡힌 여인을 두고도 설왕설래해야 하는 처량한 민족이 바로 이 민족 아닙니까?

좀 더 분명하게 말하자면 이스라엘 역사에 남의 종이 아닌 때가 언제였던가 싶을 만큼 애굽에, 바벨론에, 페르시아에, 그리스에, 그리고 지금은 로마에 지속적으로 속박당하고 착취당하는 민족이 유다 민족입니다. 역사와 현실을 망각하지 않은 이상 어떻게 남의 종이 된 적이 없다고 말할 수 있습니까? 그것은 비록 육체적으로는 남의 종이지만 그들의 영혼은 자유했다는 외침일 수도 있습니다. 여호와 하나님의 백성이 남의 종이 될 수는 없으니까요.

짓눌리는 고난의 현실에서 그들을 지탱하게 해준 힘은 그들이 아브라함의 자손이라는 자부심이었을 것입니다. 전혀 자유롭지 않은 답답한 현실이기 때문에 을의 위치에 있던 그들은 종교적 자부심을 가지고 권력으로 그들을 구속하려는 갑에 속한 사람들과 맞서고 싶었을 것입니다. 그래서 그들이 가지고 있던 메시아에 대한 기다림과 소망이 그들을 자유하게 했을 수도 있습니다.

비록 지금은 고난 중에 있지만 메시아가 오셔서 로마 정권을 물리치고 이스라엘 백성을 구원하시는 그날이 반드시 올 것임을 믿기에 그들은 포로 되었으나 포로 된 자들이 아니고 아무것도 가진 것이 없지만 모든 것을 소유할 자라 말할 수 있는 자부심이 있었는지도 모릅니다. 언젠가 하나님이 그들로 하여금 가진 자가 되게 하시고 높은 자가 되게 하셔서 지금 그들을 속박하는 자들 위에 군림할 그날이 오리라 확신했을 테니까요. 그 소망 때문에 그들은 지금도 자유하다는 착각을 했는지도 모릅니다.

하나님의 아들을 믿음으로 생기는 자유

그들에게 주님이 선언하십니다. "그러므로 아들이 너희를 자유롭게 하면 너희가 참으로 자유로우리라"(요 8:36). 그들은 전혀 자유롭지 못하다는 선언입니다. 그들을 자유하게 할 수 있는 것은 아브라함의 자손이라는 자부심이 아니라 하나님의 아들을 믿는 것이라는 선언입니다. 하지만 그들의 종교적인 자부심은 오히려 주님의 음성을 듣는 데 방해가 되었습니다. 그래서 주님은 또 말씀하셨습니다. "나도 너희가 아브라함의 자손인 줄 아노라 그러나 내 말이 너희 안에 있을 곳이 없으므로 나를 죽이려 하는도다"(요 8:37). 그러고 나서 주님은 신랄하고 과격한 말씀을 하셨습니다. "너희는 너희가 아브라함의 자손인 줄 알지만 실상은 마귀의 자식이라. 아브라함이라면 너희들처럼 나를 대적하지 않았으리라"(요 8:40).

왜 주님은 아브라함의 자손인 유대인들에게 마귀의 자식(요 8:44 참조)이라고 하셨을까요? 그래도 그들이 하나님의 백성인데 마귀의 자식이라는 말은 너무 심하지 않나요? 저는 그 답을 34절의 "죄를 범하는 자마다 죄의 종"이라고 하신 말씀에서 찾아보았습니다. 우리는 아브라함의 자손이라 누구의 종이 된 적이 없다고 말하는 그들에게 주님은 "죄를 범하는 자가 죄의 종이니 너희는 죄의 종이다"라고 말씀하신 것입니다. 자유를 논하다가 갑자기 죄를 말씀하셔서 별로 상관없는 말씀을 하셨다 싶지만 죄의 본질을 생각해 보면 이해가 됩니다.

아담과 하와가 선악과를 따 먹을 때부터 지금까지 마귀가 끊임없이 하고 있는 유혹은 "네가 스스로 하나님이 되라. 그러면 자유하리라"는 것입니다. 자유란 외부적인 구속이나 무엇에 얽매이지 않고 자기 마음대로 할 수 있는 것이니 하나님께 구속되지 말고 스스로 인생의 주인이 되라는 것입니다. 그로 인하여 사망이 세상에 들어와 죽음이 인생의 궁극적인 족쇄가 되었는데도 마귀는 여전히 "네가 네 인생의 주인이 되어야 자유하리라"고 유혹합니다. 그것이 죄의 본질입니다.

사람들은 모두 하나님을 거부하고 스스로 주인이 되려는 이 죄의 종이 되어 있는 것입니다. 비록 메시아를 기다리고, 아브라함의 자손이라는 종교적인 자존심을 내세워도 인간 스스로 주인이 되어 얻게 될 해방을 추구한다면 그것은 곧 하나님을 이용한 하나님으로부터의 해방일 뿐이고, 하나님의 도우심으로 세우고 싶은 자기들의 바벨탑일 뿐입니다. 아무리 그들이 아브라함의 자손임을 강조하고 자부심을 가지고 있다고 해도 그건 자유가 아닙니다. 아브라함의 자손이 되는 것도, 그래서 메시아의 도래를 통한 왕국 건설의 희망도, 죄와 죽음, 심판에서 인간을 자유롭게 하지 못합니다.

참된 자유는 아브라함의 자손이 되는 데 있는 것이 아니라 하나님의 자녀 됨을 회복하는 데 있습니다. 그리고 예수님은 그 일을 위해 오셨습니다. 주님은 그들에게 "아들이 자유롭게 하리라"고 했습니다. 종이 아니라 아들만이 그들을 자유롭게 할 수 있다고 하셨습니다. 그 아들을 통하여 그를 믿는 자들이 하나님의 자녀가 되는 권세를 받기 때문입니다. 오직 예수를 통하여 다시 하나님의 자녀가 될 수 있기 때문입니다.

아들 됨을 종 됨으로 여겨 독립을 선언하고 아버지를 떠난 탕자가 되어 세상으로 나왔지만 권력도 재력도 체념도 욕심도 해결할 수 없는 절망의 늪에 빠진 것이 인간입니다. 자유는 스스로 하나님 됨에 있는 것이 아니라 자녀로서 행복한 구속에 있음을 몰랐던 것입니다.

오늘 본문은 천하를 소유하면 자유할 것 같고, 원하는 대로 사는 것이 자유일 것 같은데 오히려 실타래처럼 더욱 엉키기만 하는 불행한 구속에서 인간을 구원하시고자 하는 말씀입니다. 인간을 다시 하나님의 자녀가 되게 함으로 참된 자유를 주기 위해서 하나님의 아들 예수 그리스도가 오셔서 "내가 데리고 갈 테니 나를 믿고 아버지께 가자"고 말씀하고 계시는 것입니다.

구속이 자유가 되는 역설

율법에 따르면 이스라엘 백성은 자기가 산 노예라 할지라도 6년이 되면 자유롭게 해주어야 합니다. 다시 자유로운 몸이 되게 할 때 주인은 그 노예가 살아갈 수 있을 만큼 재물을 넉넉하게 주어서 내보내야 합니다. 그런데 그 노예가 주인과 함께 살고 싶거나, 노예가 된 후에 생긴 가족을 두고 떠날 수가 없어서 주인 곁을 떠나기를 원치 않고 주인과 함께 있기를 원하면 주인은 지역의 장로들 앞에서 노예의 귀를 뚫도록 했습니다. 그러니까 요즘은 귀를 뚫는 게 멋이지만 그 당시에 귀를 뚫었다는 말은 자발적으로 죽을 때까지 그 주인의 종이 되었다는 표시였습니다. 그 종은 주인의 품을 떠나는 것이 아니라 주인의 품에 있는 것이 참된 자유라고 생각해서 주인과 함께 있기로 한 것입니다. 물론 스스로 판단하고 결정해야 할 일이지만 진정한 자유는 관계에 있는 것이고, 좋은 관계는 때로는 자발적인 구속을 요구합니다.

내가 하고 싶은 대로 마음껏 하는 것은 참된 자유가 아님을 우리는 잘 알고 있습니다. 자신이 주체가 되어 어떤 구속도 받지 않고 원하는 대로 한다고 해도 절대 해결할 수 없는 인생의 공허함과 영원의 갈망, 해결할 수 없는 불안과 불만이 있음을 알기 때문입니다. 이것을 알지만 조금이라도 자유해질 수 있기 위해서 부자가 되려고 합니다. 그래도 부자가 되는 게 가난한 것보다는 자유하다 싶으니까요. 진통제는 병을 치유하지 않는다는 것을 잘 알지만 진통제를 먹지 않으면 그 고통을 견딜 수 없어서 먹어야 하는 것처럼 아무것도 없어서 눌리고 찢기고 상한 사람은 진통제 같다 해도 여전히 돈과 사람들의 인정을 갈구합니다.

갈증을 해결해 줄 수 없을 뿐만 아니라 더 큰 갈증을 일으킨다는 것을 알아도 목이 마르면 무엇이든 마셔야 하는 게 사람입니다. 그렇기 때문에 로마의 억압 아래에서 종살이를 하면서도 "우리는 아브라함의 자손이라.

비록 로마의 속박을 받고 있지만 우리는 그들의 종이 아니다"라고 말하는 유대인들에게 연민을 느낄 만큼 그들의 심정을 충분히 이해할 수 있습니다. 하지만 이제는 다릅니다. 단순한 진통제가 아니라 치료제가 되시는 주님이 오셨기 때문입니다. 아브라함의 자손 됨이 자유롭게 하는 것이 아니라 아들을 믿음이 자유롭게 하리라는 말씀은 "진통제가 자유롭게 하는 것이 아니라 치료제가 자유롭게 할 것이다"는 말씀입니다.

치료제가 있는데도 진통제에 의존하는 것은 지혜로운 일이 아닙니다. 설교를 시작하면서 일반적으로 자유란 외부적인 구속이나 무엇에 얽매이지 않고 자기 마음대로 할 수 있는 상태라고 정의했습니다. 성경이 정의하는 자유는 오히려 그 반대입니다. 자유란 다시 하나님의 품으로 돌아와 하나님의 자녀가 됨으로 자녀의 권세를 누리는 것입니다. 예수 그리스도는 우리로 하여금 자녀가 됨으로 누리는 자유를 얻도록 이 땅에 오셨습니다. 그리고 말씀하십니다. "그러므로 아들이 너희를 자유롭게 하면 너희가 참으로 자유로우리라"(요 8:36). 체념하고 포기한 채 돈과 쾌락이라는 진통제에 의존하여 살아온 우리가 잊지 말아야 하는 말씀입니다. 하나님의 자녀 됨이 구속인 것 같지만 그 구속이 곧 자유입니다.

John
요한복음

요한복음 8장 48-59절

유대인들이 대답하여 이르되 우리가 너를 사마리아 사람이라 또는 귀신이 들렸다 하는 말이 옳지 아니하냐 예수께서 대답하시되 나는 귀신 들린 것이 아니라 오직 내 아버지를 공경함이거늘 너희가 나를 무시하는도다 나는 내 영광을 구하지 아니하나 구하고 판단하시는 이가 계시니라 진실로 진실로 너희에게 이르노니 사람이 내 말을 지키면 영원히 죽음을 보지 아니하리라 유대인들이 이르되 지금 네가 귀신 들린 줄을 아노라 아브라함과 선지자들도 죽었거늘 네 말은 사람이 내 말을 지키면 영원히 죽음을 맛보지 아니하리라 하니 너는 이미 죽은 우리 조상 아브라함보다 크냐 또 선지자들도 죽었거늘 너는 너를 누구라 하느냐 예수께서 대답하시되 내가 내게 영광을 돌리면 내 영광이 아무것도 아니거니와 내게 영광을 돌리시는 이는 내 아버지시니 곧 너희가 너희 하나님이라 칭하는 그이시라 너희는 그를 알지 못하되 나는 아노니 만일 내가 알지 못한다 하면 나도 너희같이 거짓말쟁이가 되리라 나는 그를 알고 또 그의 말씀을 지키노라 너희 조상 아브라함은 나의 때 볼 것을 즐거워하다가 보고 기뻐하였느니라 유대인들이 이르되 네가 아직 오십 세도 못 되었는데 아브라함을 보았느냐 예수께서 이르시되 진실로 진실로 너희에게 이르노니 아브라함이 나기 전부터 내가 있느니라 하시니 그들이 돌을 들어 치려 하거늘 예수께서 숨어 성전에서 나가시니라

23장
누가 더 문제일까?

　15세기에 구텐베르크가 발명한 인쇄술은 르네상스와 종교개혁을 가능하게 할 만큼 인류 문화를 바꾸어 놓은 인류 역사상 가장 혁신적인 발명입니다. 인쇄술 이후에 인류 문화에 가장 큰 영향을 끼친 것이 있다면 컴퓨터의 발명입니다. IT산업의 발달은 정말 모든 것에 영향을 끼쳤지만 특히 현대인의 삶의 방식을 완전히 바꾸어 놓았습니다. 저는 그 변화를 집에서도 봅니다. 저와 아내는 한 방을 사용하고, 같은 화장실을 사용하고, 같은 침대를 사용하고 있습니다. 텔레비전도 같은 텔레비전을 봅니다. 다 공유하는데 한 가지만 공유하지 않습니다. 컴퓨터입니다. 문제는 방에서 두 사람이 보내는 대부분의 시간을 컴퓨터와 함께 보내기 때문에 한 방을 쓰고 있기는 하지만 저는 아내와 사는 게 아니라 컴퓨터와 사는 것 같고, 아내도 저와 사는 게 아니라 컴퓨터와 사는 것 같다는 것입니다. 서로에게 많이 소홀하다 싶으면 미안해서 가끔씩 등을 긁어 주거나 손을 잡아 줄 뿐입니다. 컴퓨터만 사라지면 무척 심심해서라도 둘이 함께 뭐든 할 것 같습니다.

진리의 자리를 차지한 재미

비슷한 현상이 비행기 안에서도 있습니다. 옛날에는 비행기를 타면 옆에 앉은 사람과 통성명을 하고 이런저런 대화를 나누었습니다. 요즘은 저뿐만 아니라 누구도 서로 인사하거나 대화를 나누는 경우가 드뭅니다. 처음에는 현대인들이 자신의 시간과 공간을 사유화하는 데 익숙해져서 다른 사람들과 삶을 나누고 정보를 공유하는 것을 좋아하지 않아서라고 생각했습니다.

물론 그런 이유가 없다고 말할 수는 없지만 제 경험에 따르면 비행기 안에서 할 게 매우 많아서 사람들과 교제해야 할 필요를 느끼지 않는 게 더 큰 이유인 것 같습니다. 저 같은 경우만 해도 그러니까요. 저는 비행기를 타면 전화기를 사용할 수 있는 동안 SNS를 하거나 웹 서핑을 합니다. 그러다가 비행기가 이륙할 때가 되면 책을 읽습니다. 책을 읽는 게 지루하고 피곤하다 싶으면 컴퓨터를 꺼내 설교를 준비하거나, 영화를 봅니다. 그러고 나면 잠시 눈을 붙이고 다시 책을 읽거나 또 영화를 봅니다. 옆에 있는 사람과 대화를 나눌 필요도 없지만 그럴 시간도 없습니다.

옛날에는 달랐습니다. 동부에서 서부로 오는 여섯 시간 동안 아무것도 할 게 없고 무척 심심해서 옆에 있는 사람과 이야기를 나누었습니다. 재미

있는 사람을 만나서 두어 시간이라도 대화를 나눌 수 있으면 유익하고 즐거운 여행이라고 생각했습니다. 특히 저는 제가 목사라고 말하면 옆에 탄 사람이 교인일 경우 신앙적인 토론을 하기도 하고, 교인이 아닐 경우 이런 저런 질문을 받기도 했습니다. 그때 옆에 앉은 사람이 진짜로 목사인지, 학생인지, 의사인지는 그렇게 중요하지 않았습니다.

몇 시간 보다가 평생 안 볼 사람에게 거짓말할 이유도 없겠지만 그보다 그 대화의 목적은 대부분 정보 습득이나 관계 형성이 아닌 시간 때우기이기 때문입니다. 그 사람이 누구인가, 그 사람이 하는 말이 사실인가는 확인할 필요도 없고, 나에 대해서도 굳이 확인시킬 필요도 없었습니다. 그 사람과 나눈 대화가 나중에 나와 관계있는 다른 사람들과의 의미 있는 대화에서 쓸모가 없다면 지루함을 극복하기 위한 수단일 뿐입니다. 즐겁게 해줄 수 있는 수단을 손 안에 두고 있는 현대인들은 지루함을 점점 더 못 견뎌 합니다. 그래서 이렇게 지루함을 못 견디는 현대인들의 심리를 만족시키기 위해 만들어진 수단은 우선 재미있거나 감동적이어야 합니다.

그것이 사실인가보다 더 중요한 것은 그것이 재미있는가 하는 것입니다. 연예인들이 재미를 더하기 위해서 아무렇지도 않게 이야기를 만들어 내거나 과장하고 거짓말을 해도 시청자들이 크게 노여워하지 않는 것은 재미있기만 하면 되기 때문입니다. 재미를 추구하는 게 문제가 있다는 말이 아닙니다. 삶의 윤활유 역할을 해야 하는 것이 가솔린 역할을 하고 있다는 것이 문제라는 말입니다. 애석하게도 사사로운 재미에 익숙해져 있는 현대인들은 진리 자체에 관심이 없어 보입니다. 그러니까 옛날 사람들은 보편적이고 절대적인 진리가 무엇인지 고민했고, 그 다음 세대 사람들은 개인의 성향과 생각에 따라 달라질 수 있는 진리의 상대화 혹은 사유화를 놓고 고민했다면, 많은 현대인은 진리의 자리에 재미를 놓고 있다는 말입니다.

아브라함의 자손이냐, 아니냐

조시 맥도웰(Josh McDowell)이라는 변증가의 말을 빌리면 40년 전에 대학교에서 전도하면서 예수님이 우리 죄를 위해 십자가에서 죽으시고 사흘 만에 부활하셨다고 말하면 학생들이 그 사실을 증명할 수 있느냐고 따졌답니다. 절대 진리가 존재한다고 믿었기 때문에 증명할 수 있다면 믿겠다는 의지가 있었습니다. 그런데 10년 전에는 부활하신 예수님을 믿으면 영생을 얻는다고 전도하면 "당신이나 잘 믿으면 되지 왜 나에게 당신의 신앙을 강요하느냐"고 따지고 불쾌해 했답니다. 신앙의 사유화를 위한 고민이 있었기 때문입니다. 전도하면서 예수님의 부활을 이야기하면 요즘 대학생들은 어떤 반응을 보일까요? "나 지금 바빠서 그런 이야기 들을 시간이 없습니다." 그리고는 스마트폰을 붙들고 SNS에 올라온 글들을 읽거나 음악을 듣습니다.

진리는 없다고 강력하게 주장하는 사람과 진리에 관심이 없는 사람 중 어떤 사람이 더 문제일까요? 유대인들은 절대적인 진리 앞에서 자신의 불신을 합리화하는 오류를 범했습니다. 그런데 오늘 본문에서 저는 집요하리만큼 예수님이 틀렸고 자기들이 맞았음을 증명하려는 그들의 의지를 느꼈습니다. 예수님을 메시아로 믿는 저의 입장에서는 터무니없는 주장으로 보이지만 이 대화를 그들 입장에서 한번 생각해 보고 싶었습니다.

그들이 보기에 예수님은 명백한 이단자였습니다. 유대인으로서 민족적

자긍심은 아브라함의 자손, 즉 하나님의 백성이라는 데 있는데 같은 유대인이면서도 마치 자기는 유대인이 아닌 것처럼 말하는 것이 못마땅했습니다. 유대인이 어떻게 아브라함의 자손인 것을 부인하거나 그 사실을 경시할 수 있단 말입니까? 아브라함의 자손은 곧 하나님의 백성이라는, 유대인이라면 절대로 부인할 수 없는 명제가 있었기 때문에 그들은 거듭 그들이 아브라함의 자손인 것을 강조했습니다.

그런데 예수님은 그들이 진정으로 하나님의 백성인가 아닌가를 결정하는 기준은 그들이 혈통적으로 아브라함의 자손인가 아닌가가 아니라 예수님 자신을 하나님이 보낸 아들로 믿는가 아닌가에 달려 있다고 했습니다. 세상에 이렇게 자기중심적이고 독선적인 말을 믿을 사람이 누가 있겠습니까? 여러분이 신자인가 아닌가를 결정하는 기준은 여러분의 경건이나 헌신도 아니고, 여러분이 모태신앙인가 아닌가에 있는 것도 아니라 여러분의 담임목사를 하나님이 보낸 사람이라고 믿고 그 말에 얼마나 순종할 수 있는가에 달려 있다고 제가 설교한다면 아무리 성경 지식이 없는 사람이라도 미친 소리라고 말하지 않겠습니까? 예수님의 말씀이 그들에게 그렇게 들리지 않았겠습니까? 만일 누가 그렇게 말한다면 여러분은 어떻게 반응하시겠습니까? 저라면 더는 대꾸하지 않을 것 같습니다.

그런데 그들은 예수님을 계속 설득하려고 했습니다. "하지만 아브라함의 자손이 하나님의 백성인 것은 부인할 수 없지 않느냐? 그런데 우리가 참 아브라함의 자손이 아닌가?" 그러자 주님은 그들에게 무례한 말씀을 하셨습니다. "너희는 아브라함의 자손이 아니라 마귀의 자식이다. 그래서 나를 믿지 못하는 거다"(요 8:44 참조) 현대인들의 논쟁에서는 이 말로 게임 끝입니다. 예수님이 졌습니다. 현대인들이 절대로 용납하지 못하는 것은 비진리가 아니라 무례함이기 때문입니다. 그가 진짜 하나님의 아들이라도 상관없습니다. 하나님의 아들이라고 해도 다른 사람에게 그렇게 함부로 말할 권리는 없습니다. 이것이 진리를 사유화한 현대인들의 가치 기준입니다. 아무리 그 말이 옳아도 자기만 옳다고 말하는 사람은 이미 그렇게 말함으로 대화의 자격을 잃은 것입니다. 명백한 오류임에도 상대방의 약을 올려서 화를 내게 만들거나 욕을 하게 만들면 이길 수 있습니다.

아브라함이 있기 전부터 있었던 분

하지만 그 당시에는 무례함보다 진리에 대한 확신이 더 중요했나 봅니다. 유대인들은 대화를 이어갑니다. "그러니까 우리가 너를 사마리아 사람이라, 또는 귀신이 들렸다 하는 게 아니냐 어찌 하나님이 택하신 백성을 보고 마귀의 자식이라고 하느냐"(8:48 참조). 유대인들이 예수님을 사마리아 사람이라고 비난한 것은 공관복음에는 한 번도 나오지 않고 요한복음에서도 이 본문에만 나옵니다. 그러니까 왜 예수님을 사마리아 사람이라고 비난했는지는 정확히 알 수 없지만 아마도 당시 사마리아 사람들이 유대인들을 공격하면서 유대인은 참 하나님의 백성이 아니라고 말했기 때문에 예수님을 사마리아 사람이라고 비난하지 않았을까 짐작해 봅니다. 사마리아 사람들도 유대인이 아니라 자신들이 참 하나님의 백성이라고 주장했으니까요.

예수님에게 귀신 들렸다고 하는 비난은 유대 지도자들이 자주한 비난입니다. 미쳤다는 말입니다. 예수님이 행하신 기적이나 말씀의 논리와 권위, 그리고 백성의 호응에 눌리기는 했지만 그 내용은 완전히 미친 것입니다. 자기가 하나님의 아들이라니요? 자기를 믿으면 영생을 얻는다니요? 그래서 유대인들은 예수님이 귀신에 붙잡혀서 그렇게 말하는 것이라고 비난한 것입니다.

그들은 거듭 강조했습니다. "아브라함도 죽고, 선지자도 죽었는데 너를 믿으면 영원히 산다는 게 말이 된다고 생각하느냐 우리의 조상인 아브라함도 죽었는데 너를 믿는 사람은 죽지 않을 것이라는 말이 가당키나 한 말이냐?"(요 8:52-53 참조) 맞는 말 아닙니까? 어떻게 사람이 죽지 않을 수 있습니까? 믿음의 조상 아브라함도 죽었는데 말입니다. 주님이 대답하셨습니다.

> 너희는 그를 알지 못하되 나는 아노니 만일 내가 알지 못한다 하면 나도 너희 같이 거짓말쟁이가 되리라 나는 그를 알고 또 그의 말씀을 지키노라 너희 조상 아브라함은 나의 때 볼 것을 즐거워하다가 보고 기뻐하였느니라(8:55-56).

이건 또 무슨 말입니까? 유대인으로서 아브라함을 자기 조상이 아닌 너희 조상이라고 말한 것도 불경스럽고, 아브라함이 자기를 보고 기뻐하였다는 말도 황당했습니다. 아브라함이 자기를 보고 기뻐했다면 자기가 2,000년도 훨씬 전에 살았던 사람을 만났다는 말인데 이런 사람과 더 무슨 말을 할 수 있습니까? 예수님은 하나님의 아들이 아니라는 분명한 전제를 가지고 하는 대화와, 자신이 하나님이 보낸 하나님의 아들이라는 분명한 전제를 가지고 하는 대화는 어느 관점에서 보는가에 따라 양쪽 모두 황당하고 답답할 뿐입니다.

이쯤 되면 그만해야 합니다. 그런데 유대인들은 또다시 말을 이어갔습니다. "네가 아직 오십 세도 못 되었는데 아브라함을 보았느냐"(요 8:57). 예수님을 믿는 우리야 유대인들의 이런 질문이 우습게 들리지만 예수님을 믿을 수 없는 사람들의 입장에서는 예수님의 말씀을 비난하기 위해서, 아니면 이해하기 위해서라도 적절한 질문입니다. 여담이지만 당시 예수님의 나이는 30대 초반이었을 것입니다. 갓 서른을 넘긴 젊은 총각을 50세 정도로 보았다니 예수님은 저와 달리 많이 노안이셨거나, 맘고생을 많이 하셔서 실제로 많이 늙으셨나 봅니다.

그리고 주님의 대답으로 그들의 분노는 극에 이르렀습니다. "아브라함이 나기 전부터 내가 있느니라"(요 8:58). 이 대답에 유대인들은 마침내 참지 못하고 예수님을 치려고 돌을 들었습니다. 이미 아시는 대로 당시 유대인들은 예수님의 이 대답을 돌에 맞아도 할 말이 없는 신성 모독죄로 들었기 때문입니다. 문법적으로 말하자면 "아브라함이 나기 전부터 내가 있었느니라"가 맞습니다. 주님은 "내가 있느니라"고 대답했는데 "내가 있다(ego eimi)"라는 이 대답을 모세에게 나타나신 하나님이 "나는 스스로 있는 자", 곧 여호와라는 하나님의 이름을 의미한 것으로 당시 사람들은 들었습니다. 그러니까 당시 유대인들은 "내가 있느니라"는 대답에서 "나는 스스로 있는 자 여호와"라는 주님의 선언을 들은 것입니다. 그래서 돌을 들었습니다.

열정이 있습니까?

우리는 8장을 시작하면서 간음하다 현장에서 잡힌 여인을 돌로 칠 수 없는 그들의 정치적 현실로 예수님을 트집 잡으려고 한 사건을 이미 살펴보았습니다. 그들은 로마 정권의 간섭 때문에 율법대로 그 여인을 돌로 칠 수 없었습니다. 그런데 그들이 지금 예수님을 돌로 치려 하고 있습니다. 단순히 예수님이 약을 올려서 순간적으로 화가 나서 그런 것은 아닙니다. 나름대로 가지고 있던 종교적 확신 때문에 취한, 용기 있고 소신 있는 행동이었습니다. 그들은 예수님을 메시아로 믿을 수 없었기 때문에 예수님을 죽이려고 했습니다. 그들이 예수님을 메시아로 믿을 수 없었던 이유가 그들이 가지고 있는 기득권을 놓치고 싶지 않아서였다는 것은 용납할 수 없는 일이지만 주님과의 대화에서는 관심과 열정이 보입니다.

여러분에게는 잘못된 것을 보면 분노할 만큼 열정이 있습니까? 말이 통하지 않지만 밤을 새더라도 설득해 보고 싶은 열정이 있습니까? 도대체 진리가 어떻게 우리를 자유하게 해줄 수 있는지 마음에 와 닿지 않아서 느끼는 답답함이 있습니까? 이른 바 재미있는 것들로 우리의 영적인 감각을 무디게 만들어 관심이 없는 건 아닙니까?

예수님을 하나님의 아들로 믿는 저로서는 믿는 자의 관점에서 오늘 본문에 나오는 예수님과 유대인들의 대화를 보면서 유대인들의 질문과 답변이 어리석고 편협하다는 생각도 했습니다. 그러다 문득 현대인들이라면 이럴 때 주님과 어떤 대화를 나누었을까 생각해 보았습니다. "그걸 누가 알아요? 별로 관심 없어요. 빨리 밥 먹고 드라마 봐야 해요", "난 복잡하고 애매한 건 딱 질색이니까. 뭐 재미있는 거 없어요? 사실이 아니라도 좋으니까 설교 좀 재미있게 할 수 없어요?"

마치 무언가에 취해 있는 것처럼 더 큰 재미와 더 큰 감동을 찾고 있는 현대인들은 C. S. 루이스가 말한 대로 예배도 온전하게 할 수 없을 것입니다. 모두 예배자가 아닌 관객으로 예배에 참석해서 재미와 감동만 추구하고 있기 때문입니다. 유대인들은 집요하리만큼 예수님을 대적했지만 현대인들의 무관심은 유대인들보다 나아보이지 않습니다.

루마니아계 유대인인 엘리 위젤(Elie Wiesel)은 어린 시절, 홀로코스트 때 포로수용소에서 부모와 어린 동생을 잃었습니다. 2차 세계대전이 끝나면서 자유의 몸이 되어 작가로, 기자로, 교수로 활동하면서 인류의 평화를 위해 평생을 바친 그는 1987년에 노벨 평화상을 받았습니다. 그가 1999년에 미국 국회 앞에서 한 연설 중에 이런 말이 있습니다. "무관심은 분노와 미움보다 더 위험합니다. 차라리 분노는 때로 창조적일 수 있습니다. 시를 쓰게 할 수도 있고, 위대한 심포니 곡을 쓰게 할 수도 있습니다. 한 사람이 목격한 불의에 대한 분노는 인류에 크게 기여할 수도 있습니다. 그러나 무관심은 결코 창조적이지 않습니다. 무관심은 아무런 반응을 일으키지 않습니다. 무관심은 반응이 아닙니다. 무관심은 시작도 아닙니다. 그것은 끝입니다. 무관심은 원수의 친구입니다. 그것은 언제나 피해자가 아닌 가해자에게 유익을 주기 때문입니다."

유대인들은 돌을 들어 예수님을 치려고 했습니다. 여러분은 어떻게 하시겠습니까? "나를 믿는 자는 영원히 죽지 아니하리라. 아들이 너희를 자유롭게 하면 너희가 참으로 자유로우리라." 주님의 이 선언에 여러분은 어떻게 하시겠습니까?

John
요한복음

요한복음 9장 1-5절

예수께서 길을 가실 때에 날 때부터 맹인 된 사람을 보신지라 제자들이 물어 이르되 랍비여 이 사람이 맹인으로 난 것이 누구의 죄로 인함이니이까 자기니이까 그의 부모니이까 예수께서 대답하시되 이 사람이나 그 부모의 죄로 인한 것이 아니라 그에게서 하나님이 하시는 일을 나타내고자 하심이라 때가 아직 낮이매 나를 보내신 이의 일을 우리가 하여야 하리라 밤이 오리니 그때는 아무도 일할 수 없느니라 내가 세상에 있는 동안에는 세상의 빛이로라

24장
하나님이 하시는 일

    십여 년 전에 중국에 갔다가 천교령진이라는 곳에서 탈북자 가족을 만난 적이 있습니다. 그 가족은 탈북해서 중국에 산 지 몇 년 되었는데 오토바이 소리만 들어도 가슴이 뛰고 불안해서 신발을 항상 머리맡에 두고 잔다고 했습니다. 그동안 고생한 이야기를 들으면서 몹시 마음이 아파 하나님이 좋은 날을 주실 것이니 낙심하지 말고 조금만 기다리라고 위로하고 눈물을 흘리며 하나님의 도우심을 구했습니다. 그리고 그 다음 해에 다시 그곳에 갔을 때 남편은 제가 떠나고 얼마 되지 않아 붙잡혀 북한으로 끌려가 지병으로 사망했고, 제가 그곳에 다시 가기 2주 전에 열여섯 살 된 딸도 주위 사람들의 신고로 북한에 잡혀갔다는 소식을 들었습니다. 좋은 날이 곧 올 것이라고 위로했는데 불과 1년 만에 가족이 모두 뿔

뿌리 흩어지고 말았습니다.

저는 탈북자들의 신변 보호를 위해서 가능하면 탈북자들을 만나지 않으려고 합니다. 하지만 저를 안내하던 분에게 어느 젊은 부부가 저를 만나고 싶어 한다는 말을 듣고 그들이 사는 산에 올라갔습니다. 산 어귀에서 젊은 부부가 저를 기다리고 있었습니다. 한 살도 되지 않은 아기를 안고 있었습니다. 부인은 임신 중에 붙잡혀 감옥에서 아기를 낳고 아기와 함께 3개월간 감옥살이를 마치고 남편을 찾아 다시 탈북해서 산에서 살고 있었습니다. 한 달에 한 번 산에서 내려와 선교 단체에서 먹을 것을 받아 생계를 유지하고 있었습니다. 그들에게 무슨 말을 해주면 위로가 될까요?

십여 년 전 천교령진에서 만난 가족이 생각나서 조금만 기다리면 다 잘될 것이라는 말은 차마 하지 못하고 간단하게 복음을 전하면서 인생이란 먹을 게 많고 풍족하다고 다 행복한 게 아니라고 했습니다. 미국에 사는 사람이라고 다 행복한 것도 아니고, 가난하다고 다 불행한 것은 아니니까 하나님만 의지하자고 했습니다. 그 부부는 눈물을 글썽이면서 고맙다고 했습니다.

그런데 제 마음은 편하지 않았습니다. '내가 그런 말을 할 자격이 있을까?'라는 생각이 자꾸 들었습니다. 그 당시에 천교령과 같은 시골 사람들이 한 달에 50달러를 가지고 생활한다는데 저는 그때 그들의 한 달 생활비의 반으로 호텔에서 하룻밤을 묵고 있었습니다. 물론 산속에서 혹은 움막에서 같은 처지에 있는 사람들만 그들을 위로할 수 있는 건 아닐 것입니다. 하지만 부족할 것 없이 자유롭게 일하고 먹고 활동할 수 있는 사람이 산 속에 갇혀서 흙을 파며 소일하는 사람들, 남편을 잃고 딸을 빼앗겨도 소리 내어 울 수조차 없는 사람들에게 우리의 소망은 땅에 있는 것이 아니라 하늘에 있는 것이고, 저나 여러분이나 다 하나님 앞에는 존귀한 사람들이고 사랑받는 사람들임을 잊지 말고 기뻐하자는 말이 어떻게 들렸을까 싶어 미안한 마음이 들었습니다.

저도 알고 있습니다. 부자라서 가난한 사람을 위로할 수 없다면 그것은 초월적인 신앙이 아닐 것입니다. 우리는 이 땅에서 잘 살든지 못 살든지, 하나님 나라를 바라보며 나그네로 살아가는 사람들이니까 마치 재물에 대단한 가치가 있는 것처럼 으스대는 것이나 반대로 미안해하는 것 둘 다 문제가 있다고 말할 수 있습니다. 결국 인생은 안개와 같은 것이라서 잘 살고 못 사는 것, 소유와 신분의 차이는 별 의미가 없습니다. 하지만 어떤 상황에서도 소망은 하나님 나라에 있는 것이라는 말에 전적으로 동감하면서도 그런 말이 고난과 아픔 가운데 있는 사람들에게는 위로보다 오히려 상처가 될 수도 있겠다는 생각도 합니다. 우리는 우리보다 못한 처지에 있는 사람들과 고난 중에 있는 사람들에게 미안한 마음도 가져야 합니다.

고난의 책임은 누구에게 있는가

주님과 제자들은 제가 앞서 소개한 사람들의 처지와 크게 다르지 않을 것이라고 생각되는 한 시각 장애인이 지나가는 것을 보았습니다. 제자들 중에는 전부터 이미 그를 잘 알고 있던 사람들도 있었나 봅니다. 그가 나면서부터 장애인이라는 것을 알고 있었으니까요. 아마도 그가 장애인이기 때문에 받은 천대와 수모도 목격했을 것입니다. 그가 지나가면 사람들은 재수가 없다고 하고, 저주를 받아 그렇게 된 것이라며 죄인 취급했을 것입니다. 그런 장애인이 지나가는 것을 보고 제자들은 주님께 물었습니다.

"저 사람이 날 때부터 장애인이 된 것이 누구의 죄 때문입니까?"(요 9:2 참조)

장애인이 되었다는 것이 죄 때문이라는 전제에는 모두가 동의했지만 나면서 장애인이 되었다면 그게 부모의 죄 때문인지 아니면 나면서부터 그 사람이 가지고 있던 죄가 있었기 때문이지는 논란이 되었기 때문에 이 질문은 제자들이 예수님의 지혜를 구하며 물은 신학적 질문이었는지 모릅니다. 당시에 논쟁이 되고 있던 문제니까 예수님께 묻고 지혜를 구하는 것은 바람직한 일입니다. 그렇지만 제자들이 우연히 지나가는 그 사람을 보고 자신들의 지적 만족을 위한 호기심에 한 질문이라면 고통당하는 사람에게는 더 큰 아픔을 줄 수 있는 잔인한 행동입니다. 그 장애인이 그 질문을 들었다면 자기의 고난을 가지고 사람들이 왈가왈부한다는 그 자체만으로 이미 마음이 상했을 것입니다. 아무리 선한 의도라 할 지라도 남의 아픔에 관한 이야기는 신중하지 않으면 가벼운 이야기가 될 수 있습니다. 저는 제자들이 그런 가벼운 마음으로 주님께 질문하지는 않았을 것이라고 생각합니다.

예수님은 그것이 부모의 죄 때문도 아니고, 본인의 죄 때문도 아니라고 말씀하셨습니다. 그가 장애인이 된 것은 그에게서 하나님이 하시는 일을 나타내고자 하심이라고 하셨습니다. 이 대답은 당시 사람들에게는 대단히 충격적이고 신선한 것이었습니다. 고난이 죄로 인하여 세상에 들어왔다고 믿었기 때문에 고난의 책임이 인간에게 있다고 생각했습니다. 그래서 그 고난의 책임이 부모에게 있는가, 본인에게 있는가를 물은 당시 사람들에게 비록 죄로 인하여 고난이 세상에 들어오기는 했어도 고난의 책임이 언제나 사람에게 있는 것은 아니라고 말씀하신 것이니 충격적이지 않을 수 없습니다.

주님은 누구의 잘못 때문이 아니라 그에게서 하나님의 하시는 일을 나타내기 위해서 그가 나면서부터 시각 장애인이 되었다고 말씀하셨습니다. 인간의 고난에는 하나님의 거룩한 계획이 있다는 의미로 들을 수도 있습니다. 오늘 본문에 나오는 시각 장애인의 경우는 예수님을 통해 그 병이 낫도록 하기 위해서 장애인이 된 것이라는 의미로 들을 수도 있습니다. 그런데 정말 그럴까요? 저는 왠지 그 말이 더 잔인하게 들릴 수도 있다는 생각을 했습니다.

내 고통이 하나님의 계획일까

고난받는 사람들을 통해 나타내고자 하는 하나님의 일이 도대체 무엇입니까? 그 사람은 정말 우연히 주님을 만났습니다. 우리는 그 사람이 몇 살이었는지 정확히 알 수 없지만 그렇게 우연처럼 보이는 주님과의 만남을 통해 시력을 되찾는 기적을 경험하기 위해서 그 긴 시간 앞을 못 보고 살도록 하신 것이 정말 하나님의 계획이고 하나님의 일일까요? 차라리 그가 그의 죄로 인해 고통당하고 있는데 주님이 그를 불쌍히 여기셔서 고쳐 주셨다면 은혜인 줄 알겠는데, 그에게는 잘못이 없었지만 다시 볼 수 있는 기적을 체험해서 하나님의 전능하신 능력을 나타내도록 하려고 그 오랜 시간 그런 고난을 경험하게 하신 것이라면 기쁨과 감사보다는 억울하다는 마음이 더 클 것 같지 않습니까? 그런 기적의 체험보다는 장애를 가지지 않고 살아가는 사람들의 삶이 훨씬 나아보이기 때문입니다. 예수님이 시각 장애인의 장애를 거두어 주셨지만 하나님이 그에게 장애를 주신 이유가 예수님을 통해 낫도록 하기 위함이었다고 말한다면 저는 실망스러울 것 같습니다.

저는 지난 60년간 저를 장애인으로 살도록 하나님이 허락하신 이유가 무엇인지 아직도 모릅니다. 외모가 출중하고 잘생겨서 목사 안 하고 연예인 되겠다고 할까 봐 장애를 주셨다는 상당히 그럴듯해 보이는 이유가 있기는 하지만 정확한 것은 아닙니다. 그런데 하나님이 오늘 밤에 기적적으로 제 다리를 고쳐 주셨다고 가정해 보지요. 저는 정말 감사할 것이고 흥분해서 하나님께 영광을 돌릴 것입니다. 그런데 주님이 제게 "너로 하여금 감격적인 치유의 체험을 통하여 나에게 그렇게 영광을 돌리도록 하려고 60년 동안 장애인으로 살게 하셨다"고 말씀하신다면, 낫지 않은 것보다는 나은 것이 좋은 일이지만 애초에 병에 걸리지 않게 할 수 있는 하나님의 능력을 알기 때문에 하나님께 섭섭할 것 같습니다. 그리고 애초에 병에 걸리지 않는 것이 더 좋다는 걸 알기에 지난 60년간 장애로 인해 겪어야 했던 불편함이 억울할 것 같습니다.

하나님을 사랑하는 자 그 뜻대로 부르심을 입은 자들에게는 모든 것이 합력하여 선을 이룬다고 하신 말씀(롬 8:28)을 한번 생각해 보겠습니다. 어느 여인이 30대에 남편을 먼저 보내고 홀로 자식을 키우느라 30년을 눈물과 땀으로 지새웠습니다. 결국 아이들은 잘 자랐고 좋은 대학에 갔습니다. 그럼 이 여인에게 합력하여 이룬 선은 아이들이 좋은 대학에 간 것일까요? 그렇다면 이 여인은 차라리 남편을 돌려달라고 말할 것 같습니다.

이처럼 합력하여 이룰 궁극적인 선은 병이 낫고 마침내 부자가 되는 것일 수 없습니다. 게다가 예수님의 말씀이 단순히 그 시각 장애인 한 사람을 향한 것이 아니라면 이 말씀은 하나님이 우리의 모든 고난의 문제를 다 극적으로 해결해 주심으로 그 능력을 보이기 위해서 고난을 주셨다는 말씀도 아닙니다. 고난 중에 출생해서 고난 중에 세상을 떠나는 사람들도 허다하니까요. 주님이 말씀하신 "하나님이 하시는 일"은 단순히 병이 낫도록 하거나 이 땅에서 고난 없이 평안하게 살도록 하기 위함이 아닙니다. 설령 주님이 병을 고쳐 주셨다 할지라도 그것은 주님이 하신 궁극적인 하나님의 일이 아닙니다.

생명을 얻게 하는 일

그렇다면 하나님이 나타내고 싶은 하나님의 일은 무엇이었을까요? 요한복음 6장 29절 말씀으로 제가 전한 설교를 기억하십니까? 그때 주님은 주님을 믿는 것이 하나님의 일이라고 하셨습니다. 그 설교의 결론에 따라 제가 확신하는 "하나님이 하시는 일"은 사람들로 하여금 하나님의 자녀가 되도록 하시는 일이고, 영원히 그와 함께 살도록 하시는 일입니다. 우리에게 생명을 주시는 일입니다. 눈을 뜨게 하실 수도 있지만, 평생 눈을 감고 산다 할지라도, 주님이 행하신 궁극적인 하나님의 일은 눈을 뜨게 하는 것이 아니라 생명을 얻게 하는 일입니다. 그 고통과 불편의 문제를 해결하는 것이 하나님의 일이라면 주님은 이 땅에 계시는 동안 모든 병자를 고치셨을 것이고, 그의 모든 제자에게 무엇보다 병을 고치고 문제를 해결해 줄 수 있는 능력을 주셨을 것입니다.

하지만 병을 고쳐 주시는 것은 하나님이 일을 하시는 여러 방법 중 하나일 뿐이지 그 자체가 하나님의 일도 아니고, 하나님의 일의 목적도 아니었습니다. 하나님이 왜 고난을 주셨는지 우리가 언제나 알 수 있는 것은 아닙니다. 우리가 겪는 일을 통해 하나님이 구체적으로 하고자 하시는 일이 무엇인지도 짐작만 할 뿐 자세히 알 길이 없습니다. 물론 고난당할 때 그 고난을 통해 하나님이 하시려는 일이 무엇일까를 헤아려 보려는 것도 필요하고, 짐작되는 이유를 찾아 위로를 삼는 것도 유익합니다. 하지만 때로는 그렇게 하나님의 뜻을 찾으려는 노력이 오히려 마음을 상하게 하는 경우도 많이 있습니다.

장애인 자녀를 둔 부모에게 "하나님이 다른 사람에게 맡길 수가 없어서 너에게 맡기신 것이다"라고 하거나 남편에게 매를 맞으며 사는 부인에게 "하나님이 남편을 구원하도록 하시려고 그 긴 세월을 남편에게 맞으면서 고난을 받도록 하신 것이다", 오랜 시간 투병한 사람에게 "하나님이 기적적인 방법으로 고쳐 주시려고 너에게 병을 주셨다"고 말한다면 저는 이 말들을 부인하지 않겠습니다. 그런 이유에서 하나님이 고난을 허락하신 경우도 틀림없이 있을 것입니다.

그러나 그렇게 생각하면 고난의 긴 시간과 아픔이 무척 억울할 수 있습니다. 그 이후에 누리는 회복도 그리 대단한 것은 아니기도 하고 고난 없이 그런 영광을 누리는 사람들도 많기 때문입니다.

성경에 보면 38년 동안 걷지 못한 사람이 나옵니다(요 5장). 하나님이 그 사람을 고쳐 주심으로 영광을 나타내시려고 앉은뱅이가 되게 하신 사람입니다. 38년 만에 병이 나았습니다. 그러나 그는 38년 동안 병상에 있으면서 공부할 기회를 잃었고, 친구도 사귈 수 없었고, 생활 능력도 잃었고, 세상 사람들의 편견과 무시하는 눈총에 상처도 많이 받았습니다. 38년 만에 병을 고침받았다는 것이 대단한 일이기는 하지만, 그리고 병이 나은 후가 낫기 전보다 비교할 수 없이 좋은 것도 사실이지만, 애당초 병에 걸린 것이 고침을 통한 하나님의 영광을 위한 것이라고 한다면 병 걸리지 않은 사람보다 나을 것이 없다는 말입니다.

다시 말씀드립니다. 하나님의 일은 단순히 병을 고치는 것이 아닙니다. 탈북해서 산속에 살고 있는 사람들에게 주님께서 하시는 것이 그들이 자유의 몸이 되도록 하시는 일이라면 비록 그들이 자유의 몸이 된다 해도 여기에 앉아 계신 여러분보다 훨씬 못합니다.

그런 고난 가운데 살지만 예수 그리스도께서 그에게 하신 가장 위대한 일은 생명을 주신 일입니다. 그러면 억울하지 않습니다. 하나님은 그 고난 중에 있는 사람들에게 하나님의 일을 나타내기를 원하십니다. 하나님은 우리가 이 땅에 사는 동안 하나님과 동행함을 최고 목적으로 두고 하나님을 믿고 따르기를 원하시고, 하나님이 허락하신 자녀 됨의 권세를 이 세상에서도, 오는 세상에서도 누리기를 원하십니다.

꼭 부자가 되어야 하는 것도 아니고, 꼭 병이 나아야 하는 것도 아닙니다. 그래도 부자가 되는 것이 가난한 것보다는 낫다고 말할 것도 아닙니다. 우리가 누릴 영광의 중함은 이 세상에 있는 영광과 비교할 수 없는 것이기 때문입니다. 오늘 본문에 나오는 시각 장애인의 경우에 눈이 떠져서 세상을 볼 수 있게 됨으로 인한 감동과 충격은 말로 표현할 수 없는 것이었겠지만 그것이 그를 자유하고 행복하게 만들지는 못했습니다. 시력을 되찾았지만 그를 보는 사람들의 편견은 여전히 남아 있었고, 예수님이 눈을 뜨게 했다는 명목으로 출교를 당하게 되었습니다. 육체적, 정신적, 사회적 고난이 사라진 것은 아니었습니다. 하나도 갖춘 것이 없는 상태에서 보통 사람들이 해야 하는 먹고 사는 문제의 고민과 치열한 경쟁을 다시 시작해야 했습니다.

"내가 주님을 믿습니다"

이 시각 장애인이 앞을 보게 된 순간보다 사도 요한이 더 극적으로 다루는 순간은 9장 35절부터입니다. 주님은 이 시각 장애인이 출교당했다는 소식을 들으시고 그를 찾아가셨습니다. 그리고 그에게 물었습니다. "네가 인자를 믿느냐?"(요 9:35) 그 시각 장애인이 다시 묻습니다. "주여 그가 누구시오니이까 내가 믿고자 하나이다"(요 9:36). "내가 바로 그 메시아이니라"(요 9:37 참조)는 주님의 말씀에 그는 땅에 엎드려 고백합니다. "주여 내가 믿나이다"(요 9:38). 시각 장애인의 눈이 떠진 것은 놀라운 체험입니다. 하지만 그것이 그의 인생의 문제를 해결해 준 것도 아니고, 그동안 그가 겪은 고난의 보상이 될 수도 없었습니다.

그의 눈을 뜨게 하신 일은 그가 주님 앞에 엎드려 "내가 주님을 믿습니다"라고 고백함으로 하나님의 자녀가 되는 권세를 누리게 하기 위한 수단이 될 때에야 그 고난이 억울하지 않습니다.

저는 여러분에게 하나님이 나타내시는 일이 당장 여러분의 시급한 문제를 해결해 주시는 것이라고 말하고 싶습니다. 당장은 그 말이 더 위로가 될 것 같음을 부인하지 않겠습니다. 그렇지만 그것은 사실이 아닙니다. 시각 장애인이 장애를 가지고 산 것은 특별히 그의 죄가 많거나 부모의 죄가 많아서가 아닙니다. 또 그가 고침 받아 남은 생애를 평탄하게 살도록 하기 위함도 아니었습니다. 주님은 그를 고쳐 주심으로 주님을 의지하고 믿도록 하셨고, 그래서 하나님의 자녀가 되도록 하셨습니다. 이것이 하나님이 나타내기 원하신 일이고, 지금도 하나님이 나타내기 원하시는 일입니다.

하나님은 비록 저와 여러분의 문제를 즉각적으로 해결해 주지 않으시지만 하나님의 섭리와 선하심 가운데 우리와 끝까지 동행하셔서 우리가 기어코 이 생명에 이르기를 원하십니다.

John
요한복음

요한복음 9장 6-12절

이 말씀을 하시고 땅에 침을 뱉어 진흙을 이겨 그의 눈에 바르시고 이르시되 실로암 못에 가서 씻으라 하시니 (실로암은 번역하면 보냄을 받았다는 뜻이라) 이에 가서 씻고 밝은 눈으로 왔더라 이웃 사람들과 전에 그가 걸인인 것을 보았던 사람들이 이르되 이는 앉아서 구걸하던 자가 아니냐 어떤 사람은 그 사람이라 하며 어떤 사람은 아니라 그와 비슷하다 하거늘 자기 말은 내가 그라 하니 그들이 묻되 그러면 네 눈이 어떻게 떠졌느냐 대답하되 예수라 하는 그 사람이 진흙을 이겨 내 눈에 바르고 나더러 실로암에 가서 씻으라 하기에 가서 씻었더니 보게 되었노라 그들이 이르되 그가 어디 있느냐 이르되 알지 못하노라 하니라

25장
왜 그렇게 하셨을까?

침의 중요한 역할 중 하나는 딱딱한 음식을 미끌미끌하게 해서 식도나 구강이 다치지 않도록 보호해 주는 윤활유 역할이라고 합니다. 음식을 꼭꼭 씹지 않고 통째로 삼키면 식도나 구강에 상처를 내기 쉽습니다. 또한 침은 음식의 맛을 느낄 수 있도록 용해시키는 일을 하기도 합니다. 음식 안에 있는 분자를 잘 용해시켜야 그 음식의 맛을 느낄 수 있기 때문입니다. 침은 또한 구강을 청결하게 해주는 역할을 합니다. 음식 찌꺼기가 입안에 남지 않도록 침은 더러운 것들을 계속 씻어 내립니다. 잠자는 동안에는 침이 많이 분비되지 않기 때문에 이런 청소 역할이 미흡해서 입안에 박테리아가 늘어나고 냄새가 나게 됩니다. 이상은 과학적으로 증명된 침의 중요한 기능이고, 제가 알고 있는 침의 중요한 기능이 몇 가지 더 있습니다.

침은 방향을 결정하는 역할을 합니다. 어디로 가야 할지 잘 모를 때 손바닥에 침을 5cc 정도 걸쭉하게 뱉어 놓고 약간의 힘을 주어 70도 각도에서 검지와 중지로 내리칩니다. 그러면 침은 제가 가야 할 방향을 향해 날아갑니다.

또한 침이 자녀를 벌주는 확실한 매였던 때도 있습니다. 아들이 말을 듣지 않을 때 혀끝에 소량의 침을 묻혀 아들의 코를 살짝 문질러 주고 그것으로 위협하면 감히 대적하지 못합니다. 침은 또한 구급약이 되기도 합니다. 벌레에 물렸을 때, 가려울 때, 특히 발이 저릴 때 시속 200km로 코끝에 열 번쯤 반복적으로 침을 바르면 깨끗이 풀립니다. 침은 참으로 신비스러운 것입니다.

옛날 사람들도 침에 신비한 효력이 있다고 생각했습니다. 유대인들의 전설에 따르면 아버지 쪽 장자의 침은 눈을 고칠 수 있는 효력이 있고 어머니 쪽 장자의 침은 치유 효력이 없다는 이야기가 있는데, 이것은 미신이라고 해서 랍비들은 치유를 위해 침을 사용하는 것을 금하기도 했습니다.

예수님은 아주 가끔 도저히 이해할 수 없는 행동을 하셔서 주위 사람들로 하여금 의문을 갖게 하시고, 온갖 상상력을 동원해 주님의 행동의 의도를 헤아려 보도록 만드십니다. 가령 간음하다 현장에서 잡힌 여인을 앞에 두고 주님이 구부려 땅에 무언가 쓰셨다고 했는데 예수님이 그때 무엇을 쓰셨을까 사람들은 몹시 궁금해 했습니다. 주님이 아무 의미 없는 행동을 하셨을 리 없다고 생각하기 때문입니다.

오늘 사건을 보면서도 많은 사람이 주님이 왜 이런 기이한 행동을 하셨을까 이해해 보려고 애썼습니다.

눈에 진흙을 바르신 주님

예수님은 침을 사용하신 적이 몇 번 있습니다. 마가복음에 보면 귀먹고 혀가 어눌한 사람을 고치시면서 예수님의 손가락에 바른 침을 다시 그 사람의 혀에 발라 고치신 적이 있습니다(막 7:33). 한 시각 장애인을 고치실 때는 눈에 침을 뱉어 고치신 적도 있습니다(막 8:23). 하지만 이런 경우들을 포함해서 오늘 본문에 나타난 사건의 경우도 침이 약으로 사용되었거나 주님의 침은 특별한 효능을 가지고 있어서 신비스러운 것으로 사용된 것은 아닙니다. 이것은 단순히 상징적인 행위일 뿐입니다. 그러니까 여러분은 앞자리에 앉아서 특히 저처럼 침을 많이 튀기며 설교하는 목사의 말씀을 듣다가 침을 맞으면 복을 받고 병이 나을 거라고 생각하지 마시기 바랍니다. 그것은 은혜로운 것이 아니라 더러운 것입니다.

주님은 지나가던 시각 장애인을 불러 세우셨습니다. 그러고는 땅에 침을 뱉어 진흙을 이겨 그의 눈에 바르고 실로암 못에 가서 씻으라고 했습니다. 주님이 시키시는 대로 하니까 정말 이 시각 장애인의 눈이 밝아져 사물을 볼 수 있게 되었습니다. 여러분, 이 광경을 한번 상상해 보시기 바랍니다. 저는 여기서 예수님의 거룩하고 고상한 모습이 그려지지 않습니다. 맨땅에 침을 뱉어 눈에 바를 정도의 진흙을 만들려면 주님이 캬캬 소리를 몇 번이나 내셨을까요? 그러고는 그것을 손으로 반죽합니다. 다행히 오늘 본문의 주인공은 이 장면을 보지 못했지만 예수님의 이 모습은 정말 엽기적입니다. 주님은 그렇게 침을 뱉어 만든 흙 반죽을 시각 장애인의 눈에 바르셨습니다.

저는 이 부분이 이해가 잘 안 됩니다. 웬만큼 접착력이 강하지 않고서는 무게 때문에라도 흙 반죽이 얼굴에 붙어 있을 리 없습니다. 예수님의 침이 강력 풀처럼 끈적끈적한 것이 아니었다면 흙은 흘러내렸을 것이고, 그렇지 않다면 두 손으로 붙잡거나 고개를 완전히 젖힌 상태에서 실로암 못으로 갔을 겁니다.

흙을 발랐다는 것 자체가 상징적인 행동이라서 진흙을 눈이 가려지도록 바른 것이 아니라 눈에 묻힌 정도였을 것이라고 짐작할 만큼 이 일은 장애인에게 몹시 불편한 일입니다. 주님은 왜 이런 기이한 행동을 하셨을까요? 어떤 사람은 주님께서 하신 이 일이 어떤 인간적인 방법이나 노력에 있는 것이 아니라 철저하게 하나님의 능력 가운데 있는 일임을 보여 주기 위해서 그런 것이라고 말합니다. 하지만 하나님의 능력을 나타내기 위해서라면 다른 때처럼 말씀만으로 눈을 뜨게 하는 것이 더 낫습니다. 주님은 이런 절차를 거치지 않고 말씀만으로도 그 사람의 눈을 밝힐 수 있는 능력이 있습니다.

또 어떤 사람은 눈을 진흙으로 도배해서 아주 깜깜하게 만들었다가 고쳐 주셔서 그 치유의 감격을 더하게 하시려 했다고 주장합니다. 그렇지만 이미 말씀드린 대로 정말 그렇게 많은 양의 진흙이 씻을 때까지 오랫동안 붙어 있었겠는가 하는 점도 분명하지가 않고, 앞을 못 보는 사람이 진흙을 바른다고 더 어둠을 느끼는지도 잘 모르겠습니다. 사람이 흙으로 만들어졌다는 사실을 상기시키기 위해서 진흙을 바르셨다고 주장한 옛날 교부도 있습니다. 하지만 사람이 흙에서 왔다는 사실과 주님이 침을 뱉어 진흙을 만들어 눈에 바른 것이 무슨 관계가 있는지 이해되지 않을 뿐더러, 이런 일이 그가 새로운 사람으로 다시 태어났음을 상징한다고 보기에는 애매한 부분이 많습니다.

주님이 보고 싶으신 것

주님은 약한 부위에 직접 침을 뱉기도 하시고 침을 바르기도 하시고 이처럼 진흙을 바른 후 물에 씻으라고도 하시고 그냥 명령 한마디로 고치기도 하셨습니다. 저는 두 가지 설명이 가장 설득력 있다고 생각합니다. 하나는 칼뱅이 말한 대로 주님은 정해진 특정한 방법대로만 당신의 능력을 나타내는 것이 아니라 하나님의 원하심대로 어떤 방법을 통해서든지 나타낼 수 있음을 보이기 위해 특별한 의미 없이 임의로 방법을 택하셨다는 설명입니다.

그리고 또 다른 하나는 방법 자체에는 의미가 없고 그저 순종하려는 마음을 보기 원하셨다는 설명입니다. 주님은 원하는 대로 방법을 취하시지만 이런 방법들의 공통점 중에 하나는 황당하고 어리석어 보인다는 것입니다. 그리고 불편해 보인다는 것입니다. 그럼에도 주님이 원하시는 것은 약속의 말씀을 믿고 순종하는 것입니다.

여기 이 시각 장애인을 한번 보시기 바랍니다. 이 사람은 처음부터 믿음이 있어서 주님을 찾아온 사람이 아닙니다. 그냥 길을 가다가 제자들이 질문하는 바람에 화제의 인물이 된 사람입니다. 주님은 그를 불러 세우셨습니다. 그에게 아무것도 묻지 않으시고 진흙을 눈에 바르셨습니다. 물론 그는 그 흙이 주님의 침으로 개어서 만든 것인 줄 몰랐을 것입니다. 주님이 이 일을 행한 장소에서 실로암 못까지의 거리가 얼마나 되는지는 잘 모르겠지만 누가 데리고 갔다고 할지라도 앞을 못 보는 사람에게는 못으로 걸어가는 일이 보통 부담스럽고 불편한 일이 아닙니다.

저는 익숙한 길이 아닌 곳에 가면 많이 걸을까 봐 불안합니다. 그래서 제가 많이 걷느냐고 묻습니다. 지나치게 배려하는 분들은 마치 제가 10미터도 걷지 못하는 것처럼 걱정하고, 또 어떤 분들은 아예 배려를 해주지 않습니다. 아주 오래전에 태국에 선교를 간 적이 있었는데 팀이 방콕에 있는 유명한 사원을 관광하기로 했습니다. 걷는 게 두려워서 제가 많이 걷느냐고 물었더니 잠깐만 걸으면 된다고 했습니다. 현지에 사는 분은 제게 꼭 보여 주고 싶어서 배를 타고 배에서 내려 시장을 거쳐 사원으로 가는 코스를 정했습니다. 잠깐이라고 했는데 30분은 걸었던 것 같습니다. 몹시 힘들어서 시장까지만 보고, 정작 사원은 들어가 보지도 못했습니다.

성전 근처에서 구걸을 했다면 아마도 집과 성전을 오가는 길만 익숙했을 시각 장애인에게 본 적도 없는 사람이 눈에 진흙을 바르고 익숙하지 않은 실로암 못에 가서 씻으라고 하는 것은 시각 장애인의 불편을 배려하지 않은 무정한 말이기도 합니다. 그리고 그 불편함 때문에 웬만해서는 하지 않을 요구이기도 합니다.

저는 주님이 조금도 걸을 필요 없이 아주 쉬운 방법으로 고쳐 주셨으면 얼마나 좋았을까 하는 생각을 해보았습니다. 앞을 못 보는 사람이 그냥 걷는 것도 쉽지 않은데 물기슭으로 내려가야 한다면, 그것도 눈에 진흙을 바르고 그 진흙을 떨어뜨리지 않은 채 가야만 한다면, 오늘 본문에 "실로암 못에 가서 씻으라 하시니 …… 이에 가서 씻고 밝은 눈으로 왔더라"(요 9:7)는 짧은 구절에 꽤 긴 시간 쩔쩔매며 불편해 했을 한 사람의 모습이 감추어져 있는 셈입니다. 짜증도 났을 것입니다. 나중에 그가 고백하지만 그는 자기에게 그 말을 한 사람이 누구인지도 몰랐습니다. 헛수고하고 있다는 회의도 들었을 것입니다. 정말 나을까 하는 긴장과 염려도 있었을 것입니다. 육체적인 피곤함도 있었을 것입니다. 그럼에도 주님이 보길

원하시고 그에게 알려 주고 싶으신 것이 있었다면 무엇일까요? 저는 순종이라고 생각합니다.

원하는 방식이 아니라서 안 가고, 힘들고 피곤해서 안 가면 거기에는 치유도 없고 주님과의 만남도 없습니다. 이 순종은 믿음에 의한 자발적인 것을 의미하는데, 때로는 이 믿음이 아주 무모해 보이고 모험적으로 보이기 때문에 순종을 요구하는 것입니다. 물론 우리는 순종에 대해서 그렇게 긍정적이지 않습니다. 특히 교회에서 순종이라는 말은 축복을 받기 위한 미끼로 이해된 적이 많기 때문에 믿음이 본유적으로 요구하는 순종은 간과되기 쉽습니다. 하지만 생각해 보십시오. "영원한 생명이 있습니다. 하나님이 보내신 아들을 믿으면 영생을 얻습니다. 이제는 이 세상에 있는 것들에 연연하지 마십시오." 얼마나 무모한 요구입니까? 세상을 사는 동안에는 얼마나 불편하고 위험한 일인가 말입니다. 이 불편함과 무모함 때문에 사람들은 믿음을 지적인 동의 정도로 만들어 순종이라는 요소를 빼어 버렸습니다. 그야말로 밑져도 본전인 장사로 만든 셈입니다.

주님이 인도하시는 방법

요한복음에는 주님의 기적이 일곱 가지만 기록되어 있는데, 각 기적은 예수님이 어떤 분인가를 설명하기 위한 목적으로 기록되었습니다. 가령 오병이어 기적을 기록한 후에는 예수님이 생명의 떡이라는 설명이 부연되었고(요 6:35), 나사로를 살리신 기적 후에는 예수님이 부활이라고 했고(요 11:25), 베데스다 연못에서 38년 된 병자를 고치신 후에는 예수님이 생명이라고 했고(요 5:24), 오늘 사건 후에는 예수님이 빛이라고 했습니다. 요한은 특히 실로암이라는 못의 이름이 "보냄을 받았다(sent), 혹은 보냄을 받은 자"라는 뜻임을 강조했습니다(요 9:7). 그렇다면 실로암은 예수님을 가리키고 그가 실로암에서 씻었다는 말은 예수님께로 와서 눈이 밝아졌다는 의미입니다. 사도 요한이 이해한 대로라면 대단히 불편하고 힘든 일이었지만 그를 통하여 예수님이 어떤 분이며 그를 가까이 하는 사람은 어떻게 되는가를 증거하기 위해서 주님은 이 시각 장애인에게 실로암 못에 가서 눈을 씻고 오도록 하신 것입니다.

저는 하나님이 언제나 우리가 원하고 기대하는 방법으로 우리를 인도하지 않으신다고 생각합니다. 주님이 인도하시는 방법은 때로 침을 뱉어 이긴 흙을 눈에 바르는 것만큼이나 이해하기 어렵고, 앞을 보지 못하는 사람이 더듬어 기슭을 내려가야 하는 것만큼이나 불편하고 힘들기도 합니다. 그냥 명령 한마디로 눈을 뜨게 하실 수 있는 능력을 생각할 때 아주 불필요한 일들로 느껴지기도 합니다. 그러나 그 모든 일을 통해 하나님이 나타내고자 하는 하나님의 뜻이 있기 때문에 우리가 감수해야 하는 모든 불필요해 보이는 힘든 일도 다 사명이라고 생각합니다.

하나님이 저와 여러분을 부르시는 방법은 아주 다양합니다. 아주 극적인 경우도 있고, 내가 정말 믿는 것인가 싶을 만큼 아무 일 없이 평범한 경우도 있고, 화가 날 만큼 바보스러워 보이는 경우도 있습니다. 하나님은 우리의 상상과 기대를 초월해서 역사하십니다. 하지만 이 모든 경우에 주님이 원하시는 것은 순종과 신뢰입니다. 물론 주님은 맹목적인 순종을 원하셔서 불필요한 것을 우리에게 요구하지는 않으실 것입니다. 우리의 아픔과 고난에는 아랑곳하지 않고 시키는 대로 하는가 하지 않는가에만 주목하지는 않으신다는 말입니다. 하나님이 하시는 일의 의도를 몰라서 불필요해 보이고 억지스러워 보일 뿐입니다.

주님이 다른 사람에게는 요구한 적이 없는 이 불편함을 그 시각 장애인에게 요구하셔서 믿음의 무모함과, 그럼에도 신뢰란 곧 순종을 의미한다는 것, 예수 그리스도를 믿는 것이 이렇게 힘들고 불편해 보일지라도 그것이 곧 생명에 이르는 길이라는 것을 알려 주시기 위해서였다면, 그 장애인에게 주어진 순종의 요구는 주님이 세상에 알리기 원하신 것을 행한 특별한 사명입니다. 다른 사람은 명령 한마디로 고쳐 주시고 왜 나에게는 이렇게 무리한 요구를 하느냐고 따지거나 원망할 일이 아니라는 말입니다.

어리석어 보이는 순종의 삶

혼자 이런 생각을 해보았습니다. 주님이 나에게 고개를 위로 쳐들고 1킬로미터를 걸으라고 하셔도 내가 순종할 수 있을까? 주님이 지금 나에게 한자리에 3시간 동안 서 있으라고 하신다면 내가 할 수 있을까? 거기에 하나님의 어떤 계획과 뜻이 있어서 사명으로 하는 것이라면 그럴 수 있을 것 같습니다. 만일 그렇다면 지금 우리가 속상해하고 힘들어하는 것은 우리가 살아가야 하는 삶의 현장에서 우리가 보냄 받은 자라는 사명감이 부족해서이거나 그렇게 믿음으로 사는 사람들에게 반드시 요구되는 것은 순종이라는 것을 놓치고 있기 때문일 것입니다. 찬란한 영광 가운데 주님의 모습을 보고 눈이 밝아질 때까지 주님은 이 땅에서 순종과 신뢰로 자신만 믿고 살라고 말씀하십니다. 주님이 직접 말씀하신 것은 아니지만 허락하신 일이라면 원하든 원하지 않든 현재 우리가 겪고 있는 모든 일을 통해 주님은 주님을 신뢰하고 순종하기를 기대한다고 말씀하시는 것입니다.

답답함을 더하기라도 하듯 보이지 않는 눈에 진흙을 이겨 바른 것처럼 절망적이고, 누가 얼굴에 침을 뱉은 것처럼 모욕적이고, 연못 기슭에서 더듬거리는 것처럼 불안하고 불편하고 힘들면, 소리쳐 원망이라도 하고 싶지만 이럴 때 주님을 신뢰할 수 있는가가 중요합니다. 주님은 우리를 실로암으로 보내고 계시기 때문입니다. 그리고 이 세상에서 주님의 말씀에 순종하여 말씀대로 사는 것은 무척 바보 같기 때문입니다.

이 땅에서 주님 말씀대로 사는 것은 마치 침을 뱉어 이긴 흙을 눈에 바르고 실로암으로 가는 것처럼 어리석은 일 같아서 아무도 그렇게 하려고 하지 않습니다. 눈을 뜨게 해달라는 소원은 있지만 주님이 눈에 침을 뱉는 것은 사양합니다. 눈을 뜨고 싶지만 실로암까지 가기는 꺼립니다. 하나님이 하고자 하시는 방법에 순종하려 하기보다는 내 방식대로 해주실 것을 요구합니다.

주님께 순종한다는 것이 무엇입니까? 눈에 침을 뱉은 것 같고 고개를 젖히고 무겁게 한 걸음씩 떼야 하는 불편함에도 주님의 약속을 믿고 믿음으로 견디는 것입니다. 약속의 말씀을 붙들고 세상의 유혹의 소리를 따르지 않고 끝까지 주님의 음성을 따라가는 것입니다. 주님은 우리가 전혀 알지 못할 때라도 우리를 통해 당신의 일을 하고 계십니다. 그래서 우리의 삶은 그분의 계획 안에 있습니다. 오늘도 주님은 우리가 도저히 이해할 수 없는 아픔과 불편함 중에도 말씀하십니다. "실로암 못에 가서 씻으라."

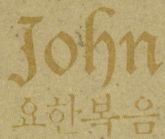

요한복음 9장 13-23절

그들이 전에 맹인이었던 사람을 데리고 바리새인들에게 갔더라 예수께서 진흙을 이겨 눈을 뜨게 하신 날은 안식일이라 그러므로 바리새인들도 그가 어떻게 보게 되었는지를 물으니 이르되 그 사람이 진흙을 내 눈에 바르매 내가 씻고 보나이다 하니 바리새인 중에 어떤 사람은 말하되 이 사람이 안식일을 지키지 아니하니 하나님께로부터 온 자가 아니라 하며 어떤 사람은 말하되 죄인으로서 어떻게 이러한 표적을 행하겠느냐 하여 그들 중에 분쟁이 있었더니 이에 맹인되었던 자에게 다시 묻되 그 사람이 네 눈을 뜨게 하였으니 너는 그를 어떠한 사람이라 하느냐 대답하되 선지자니이다 하니 유대인들이 그가 맹인으로 있다가 보게 된 것을 믿지 아니하고 그 부모를 불러 묻되 이는 너희 말에 맹인으로 났다 하는 너희 아들이냐 그러면 지금은 어떻게 해서 보느냐 그 부모가 대답하여 이르되 이 사람이 우리 아들인 것과 맹인으로 난 것을 아나이다 그러나 지금 어떻게 해서 보는지 또는 누가 그 눈을 뜨게 하였는지 우리는 알지 못하나이다 그에게 물어 보소서 그가 장성하였으니 자기 일을 말하리이다 그 부모가 이렇게 말한 것은 이미 유대인들이 누구든지 예수를 그리스도로 시인하는 자는 출교하기로 결의하였으므로 그들을 무서워함이러라 이러므로 그 부모가 말하기를 그가 장성하였으니 그에게 물어 보소서 하였더라

26장
다양한 반응들

저는 고등학생 때 목사가 되고 싶다는 마음을 가지고 기도하면서 준비했습니다. 그 당시 제가 다니던 교회의 목사님 댁 서재에서 기독교 역사에서 순교한 분들의 이야기를 모아 놓은 책을 접할 기회가 있었습니다. 책 제목은 정확히 기억나지 않지만 내용은 지금도 기억에 남아 있습니다. 모질게 매를 때리고 고춧가루를 코에 붓고, 불에 태워 죽인 일뿐만 아니라 며칠을 굶긴 고양이들의 우리 속에 꽁꽁 묶은 신자를 집어넣고 고양이 밥이 되게 한 일, 신자가 보는 앞에서 그 자식을 무참하게 고문해서 죽인 일 등을 기록한 글이었습니다. 그 당시 제게는 어떤 공포 소설보다 더 무서운 책이었습니다. 어떤 고난이라도 감당하겠다면서 기도하던 제게는 마치 그것이 현실 같았기 때문입니다. 그래서 저는 아무래도 목사가 되기는 어려울 것 같다고 헌신의 기도를 번복하려고 한 기억이 있습니다. "하나님, 그냥 총으로 쏴서 한 번에 죽인다면 주님을 부인하지 않을 것 같은데 손톱을 빼고 발톱을 빼는 고문을 한다면 저는 이 길을 갈 자신이 없습니다." 안 믿으시겠지만 저는 배고픈 건 참을 수 있을 것 같은데 때리고 아프게 하는 건 정말 못 참을 것 같습니다.

그러다가 박윤선 목사님의 주석 책에서 16세기 종교개혁 당시의 순교에 관해 언급하면서 "고난을 견디게 하는 것도 자신의 의지력이나 참을성이 아니라 하나님이 주시는 힘"이라는 내용을 보게 되었습니다. 그리고 절대로 하나님을 부인하지 않을 것 같은 사람들이 부인하고, 오히려 유약해 보이는 사람들이 끝까지 견디기도 했다는 기록을 읽고 큰 용기를 얻은 적이 있습니다.

솔직히 지금도 핍박이나 환난이 오더라도 절대로 주님을 부인하지 않고 믿음으로 물리칠 수 있다는 자신이 없습니다. 단순히 일상생활에서 부딪치는 아주 사소한 희생과 유혹에도 마음이 흔들리고 넘어져서가 아니라 당장의 어려움과 불편함이 몹시 두렵기 때문입니다. 죽음이 두렵거나 부활의 소망에 자신이 없어서 그런 것은 아닌데 살아 있는 동안 겪어야 하는 당장의 불편과 아픔이 싫고 무섭습니다. 아직 죽음이 실감날 만큼 철이 들지 않아서 그런지 모르겠습니다.

사실 저의 연약함을 핑계 삼기도 하고, 연약함으로 자신을 합리화하기는 하지만, 은혜로 구원받았고 복음 중심적인 삶을 살겠다고 하면서도 막상 제 삶의 현실을 보면 참 비겁하다는 생각이 들 정도로 타협과 회피가 많습니다. 주님을 향한 저의 충성심은 조직폭력배의 의리에도 훨씬 못 미친다는 사실이 답답하고 죄송하기도 합니다. 차라리 모르거나 애매하면 이해가 되는데 알면서도 행동하지 않는 큰 이유 중 하나는 용기의 부재입니다.

사람이 죽으면 가져갈 것이 하나도 없다는 것을 무척이나 잘 압니다. 특히 그리스도인들은 천국이 있다는 것을 확실하게 믿는다고 고백합니다. 하지만 이 세상에 사는 동안에 그리스도인들은 그 고백과 지식대로 행동하지 못합니다. 여러 이유가 있겠지만 제 경우를 보면 믿지 않으면서 고백한 위선보다는 고백대로 희생하며 살 용기의 부재가 더 큰 원인이었습니다. 용기가 없어 지식과 소신대로 행동하지 못함을 우리는 비겁함이라고 부릅니다. 사람이 진실을 말하지 못함도, 희생의 요구 앞에 선뜻 나서지 못함도, 불의인 줄 알면서 방관만 하는 것도, 인정하고 싶지 않지만 비겁함입니다. 사람들이 비겁하다는 말을 정말로 듣기 싫어하는 것은 아픔과 불편이 싫어서 지식과 소신대로 행동하지 못하는 비겁함이 자기 안에 실제로 존재하기 때문일 것입니다.

기적을 본 이웃들의 반응

오늘 본문에는 다양한 사람들이 나옵니다. 예수님께 맨 처음 질문을 던진 제자들의 반응은 나오지 않지만 군중의 반응이 나오고, 바리새인들의 반응이 나오고, 시각 장애인 본인의 반응이 나오고, 장애인의 부모의 반응이 나옵니다. 이들의 반응을 살펴보면서 우리는 어떤 부류의 사람과 가까운지 생각해 보고 싶습니다.

예수님이 아주 특이한 방법으로 나면서부터 맹인 된 사람의 눈을 뜨게 해주셨습니다. 애석하게도 다른 사건과 달리 이 사람이 눈을 뜨게 된 다음에 그가 보였을 법한 충격과 감동에 대한 묘사가 본문에는 생략되어 있습니다. 그러나 틀림없이 감동이 있었을 것입니다. NIV 영어 성경에는 눈이 떠지자마자 그가 집으로 돌아갔다고 했는데, 그의 이웃들이 언급된 것을 보아 그랬을 수도 있지만 한글 번역이나 킹제임스 번역이 암시하는 것처럼 우선은 예수님이 말씀하신 곳으로 돌아왔다고 보는 것이 더 합당할 것 같습니다. 아마 그 후에 집으로 갔을 겁니다.

여러분은 이 사람이 경험했을 충격이 느껴지십니까? 만일 그가 사고로 시력을 잃었다가 되찾게 되었다면 다시 볼 수 있다는 기쁨이 있었겠지만 나면서부터 시각 장애인이던 사람이 볼 수 있게 된 것은 기쁨뿐만 아니라 말로 다할 수 없는 신비감도 있었을 것입니다. 그는 사람이 어떻게 생겼는지 몰랐습니다. 하늘이 어떻게 생겼는지, 나무가 어떻게 생겼는지 평생 단 한 번도 본 적 없이 무슨 말을 들으면 상상으로 혼자 그 모습을 그려 보았을 것입니다. 상상한 것과 전혀 다르게 생긴 사물들을 보며 얼마나 충격을 받았을까요? 그를 실로암 못으로 인도한 사람들이 말해 주었겠지요. 모든 길 나 저음 보였습니다. 저는 그게 어떤 걸까 상상이 되지 않습니다. 사람들이 말해 주는 대로 주님이 계시던 곳으로 뛰어갔을 때 주님은 계시지 않았습니다. 그래서 집으로 갔습니다.

그런데 이웃들 중에 그를 알아보는 사람들이 있었습니다. 그들도 충격을 받았습니다. 눈을 뜨고 난 후에 느끼는 기쁨은 당사자가 가장 크게 느낄 테지만 그로 인한 충격은 그를 알고 있던 주변 사람들에게도 컸습니다. 몹시 충격을 받아서 자기들이 눈으로 보는 것도 믿을 수 없었습니다. "저 사람이 바로 그 거지가 아니냐?" "아냐, 그 거지는 앞을 못 보았는데 저 사람은 보잖아? 비슷하게 생긴 사람일 거야." 이건 의심이 아니라 충격의 표현입니다. "당신, 그 거지 맞지요?" 그런데 그 사람은 자기가 바로 앞 못 보던 그 사람이라고 말하고 예수라는 분이 자기의 눈을 뜨게 해주었다고 말했습니다.

그러자 이웃들은 그를 바리새인들에게 데리고 갔습니다. 저는 그들이 바리새인들을 찾아갈 때 어떤 의도를 가지고 있었는지 잘 모르겠습니다. 요한은 그날이 안식일이었기 때문에 사람들이 그를 바리새인들에게 데리고 갔다는 뉘앙스를 남겼습니다. 제자들은 그가 장애인이 된 것이 부모의 죄 때문인지 아니면 자신의 죄 때문인지를 물었다면, 이웃 사람들은 그가 안식일에 고침 받은 것이 율법에 합당한 것인지 아닌지를 물으려고 한 것인지도 모릅니다. 아니면 그가 예수와 교제했음을 고발하기 위해서였는지도 모릅니다. 율법과 정의의 얼굴 뒤에 감추어진 잔인함과 무정함이 엿보이는 장면입니다. 유대인들이 예수를 그리스도라고 시인하는 자들은 출교를 시킨다는 결의가 이미 있었기 때문입니다(요 9:22 참조).

이웃 사람들의 애매한 반응은 마땅치 않지만 이해가 안 되는 것은 아닙니다. 구걸하던 이웃의 병자가 병이 나았다는 것이 신기한 일이기는 하지만 그래도 위험을 감수하고 그를 옹호할 용기는 없었을 것입니다. 기쁨도 슬픔도 타인의 것은 객관화될 수밖에 없는 것이니까요. 그들이 그 사건에서 예수를 주목하고 그가 정말 메시아인가를 확인하기보다는 그저 불행한 한 사람에게 일어난 기적적인 사건으로, 철저하게 남의 일로만 받아들이기로 했으니까요. 애당초 메시아라든지, 영생이라든지, 하나님의 자녀 됨이라든지 하는 문제보다는 병이 낫는 것, 떡을 먹는 것, 기적의 카타르시스를 목격하는 것에만 관심을 가진 사람들이었기 때문입니다. 저는 이들의 반응을 무관심의 반응이라고 부르고 싶습니다.

인정하지 않으려 한 바리새인들의 반응

이에 비하면 바리새인들의 반응은 상당히 소신 있었습니다. 예수님이 메시아인가 하는 것이 그들에게는 남의 일이 아니었습니다. 교회의 일이 목사들에게는 남의 일이 될 수 없는 것처럼 예수의 메시아 되심은 그들의 정체성을 결정하는 중대한 일이었기 때문입니다. 하지만 그들은 예수님이 무슨 일을 해도, 예수님이 메시아이심을 증거하는 어떤 결정적인 일이나 말에도, 그들의 기득권을 포기하지 않기로 결심했습니다. 예수님이 메시아임을 증거하는 듯한 명백한 일들이 발생할 때마다 그 사실을 은폐시키고 사람들의 입을 막기로 결정했습니다. 그래서 그들은 평생 장애인으로 산 사람이 어떻게 보게 되었을까, 도대체 예수는 어떻게 고칠 수 있었을까보다는 예수가 그 일을 안식일에 했다는 것에 주목하기로 했습니다.

이런 일은 현대 정치인들을 보아도 쉽게 알 수 있고, 종교 지도자들을 보아도 쉽게 알 수 있습니다. 어떻게 그럴 수 있을까 하는 일들을 그들은 한 수 있습니다. 그래서 그늘은 손바닥으로 하늘을 가리는 형국인데도 입막음을 위해 부모를 불렀습니다. 그가 나면서 맹인이던 것과 그 부모의 아들인 것은 천하가 다 아는 사실인데 그것을 확인하기 위해 불렀을 리는 없습니다. 더욱이 본인이 직접 어떻게 눈을 뜨게 되었는지를 설명했는데 현장에 없던 부모에게 다시 그 사실을 확인해야 할 이유도 없습니다. 만일 그 사실을 확인하고 싶었다면 현장에 있던 사람들을 불렀어야 합니다. 바리새인들이 부모를 부른 이유는 매우 분명해 보입니다.

위협하기 위해서입니다. 아들 입 조심시키라는 것입니다. 자꾸 떠들고 다니면 부모에게도 해가 미칠 줄 알라는 것입니다. 그들은 자신들의 권

력과 위치를 지키기 위해서 수단과 방법을 가리지 않기로 작정한 사람들
입니다.

요한은 그들이 믿을 수 없어서 부모를 불렀다고 했는데 믿기에는 정보
가 부족했다는 의미가 아니라 인정하고 싶지 않았다는 의미입니다. 저는
이것을 불순종의 반응이라고 부르고 싶습니다. 이들의 이런 행동은 한편
으로 당연한 반응입니다. 어차피 그나마 남아 있던 종교적인 양심보다는
눈에 보이는 권력을 지키기로 작정한 것이니까 그런 행동은 이미 예상된
것입니다.

두려워한 부모의 반응

저를 가장 당혹스럽게 만드는 것은 부모의 반응입니다. 본문을 보아서
는 부모가 눈을 뜬 아들을 언제 보았는지 알 수 없습니다. 바리새인에게
소환되었을 때 처음 아들이 눈 뜬 것을 알게 된 것 같지는 않고 아마 그
가 집에 왔을 때 보았을 겁니다. 어쩌면 아들을 직접 보기 전에 말 전하기
좋아하는 동네 사람이 먼저 부모를 찾아와 "당신 아들이 눈을 떴다"고 흥
분해서 소식을 전해 주었을지도 모르겠습니다.

아침만 해도 더듬으며 집을 나가는 아들을 보았는데 멀쩡히 눈을 뜨고
걸어 들어오는 자식을 보았을 때 부모의 심정은 어땠을까요? 저는 부모
의 감격과 충격이 눈을 뜬 당사자의 그것보다 못하지 않았을 것이라고 생
각합니다. 자식 못지않은 아픔과 상처가 있고 눈물이 있었기 때문입니다.
아마 펑펑 울었을 겁니다.

그동안 앞을 보지 못하는 장애인을 낳고 얼마나 절망하고 얼마나 울었

을지 모릅니다. 자기가 죄가 많아서 그런 자식을 낳은 것 같아 자식에게 미안하고 주위 사람들의 눈총이 무서웠습니다. 그 아이가 어느 정도 장성했을 때에는 그 자식을 돌볼 수 없어서 길거리에 구걸을 보내야 할 만큼 가난했습니다. 앞을 보지 못해 몇 발자국 걷는 것도 쉽지 않은 아들을 구걸하도록 내보내야 하는 부모의 심정과 사정을 이해하는 것은 그리 어렵지 않습니다. 그것조차 익숙해져서 더듬거리며 문을 나서는 아들을 보고도 아무런 느낌도 들지 않게 되었을지는 모르겠지만 그 아들로 인해 가슴에 맺힌 한은 말로 표현할 수 없는 것이었습니다.

그런데 그 아들이 나았습니다. 이미 어른이 된 아들은 평생 같이 살면서 한 번도 본 적 없는 부모의 얼굴을 그날 처음 보았습니다. 제 생각이 틀리지 않다면 서로 얼굴을 쓰다듬으면서 엉엉 울었을 것입니다. 세상에 이렇게 고마울 데가 있습니까? 아들은 예수라는 사람이 고쳐 주었다고 했습니다.

그런데 예수라는 말을 듣는 순간 그렇게 주체할 수 없이 기뻐하던 부모의 마음에 어두운 그늘이 드리우기 시작했습니다. 예수라면 지금 바리새인들이 죽이려고 혈안이 되어 있는 사람이 아닙니까? 갑자기 두려움이 엄습했습니다. 이 자식이 정말 애물단지입니다. 평생 가슴에 못을 박더니 이제는 예수라는 사람에게 고침을 받고 와서 집안을 망쳐 놓게 생겼습니다. 저는 그렇게 자상하고 정이 많은 아버지는 아니지만 제 아들이 그런 상황이라면 제가 살자고 아들이 고침 받은 걸 원망하지는 않았을 것 같습니다.

아니나 다를까 바리새인들이 아들을 불러갔습니다. 그리고 얼마 있다가 부모를 불렀습니다. 바리새인들을 그들을 불러 아들이 어떻게 볼 수 있게 되었냐고 물었습니다. 질문의 의도를 부모는 알았습니다. 그래서 부모는 대답했습니다.

> 그 부모가 대답하여 이르되 이 사람이 우리 아들인 것과 맹인으로 난 것을 아나이다 그러나 지금 어떻게 해서 보는지 또는 누가 그 눈을 뜨게 하였는지 우리는 알지 못하나이다 그에게 물어 보소서 그가 장성하였으니 자기 일을 말하리이다(9:20-21).

이것은 틀린 말이 아닙니다. 부모는 현장에 없었으니까요. 그런데 요한은 부모의 대답에 이런 설명을 덧붙였습니다.

> 그 부모가 이렇게 말한 것은 이미 유대인들이 누구든지 예수를 그리스도로 시인하는 자는 출교하기로 결의하였으므로 그들을 무서워함이러라(9:22).

"아들에게 물어 보시오"라는 말은 책임을 추궁하든지 벌을 주든지 아들에게 하라는 말 아닙니까? 어떻게 부모가 그럴 수 있습니까? 아니 아들의 아픔과 고난을 안다면 어떻게 이렇게 냉정할 수 있습니까? 아들을 사랑하지 않아서였겠습니까? 아들이 보게 된 것을 믿을 수 없었기 때문이었겠습니까? 예수를 미워했기 때문이었겠습니까? 그것은 바로 두려워서였습니다. 출교당할까 두려웠고, 그래서 먹고사는 데 어려움을 당할까 두려웠습니다. 다 알았습니다. 다 믿을 수 있었습니다. 하지만 상관하는 것이 무서웠습니다.

고난이 겁났습니다. 알고 있었지만 아는 대로 행동할 수가 없었습니다. 가슴이 아팠지만 어차피 아무런 희망도 갖지 않은 자식이 좀 더 고생하는 것이 낫다는 생각을 했을 겁니다. 저는 이것을 비겁한 반응이라고 부르고 싶습니다. 이 부모도 아마 속으로는 울었겠지요. 자식을 볼 면목이 없다고 생각했겠지요. 가난이 원수라고 말했겠지요. 그래도 자식과 함께 기쁨과 감격을 나눌 용기는 나지 않았겠지요.

비겁하게 믿음 생활 하지 않기를

이 비겁한 반응이 제게는 가장 충격적입니다. 그 모습이 제 모습인 것 같다 싶기 때문입니다. 저는 바리새인들처럼 그렇게 주님을 대적하지는 않습니다. 그렇다고 이웃 사람들처럼 그렇게 아무런 관심이 없는 것도 아닙니다. 제 안에는 기쁨도 있고, 확신도 있고, 믿음의 고백도 있습니다. 많이 부족하지만 감히 진실하다 말할 수도 있습니다. 그런데 유혹과 위험 앞에서는 자주 비겁해집니다. 그것을 대적할 용기가 나지 않고, 손해를 감수하고라도 믿는 대로 행동할 자신이 없습니다.

다양한 반응 가운데 저는 자식을 사랑하면서도, 아마도 그래서 자식을 보호해야 한다는 마음이 있으면서도 손해와 차별에 용기를 내지 못한 부모의 비겁함이 가장 마음에 걸립니다. 그 모습이 제 모습과 몹시 비슷하기 때문입니다.

정말 그렇게 믿음 생활 하지 않으면 좋겠습니다. 그래서 오늘도 하나님의 도우심을 구합니다. 그렇게 끝까지 믿음을 지키며 살 수 있는 힘을 주시는 분도 성령 하나님인 것을 알기에 비겁하게 믿음 생활 하지 않고 "어쩔 수 없어서"라는 핑계가 습관이 되지 않기를 기도합니다. 예수님의 은혜가 얼마나 소중한지 알고 믿으면서도 당장의 불편과 손해에 눈감아 버리는 천박함과 비겁함이 정말 부끄럽기 때문입니다. 성령 하나님, 이 시대의 그리스도인들을 긍휼히 여기시고 도와주옵소서!

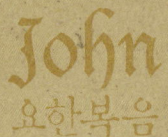

요한복음 9장 24-34절

이에 그들이 맹인이었던 사람을 두 번째 불러 이르되 너는 하나님께 영광을 돌리라 우리는 이 사람이 죄인인 줄 아노라 대답하되 그가 죄인인지 내가 알지 못하나 한 가지 아는 것은 내가 맹인으로 있다가 지금 보는 그것이니이다 그들이 이르되 그 사람이 네게 무엇을 하였느냐 어떻게 네 눈을 뜨게 하였느냐 대답하되 내가 이미 일렀어도 듣지 아니하고 어찌하여 다시 듣고자 하나이까 당신들도 그의 제자가 되려 하나이까 그들이 욕하여 이르되 너는 그의 제자이나 우리는 모세의 제자라 하나님이 모세에게는 말씀하신 줄을 우리가 알거니와 이 사람은 어디서 왔는지 알지 못하노라 그 사람이 대답하여 이르되 이상하다 이 사람이 내 눈을 뜨게 하였으되 당신들은 그가 어디서 왔는지 알지 못하는도다 하나님이 죄인의 말을 듣지 아니하시고 경건하여 그의 뜻대로 행하는 자의 말은 들으시는 줄을 우리가 아나이다 창세 이후로 맹인으로 난 자의 눈을 뜨게 하였다 함을 듣지 못하였으니 이 사람이 하나님께로부터 오지 아니하였으면 아무 일도 할 수 없으리이다 그들이 대답하여 이르되 네가 온전히 죄 가운데서 나서 우리를 가르치느냐 하고 이에 쫓아내어 보내니라

27장

소신과 독선

 오늘은 조금 유치하고 진부한 이야기로 설교를 시작해 보겠습니다. 저와 제 아내는 요즘도 다투는 일이 거의 없지만 신혼 때에도 다툰 적이 거의 없었습니다. 여러분이 짐작하시는 대로 그것은 저의 너그러움과 포용력 때문이고, 제 아내가 신혼 때부터 지금까지 저를 미치도록 사랑하기 때문입니다. 그때는 주말에 빨래방도 같이 갔습니다. 그런데 빨래방에서 한 번 크게 싸운 적이 있습니다. 양말을 개는데 저는 짝을 찾아서 질끈 묶었고, 제 아내는 짝을 찾아서 한쪽으로 포갰습니다. 제 아내는 저에게 자기 방식대로 하라고 했습니다. 저는 제 방식대로 하는 것이 양말을 개는 데 시간이 덜 걸린다고 했고, 제 아내는 자기 방식대로 해야 나중에 신을 때 편하다는 것이었습니다. 우습죠? 그런데 저희 부부는 그 일로 주말 내

내 말을 하지 않았습니다. 지금은 아내가 이 일을 아예 기억도 못할 것입니다. 저를 미치도록 사랑한 제 아내가 그깟 양말 개는 법 때문에 저에게 저녁을 차려 주지 않았습니다. 물론 그건 자존심의 문제였지만 그 자존심이 마치 존재의 의미와 가치에 위협을 주고 있다는 생각이 들었을 때 물러설 수 없습니다. 요즘은 제법 진부한 말이 되었지만, 다른 것은 틀린 것이 아닌데 나와 다르면 다 틀린 것이라고 생각하는 독선적인 마음이 사태를 악화시킵니다.

절대로 포용할 수 없는 때

저는 다른 것은 틀린 것이 아니라는 말이 이제는 어디에서나 들을 수 있는 진부한 말일 뿐만 아니라 경우에 따라서는 위험한 말이 되어 버린 시대를 살고 있다고 생각합니다. 요즘 시대는 다른 것을 틀리다고 하는 것보다는 틀린 것을 다른 것이라 말해서 틀린 것은 하나도 없는 것처럼 말하는 시대이기 때문입니다. 포용과 배제는 사람들이 생각하는 것처럼 그렇게 단순한 문제가 아닙니다.

여러분은 자신이 마음이 열려 있고 포용력이 있다고 생각하십니까? 여러분은 자신이 겸손하고 항상 배우려는 자세를 가지고 있다고 생각하십니까? 아마 대부분 그렇게 살고 싶지만 잘 안 된다고 말씀하실 것 같습니다. 제가 참 좋아하는 신학자 중에 미로슬라브 볼프(Miroslav Volf)라는 예일대학교 교수가 있습니다. 그는 「배품과 용서」(복있는사람), 「배제와 포용」, 「기억의 종말」(이상 IVP) 등의 책을 통해 어떻게 서로를 배려하고 용서하며 상생해야 하는가에 관한 깊은 통찰을 보여 주었습니다. 그런데 그가 「알라」

(IVP)라는 책을 출간하면서 많은 화제가 되었습니다. 저는 그 책을 읽으면서 볼프 교수가 그동안 이야기한 용서, 베풂, 포용이 가능해 보이지 않는 한계를 느낀 것은 아닐까라는 생각을 했습니다. 포용이 절대로 불가능해지는 때가 있습니다. 서로 절대로 양보할 수 없는 진리에 대한 확신과 소신이 분명할 때입니다. 그런 진리에 대한 확신과 소신을 양보하는 것은 포용과 용서의 문제가 아니라 존재적 가치의 문제이고 선과 악의 문제이기 때문에 누군가에게 포용을 요구하는 것은 그 요구 자체로 이미 분열을 초래하고 악을 행하는 것이 됩니다.

이슬람과 기독교는 그들이 믿는 신에 대한 진리적 확신 때문에 절대로 하나가 될 수 없다고 생각한 볼프 교수는 「알라」라는 책에서 이슬람의 하나님과 기독교의 하나님은 사실은 같은 분임을 주장하려고 했습니다. 같은 하나님을 섬긴다고 말할 수 있을 때에만 포용과 하나 됨이 가능하다고 생각했기 때문입니다. 이슬람의 알라와 기독교의 삼위일체 하나님이 같은 분이라는 주장에는 동의할 수 없지만 그것을 말하지 않고는 포용, 용서, 하나 됨이 가능하지 않겠다고 생각할 수밖에 없는 절망적 한계는 충분히 이해할 수 있었습니다.

신학생 때, 지금은 한국에서 꽤 유명해진 어느 분과 함께 성경 공부를 하면서 장시간 토론한 적이 있습니다. 당시에 저는 제가 배우는 학생으로 꽤 포용력이 있어서 어느 입장이든지 이해하고 함께 토론할 수 있을 만큼 열려 있다고 생각했습니다. 그런데 그분이 토론 중에 제게 한 말이 아직도 기억에 생생합니다. "전도사님은 상당히 열린 마음으로 토론하는 것 같지만 어느 한 지점에 이르면 절대로 넘어가지 않으려고 사고가 경직되는 것을 느낄 수 있습니다." 제가 보수 신학을 한 사람이고, 보수적인 교회에서 자란 사람이기 때문이기도 하겠지만 어쩌면 사실은 모든 사람이 다 그렇지 않을까 싶기도 합니다. 비(非)진리의 문제에서도 자기의 입장과 주장만 강조하고 다른 사람들의 말은 전혀 듣지 않으려는 고집스럽고 독선적인 자세는 문제가 되기는 하지만, 개인의 소신이 가질 수밖에 없는 배타적 특징을 생각해 볼 때 서로 다른 소신을 가지고 있는 사람들이 어떻게 하나가 될 수 있을까 싶기도 합니다.

그러니까 불가피한 진리의 배타성과 고집스럽고 독선적인 무례함은 구분되어야 할 필요가 있는데 이 문제가 말처럼 그리 쉽지 않습니다. 진리의 배타성을 잃어버리면 극단적인 상대주의에 빠지게 되고, 그래서 독선적 무례함을 진리에 대한 열정인 줄 알고 용납하면 끊임없는 분쟁의 연속이 될 것입니다. 어찌 생각하면 우리는 성경을 볼 때 아주 심각한 편견을 가지고 읽고 있습니다. 바리새인들이 보인 독선적인 태도와 예수님이 보이신 독선적인 태도가 어떻게 다를까요? 예수님은 우리 편이라서 그분의 말씀은 진리에 대한 확신이고, 바리새인은 우리 편이 아니라서 교만이고 독선인 건가요? 저는 오늘 본문을 통해서 바리새인의 반응과 입장을 한번 생각해 보고 싶습니다. 그리고 우리가 그들에게서 배울 수 있는 것과 배우지 말아야 할 것을 살펴보고 싶습니다.

바리새인들의 모순

예수님은 안식일에 시각 장애인의 눈을 뜨게 하셨습니다. 당시 안식일에 병을 고치는 것이 가한가, 가하지 않은가는 많은 논란이 되고 있던 문제였기 때문에 바리새인들은 일단 병 고침을 받은 시각 장애인을 만나 보았습니다. 그리고 예수님이 그를 안식일에 고친 것을 확인했습니다. 그들은 안식일에 병을 고쳤다면 일단 그가 선지자인가를 의심해 봐야 한다고 생각했을 것입니다. 병을 고치는 것이 일에 속하는지 아닌지는 바리새인들도 서로 의견이 달랐지만 그들이 믿는 바 모세의 율법은 안식일에 일을 하지 말라고 분명하게 가르친다고 확신했기 때문입니다.

그가 선지자가 아니라면 어쩌면 이 일은 조작된 사건일지도 모른다고 생각했습니다. 그래서 그 장애인이 정말 나면서부터 장애인이었는지, 어떻게 지금 보게 된 것인지를 조사했습니다. 그리고 부모를 소환했습니다. "그 아들이 진짜 나면서부터 맹인이었느냐? 그런데 어떻게 지금은 보게 되었느냐?"(요 9:19 참조) 물론 그들은 부모를 위협함으로 증거를 조작할 용의도 있었습니다. 부모는 그 사람이 나면서부터 맹인인 것은 확인해 주었지만 그를 고쳐 주었다는 예수에 관해서는 일체 언급하지 않았습니다.

맹인이던 그를 다시 불렀습니다. 상당히 강압적인 심문을 합니다. 심문하기 전에 이렇게 말하지요. "하나님께 영광을 돌리라 우리는 이 사람이 죄인인 줄 아노라"(요 9:24). 예수님이 죄인인 것을 인정함이 곧 하나님께 영광이 된다는 의미입니다. 이미 죄인으로 정해 놓고 하는 수사입니다. 그는 안식일에 병을 고치는 것이 죄가 되는지 아닌지는 모르겠지만 이제 볼 수 있게 되었다는 것은 틀림없는 사실이라고 증언했습니다(요 9:25). 그들은 다시 물었습니다. "그런데 어떻게 보게 된 것이냐?"(요 9:26 참조)

아마도 평생 맹인으로 살면서 세상 물정을 너무 몰라서였을까요? 매우 당돌한 대답을 했습니다. "왜 같은 질문을 반복해서 하십니까? 당신들도 그의 제자가 되고 싶어서 알고 싶은 겁니까?"(요 9:27 참조) 이에 바리새인들이 그를 심하게 욕했습니다. 모욕을 당해 기분이 굉장히 나쁘다는 의미겠지요. "너는 그의 제자인지 모르지만 우리는 모세의 제자다"(요 9:28 참조). 이것이 그들의 종교적 자부심이었고, 그들의 행동을 결정해 주는 정체성이었습니다.

그런데 요한은 배운 것도 없고, 율법에 대해 잘 알지도 못하는 무식한 맹인을 통해서 바리새인들의 모순을 지적합니다. 각색하자면 맹인은 이렇게 말한 셈입니다. "이상하네요. 그가 죄인이고, 하나님께로부터 오지 않았다면 어떻게 제 병을 고쳤지요? 저는 잘 모르지만 율법에 따르면 하나님은 경건하여 그의 뜻대로 행하는 자의 말을 들으시고, 죄인의 말은 듣지 않는다고 하지 않았나요? 그렇게 율법 율법 하시면서, 그래서 율법대로 안식일에 병을 고치면 안 된다고 철저함을 보이면서 병을 고칠 수 있는 능력은 하나님께로부터만 가능한 것은 왜 인정하지 않으시죠?"(요 9:30-33 참조).

사실 바리새인들도 그게 마음에 걸렸습니다. 그래서 당시에 의학적인 기술은 그만큼 발달되지 않았지만 여러 사람의 증언을 통해 예수님이 병을 고친 것이 사이비이고 속임수라는 것을 보이고 싶었던 것입니다. 그들은 거짓 증언이라도 만들어야 했던 것입니다. 나쁘게 말하면 기득권을 잃고 싶지 않아서였지만 좋게 생각하면 그들이 믿고 확신하던, 안식일에 병을 고치는 것은 율법에 어긋난다는 그들의 소신과 확신을 지키기 위해서였습니다.

만일 그런 의도였다면 방법은 틀렸지만 그들의 입장은 존중해 주어야 한다고 생각합니다. 제가 이해하기에는 예수님도 그런 그들의 입장을 비난하신 적은 없습니다. 예수님이 안식일에 병을 고친다는 비난에 대해서 해명하시고 논쟁하신 적은 있지만, 그들이 안식일에 일하지 말아야 한다거나 안식일을 구별해서 지키려는 것이 틀렸다고 주장하신 적은 없었다는 말입니다.

지금도 어떤 분들은 본인의 소신과 믿음의 확신에 의해서 주일에는 일체 물건을 사지 않고, 어떤 오락도 즐기지 않습니다. 저는 그분들의 소신이 틀렸다고 말하는 것이 아닙니다. 그것을 진리의 문제로 생각하지 않고 소신의 문제로 생각한다면 주일에 식당에 가거나 돈을 써도 괜찮다는 입장을 가진 사람이 '안식일 엄수주의자'를 틀렸다고 정죄하면 안 됩니다. 반대로 '안식일 엄수주의자'라고 해서 주일에 돈을 쓰는 사람을 틀렸다고 정죄해도 안 된다는 말입니다. 물론 그걸 소신이 아닌 진리의 문제라고 생각한다면 같은 교회를 다니는 것 자체가 쉽지 않을 것입니다.

안식일에 병을 고치는 것은 죄라는 주장이 당시에 논란이 되고 있었음에도 바리새인들은 예수님이 안식일에 병을 고친 것은 명백한 죄임을 단순한 소신의 문제가 아닌 진리의 문제로 간주했습니다. 본문에 나오는 맹인은 이것을 진리의 문제로 생각한 것의 모순을 말한 것입니다.

참 안타까운 것은 그 다음에 그들이 보인 반응입니다. 맹인이 "이 사람이 하나님께로부터 오지 아니하였으면 아무 일도 할 수 없으리이다"(요 9:33)라고 했을 때 그들은 이렇게 대답했습니다. "네가 온전히 죄 가운데서 나서 우리를 가르치느냐?"(요 9:34) 저는 이 부분에서 그들의 독선을 봅니다. 이건 진리에 대한 소신보다는 독선적인 자세입니다. 그들은 맹인이 죄를 가지고 태어났다고 생각했나 봅니다. 그들이 가지고 있던 율법에 대한 해박한 지식 때문에 특히 무식하고 가난한 사람의 말은 들을 필요가 없다고 생각했나 봅니다.

그들이 안식일에는 병을 고쳐서는 안 된다는 확신이 있어서 예수님이 정말로 안식일에 병을 고쳤는가를 확인하고자 했다면 이해할 수 있습니다. 하지만 하나님이 보내지 않은 사람이 어떻게 병을 고칠 수 있느냐는 질문에 너 같은 죄인이 감히 우리를 가르치려고 하느냐는 대답은 진리를 사랑하는 사람의 모습이 아닙니다.

소신과 독선의 차이

저는 이런 모습을 현대 교회의 지도자들에게서도 어렵지 않게 볼 수 있다고 생각합니다. 특히 개신교인들은 종교개혁 때부터 "오직 성경으로"라는 슬로건으로 성경만이 절대적인 권위가 있음을 주장해 왔습니다. 어른이든, 아이든, 학자든, 목사든, 교인이든 모두 다 하나님 말씀에 순종해야 한다고 가르쳤고 고백했습니다. 어느 교인이 "목사님, 그렇게 하는 건 하나님의 말씀을 따르는 것이 아니지 않습니까?"라고 항변했다고 가정해 보지요. 그때 목사가 "저는 그렇게 하는 것이 하나님 말씀을 따르는 것이라는 확신에 양심상 걸림이 없습니다"라고 말하는 것과 "그래도 내가 목사인데 목사 앞에서 하나님 말씀 운운하면 안 되지요. 지금 일개 성도가 목사를 가르치려고 하는 겁니까?"라고 말하는 것은 엄청난 차이가 있습니다. 소신과 독선의 차이입니다.

소신이 진리에 대한 관심에서 비롯된 것이라면 독선의 경우는 진리를 말하면서도 진리에 관심이 없는 것입니다. 믿음과 천국을 말하면서도 믿음과 천국에 관심이 없는 것과 마찬가지입니다. 독선적 태도 때문에 진리에 대한 확신조차 독선으로 매도되도록 한 것은 기독교 지도자들의 책임입니다.

그런데 정말 심각한 것은 이것을 구분하기가 그리 쉽지 않다는 것입니다. 이건 마치 타협과 포용을 구분하는 것처럼 어렵고, 온유와 무능을 구분하는 것처럼 애매합니다. 저 자신의 삶을 돌아보아도 정말 진리에 대한 소신 때문보다는 저의 교만과 자존심 때문에 고집을 부린 경우가 더 많았음을 고백합니다. 소신은 정직함을 요구하고, 청결한 양심을 요구합니다. 소신은 하나님에 대한 사랑과 신뢰를 요구하고, 동시에 사람들을 향한 애정과 존중을 요구합니다.

저는 바리새인들이 예수님의 말씀도 독선처럼 들었을 수 있다는 생각을 했습니다. 예수님은 그들이 믿을 수 없다는데도 지속적으로 당신이 하나님의 아들임을 강조했고, 당신을 통해서 영생을 얻는다고 말했기 때문입니다. 바리새인들이 그런 예수님의 말씀을 믿을 수 없었다면 안타깝고 아쉬운 일이지만 저는 그것이 존중되어야 한다고 생각합니다. 그들이 정말로 진리를 찾고 있었는데 예수님의 증언과 행적에서 여전히 진리라는 확신을 가질 수 없었다면 그것도 존중되어야 한다고 생각합니다. 그런데 그들의 문제는 여전히 예수님의 말씀에 확신을 가질 수 없는 데 있는 것이 아니라 진리에 아무런 관심도 없이 자기의 의를 드러내려고 했다는 데 있습니다.

바리새인들은 모세의 제자로서 율법 때문에 안식일에 병을 고친 예수를 인정할 수 없다고 했습니다. 그것이 율법을 지키며 살려는 열망에서 비롯된 것이라면 그들의 잘못된 소신이 안타깝지만 존중할 수 있습니다. 바로 그 소신에 대한 확인을 위해서 맹인이던 사람은 그 율법의 논리로 어떻게 죄인이 병을 고칠 수 있는가를 물었습니다. 그러자 그들은 자기들의 지식과 위치로 겁박했습니다. 율법을 말하면서도 율법을 존중하지 않는 모습입니다.

진리에 대한 확신

저는 그리스도인들이 절대로 타협할 수 없는 신앙적 소신이 무엇인가를 분명하게 증거해야 하는 위기의 시대를 살고 있다고 생각합니다. 그리스도인들에게 예수님이 유일한 생명의 주인이시며, 인류의 구주라는 고백은 양말을 묶고 포개는 문제 정도로 여길 성향과 취향의 문제가 아닙니다. 하지만 그것이 진리라는 확신과 소신이 분명할수록 그리스도인들은 그것이 자기의 고집이 아닌 진리로의 설득임을 세상에 드러내기 위해서 독선과 교만을 가장 경계해야 할 것입니다.

진리에 대한 확신은 다른 사람을 무시하는 것이 아니라 더욱 존중하고 경청하게 만듭니다. 내가 아닌 진리가 드러나는 것이 소원이고 사명이기 때문입니다. 다른 소신을 존중하지 못하고 폄하하며 비난하는 독선적인 자세는 진리를 위하는 것처럼 보이지만 진리를 파괴하는 것입니다. 정말 예수가 하나님의 아들이고, 그를 통하여서 생명을 얻었다는 확신이 있다면 고통과 비웃음을 감수하고라도 겸손해야 하고 반대하는 사람의 말을 경청해야 합니다. 우리의 독선과 교만으로 진리가 가려지지 않기를 바라는 간절한 마음이 있기 때문입니다. 예수 그리스도는 틀림없는 하나님이라고 믿기 때문에 저는 삼위일체의 하나님과 알라가 같다고 말하지 않겠습니다. 그렇기 때문에 알라를 믿는 사람들을 윽박지르거나 무시하지 않겠습니다. 제가 가지고 있는 예수 그리스도에 대한 확신이 다른 사람들에게 독선으로 보여 진리가 가려지지 않으면 좋겠습니다.

John
요한복음

요한복음 9장 35-41절

예수께서 그들이 그 사람을 쫓아냈다 하는 말을 들으셨더니 그를 만나사 이르시되 네가 인자를 믿느냐 대답하여 이르되 주여 그가 누구시오니이까 내가 믿고자 하나이다 예수께서 이르시되 네가 그를 보았거니와 지금 너와 말하는 자가 그이니라 이르되 주여 내가 믿나이다 하고 절하는지라 예수께서 이르시되 내가 심판하러 이 세상에 왔으니 보지 못하는 자들은 보게 하고 보는 자들은 맹인이 되게 하려 함이라 하시니 바리새인 중에 예수와 함께 있던 자들이 이 말씀을 듣고 이르되 우리도 맹인인가 예수께서 이르시되 너희가 맹인이 되었더라면 죄가 없으려니와 본다고 하니 너희 죄가 그대로 있느니라

28장
주님이 보이십니까?

컴퓨터에 대해서 잘 모르는 사람을 가리켜서 컴맹이라고 부릅니다. 컴맹의 특징은 겉으로는 표가 나지 않는다는 것이고, 컴퓨터를 사용하는 데 문제가 발생하기 전까지는 본인이 컴맹이라는 것을 알아채지 못한다는 것입니다. 하지만 컴퓨터를 잘 다룰 줄 모른다고 늘 불편함을 느끼는 것은 아닙니다. 컴퓨터로 드라마를 본다든지, 음악을 듣는다든지, 메일을 확인한다든지, 이런 것처럼 반복해서 사용하는 것은 잘 합니다. 원리를 아는 것이 아니라 그냥 기계적으로 요구된 키를 누르는 것임에도 제대로 작동이 될 때는 본인이 컴맹이 아닌 것처럼 착각하게 됩니다.

컴맹은 문맹이라는 말에서 생긴 신조어입니다. 문맹이란 글을 읽을 줄 모르는 사람을 가리키는 말입니다. 글자를 모른다고 해서 생활이 전혀 불가능한 것은 아니지만 인간에게 주어진 혜택을 누리며 살아가는 데 최소한의 필요가 글을 아는 것이라고 생각하기 때문에 문명화되어 가면서 사람들은 문맹 퇴치를 최우선 목표로 내세웠습니다. 글자를 읽지 못하면 정말 불편합니다.

하지만 엄밀히 말해 문맹이란 단순히 글자를 읽지 못하는 것이라고 볼 수는 없습니다. 언어를 알고 글자를 읽을 수 있으면 괜찮지만 언어를 모르는 상태에서는 글자를 읽을 수 있다고 해서 문맹이 아니라고 말할 수 없습니다.

저는 한자를 아주 애매하게 배운 세대입니다. 한국의 교육 정책이 안정화되지 않았기 때문에 초등학생 때부터 한자를 배우다 말다 했습니다. 그러니까 한자를 조금은 읽을 수 있고, 그 의미를 아는 단어들도 있습니다. 중국에 가면 읽을 수 있는 글자들이 있어서 그 의미를 짐작하기도 합니다. 하지만 저는 중국어에 대해서는 문맹이라고 봐야 할 것입니다. 누가 제게 중국어를 할 줄 아느냐고 물으면 저는 당연히 모른다고 말합니다.

저는 어디를 가든 간판에 쓴 글자나 도로 표시판을 거의 다 읽는 편입니다. 우크라이나에 가서도 간판의 글자들은 거의 다 읽어 보려 합니다. 영어 알파벳에서 p가 러시아어에서는 r이고, 영어 H가 러시아어에서는 n, 영어로 n처럼 쓰여진 것이 i, y가 u인 것만 알아도 대충 읽을 수 있습니다. 러시아어 단어도 영어와 비슷한 것이 많기 때문에 읽을 수 있으면 의미를 짐작할 수 있는 단어들이 가끔 있습니다. 이런 제가 "러시아어를 좀 읽습니다"라고 말하면 웃기는 사람이 되는 것입니다. 저는 러시아어에도 문맹입니다.

Christianese, 교회어를 할 줄 아십니까?

여러분은 혹시 Christianese(교회어 혹은 기독교어)라는 말을 들어 보신 적이 있습니까? 이 언어를 모르는 사람들은 뭐라고 불러야 할지 모르겠습니다. 교맹? 기맹? 한 번 생각해 보시기 바랍니다. 여러분은 Christianese를 할 줄 아십니까? 교회에는 일반 사회에서 잘 사용하지 않는 용어나 표현들이 있기 때문에 처음 교회에 오신 분들은 그 말들을 참 어색해 합니다. 제가 절에 가서 스님과 대화를 나눈다면 그 말들이 무척 생소할 것 같습니다. 삼위일체라든지, 대속이라든지, 은혜, 긍휼, 뜻, 인도하심, 역사하심, 자매님, 형제님……. 이런 용어들도 아주 어색하고, 기도하면서 사용하는 경칭들, 예를 들어, "주시옵소서", "하옵나이다" 이런 말들도 사극에서만 들을 수 있는 말이지 일상적이지는 않습니다.

그런데 어느 정도 교회를 다니다 보면 그런 용어나 표현들이 익숙해지고, 처음에는 아주 어색하지만 한 번 두 번 사용하다 보면 기도하면서 "하시옵소서", "주시옵소서" 등의 극존칭을 사용하는 것이 자연스러워집니다. 이렇게 교회 용어에 익숙해지고 표현이 자연스러워지는 것을 교회어를 잘한다고 말할 수도 있겠지요. 어떤 사람은 한 달 밖에 안 되었는데도 교회어를 아주 자연스럽고 유창하게 하는 반면, 어떤 사람은 몇 년을 다녔는데도 몇 마디만 들어 보면 초급반 냄새가 납니다. 기왕에 교회를 다니려면 교회어를 좀 유창하게 할 수 있으면 훨씬 유리하고 편합니다. 언어가 어눌하면 자칫 무시를 당할 수 있으니까요.

그런데 그렇게 20년 교회에 다닌 사람처럼 능숙하게 말한다고 해서 영맹(영적인 맹인)이 아니라고 말할 수 있을까요? 제가 오늘 신조어 몇 개를 만들어 낸 셈이 되었네요. 글자를 배워 읽을 수 있다는 것은 아주 중요한 일이고 기본이 되는 일이지만 뜻을 모르고 읽을 줄만 아는 상태는 여전히 문맹인 것처럼 교회를 아무리 오래 다녀서 교회 용어들에 익숙하다고 하더라도 영적으로는 아무것도 보지 못하는 사람도 있을 것입니다. 본다고 하지만 보지 못하는 사람들입니다.

"우리도 맹인인가?"

바리새인들이 충격받은 것이 바로 이 부분이었습니다. 예수님이 바리새인들에게 맹인이라고 하신 것입니다. 물론 주님이 말씀하신 의도를 이해하지 못해서 바리새인과 예수님의 대화에서는 요한복음에서 쉽게 볼 수 있는 동문서답이 다시 한 번 나온 듯이 보이기도 합니다. 바리새인들은 시각 장애인을 쫓아냈습니다. 율법에 무지한 그가 감히 바리새인들을 가르치려고 했기 때문입니다. 쫓아냈다는 말을 단순히 밖으로 내쫓았다는 말이 아니라 출교시켰다는 의미로 이해하는 사람이 많습니다. 저도 그렇게 생각합니다. 그가 출교당했다는 소식을 들은 주님은 그를 찾아가 만나셨습니다. 주님과 이 맹인이던 사람이 만나는 장면에서 오늘 제가 주목해 보고 싶은 것은 그 자리에 함께 있던 바리새인들입니다. 그 자리에 있던 바리새인들은 누구였을까요?

그 자리에 있던 바리새인들은 맹인이던 사람이 주님과 만나는가를 확인하려던 정탐꾼들은 아니었을 것입니다. 어차피 출교시켰고, 그럴 필요가 없는 사람들이었으니까요. 그들은 예수님이 어디에 계신지 찾고 있던 사람들도 아니었습니다. 예수님은 몸을 숨기고 활동하시지 않았으니까요.

그런데 왜 그들이 예수님 주변에 있었는지 이해되지 않습니다. 사실 바리새인들의 일부는 이 맹인이 한 말이 일리가 있다는 것을 잘 알고 있었습니다. 특히 이사야서에 여러 번 강조된 대로 보지 못하는 사람이 보게 되는 현상은 메시아가 오셨을 때의 현상입니다. 성경을 문자적으로 이해한다면 맹인이 눈을 뜨게 해서 메시아인 것은 아니지만, 메시아가 오셨을 때 나타날 분명한 현상 중 하나는 맹인의 눈을 뜨게 하는 것이었습니다. 그러니까 예수가 메시아일 수 있다는 가능성은 열려 있어야 합니다.

> 그 날에 못 듣는 사람이 책의 말을 들을 것이며 어둡고 캄캄한 데에서 맹인의 눈이 볼 것이며(사 29:18).

> 그 때에 맹인의 눈이 밝을 것이며 못 듣는 사람의 귀가 열린 것이며 그 때에 저는 자는 사슴같이 뛸 것이며 말 못하는 자의 혀는 노래하리니 이는 광야에서 물이 솟겠고 사막에서 시내가 흐를 것임이라(사 35:5-6).

> 나 여호와가 의로 너를 불렀은즉 내가 네 손을 잡아 너를 보호하며 너를 세워 백성의 언약과 이방의 빛이 되게 하리니 네가 눈먼 자들의 눈을 밝히며 갇힌 자를 감옥에서 이끌어 내며 흑암에 앉은 자를 감방에서 나오게 하리라(사 42:6-7).

맹인이던 사람의 입장에서는 다른 말씀은 몰라도 이 말씀은 기억했을 것입니다. 성경을 조금이라도 아는 사람이라면 메시아가 왔을 때 나타나는 현상 중에 하나가 맹인이 보게 되는 것임은 알고 있었을 것입니다. 이 말씀이 육체적으로 장애인들이 고침을 받을 것이라는 말일 뿐 아니라 영적으로도 눈을 떠서 새로운 세계를 볼 것이라는 말임은 어렵지 않게 추론할 수 있습니다. 그런데 "그 말씀대로라면 내 눈을 뜨게 해준 분이 메시아일 수 있지 않습니까?"(요 9:17 참조)라고 말한 사람을 건방지다고 출교시켜 버렸습니다. 그렇게 한 것이 마음에 걸렸겠지요. 그들의 결정이 옳았다는 확신을 가지고 싶었을 것입니다. 조금이라도 양심이 있는 사람들이라면 그랬을 것이라는 말입니다. 그래서 맹인 주변에서 예수님과 맹인이 만나는 것을 목격했습니다. 그리고 예수님이 하신 말씀을 들었습니다.

> 내가 심판하러 이 세상에 왔으니 보지 못하는 자들은 보게 하고 보는 자들은 맹인이 되게 하려 함이라(9:39).

그곳에 있던 바리새인들은 날마다 율법을 묵상하고, 율법에 박식하기로 소문난 사람들입니다. 그러면 이 말씀이 메시아적 선언인 것은 알아야 하시 않습니까? "맹인이 되게 하려 함"이라는 말이 진짜로 앞을 못 보게 하시겠다는 말이 아니라 예수님이 메시아로 왔으니 그를 믿는 자들은 보는 것이고, 그를 믿지 않는 자들은 보지 못하는 것이라는 의미로 이해했어야 하지 않습니까? 그를 믿는 자들에게는 생명을 주고, 그를 믿지 않는 자들은 믿지 아니함으로 심판받게 될 것이라는 의미로 이해했어야 하지 않습니까? 적어도 율법을 공부하며 메시아를 기다린 사람들이라면 말입니다. 그런데 그들의 반응이 정말 뜻밖입니다. "우리도 맹인인가"(요 9:40) 자기들은 맹인이 아니라는 의미입니다. 자기들은 보고 있기 때문입니다.

보지 못함을 인정하는 데 가장 큰 장애

저는 그들이 무슨 의미에서 자신들은 볼 수 있으니까 맹인이 아니라고 말했는지가 궁금합니다. 우선은 원초적이기는 하지만 육체적으로 맹인이 아니라는 의미일 것입니다. 그를 믿지 않는 자들은 맹인이 되도록 한다고 했는데 그들은 예수를 믿지 않지만 맹인이 아니니까 예수님의 말이 틀렸다고 말하고 싶은 것입니다. 보지 못하는 맹인은 저주를 받은 것인데 자기들은 지금 보고 있으니까 저주받지 않은 것이고, 심판받지 않은 것이 틀림없다는 말입니다. 이건 명백한 동문서답입니다. 이건 자신들은 육체적으로 맹인이 아니기 때문에 저주받은 사람들이 아니고, 하나님의 복을 받은 백성이라는 자부심이 있을 때 가능한 대답입니다. 재산이 많고, 사업이 번창하고 자녀들이 잘되면 틀림없이 하나님의 사랑을 입은 것이라고 생각하는 번영 신학 혹은 기복 신앙적인 입장에서도 아마 이렇게 말하고 싶어 할 것입니다. 아무튼 세상에서 형통하니까 근심할 것도 부족한 것도 없어서 심판을 받지 않고 있다고 확신할지도 모릅니다.

부족함 없이 세상을 살아가는 사람들에게는 영적인 맹인이라는 말이 실감 나지 않을 수 있습니다. 하나님의 도움과 구제가 필요한 사람들은 가난한 사람들이고 병든 사람들입니다. 주님은 "너희가 맹인이 되었더라면 죄가 없으려니와 본다고 하니 너희 죄가 그래도 있느니라"(요 9:41)고 말씀하셨습니다. 재산, 건강, 형통이 보아야 할 것을 보지 못하게 만들었습니다.

두 번째로는 자기들은 예수가 메시아가 아니라는 확신이 있다는 의미로 볼 수 있습니다. 다시 말하면 종교적 자부심입니다. "우리가 맹인이 아니라 너희가 맹인이다"라고 예수님과 제자들에게 말하고 있는 것입니다. 만일 그들이 예수는 메시아가 아니라고 확신해서 그렇게 말한 것이라면 저는 존중해 주고 싶습니다. 비록 요한을 비롯한 제자들이 보기에는 그들이 잘못 알기는 했지만 바울처럼 그만큼 메시아와 율법에 대해 순수한 열정이 있었다면 그 열정과 순수함이 위험하지만 나름 가치는 있다고 생각합니다. 하지만 단순한 종교적 우월감과 편안함으로 그리 말한 것이라면 문제가 심각합니다. 그들이 취한 행동들을 볼 때 그들에게는 예수가 메시아가 아니라는 분명한 확신이 없었습니다. 아니 처음부터 그리 큰 관심도 없었습니다.

결국 그들은 율법의 언어만 알고 있었을 뿐이고 율법은 몰랐던 것입니다. 예수님은 그것을 지적하고 싶으신 것입니다. 그들은 자기들이 본다고 생각했습니다. 아니 남들보다 잘 본다는 자부심도 있었습니다. 왜 그랬을까요? 그들은 날마다 율법을 읽고, 열심히 공부하고, 늘 율법을 지니고 다녔기 때문입니다. 그들은 율법에 있는 내용들을 가지고 토론하는 데 익숙했고, 율법이 편했습니다.

이것은 30년 가까이 목회를 한 제가 성경이나 교회에 관한 이야기를 할 때 가장 편한 것과 마찬가지입니다. 저는 Christianese에 능통하다고 말할 수 있습니다. 하지만 제가 Christinese를 잘 한다고 제가 정말로 하나님의 나라를 기다리며 하나님의 주권을 인정하고 그 은혜를 누리며 살아가는 것은 아닙니다. 자기가 본다고 생각하는 것이 자기가 보지 못함을 인정하는 데 가장 큰 장애가 될 수 있습니다. 물론 알고 있습니다. 우리 모두 하나님 나라를 본다고 하지만 마치 거울을 보는 것처럼 희미하고 뿌옇게 보일 때도 있고, 마치 안개가 자욱한 길처럼 한 치 앞도 보이지 않을 수도 있습니다. 그렇지만 그 상태는 자기가 보고 싶은 것만 보면서 잘 보인다고 말하고, 보이지 않음에 답답함조차 느끼지 못하는 상태와는 전혀 다른 것입니다.

"하나님 나라가 보이느냐?"

예수님은 바리새인들의 그런 상태가 안타까우셨습니다. 절박함과 안타까움을 느껴야 하는데 그것조차 느낄 수 없을 만큼 무뎌지고 교만해진 것이 안타까우셨습니다. 본다고 생각하는 게 문제입니다. 안다고 생각하는 게 문제입니다. 평생 교회를 다녔어도, 목사이고 장로여도, 신학교를 졸업하고 성경을 백 번 읽었어도 메시아로 오신 예수님의 실존 앞에 교리적인 지식은 나열할 수 있지만 인격적으로 "내가 주를 믿겠습니다"라고 무릎 꿇어 고백할 수 없다면 영적 맹인의 상태입니다. 그러면서도 본다고 생각하고, 본다고 말하면 그게 죄의 본질인 것입니다. 사람들은 교회 언어에 익숙해진다고 해도 영적인 눈이 밝아지지 않을 가능성을 인정하지 않으려고 합니다.

그래서 저는 스스로에게 그리고 여러분에게 오늘도 묻고 싶고 확인하고 싶은 게 있습니다. "교회 언어에 얼마나 유창하세요?"가 아닙니다. 그러니까 이 말은 유창하지 않다고 해서 주님의 질문을 피해 갈 수는 없다는 의미이기도 합니다. "나는 아직 기도가 서툴고, 교회가 익숙하지 않아서요"라는 말은 "나는 교회가 아주 익숙하고 기독교 문화에 익숙합니다"라는 말 만큼 위험한 말입니다. 둘 다 본질을 피해 가는 말일 수 있기 때문입니다. 예수님의 말씀은 "하나님의 나라가 보이느냐?", "인간의 절망적인 상태가 보이느냐?", "영원한 생명으로 인도하기 위해 그 아들을 보내신 아버지가 보이느냐?"라고 묻고 계십니다. "정말 나를 믿고 나를 따라올 수 있겠느냐?"라고 묻고 계십니다. 교회를 오래 다닌 사람도, 교회에서 직분이 있는 사람도, 교회에 처음 나온 사람도, 그래서 모든 표현이 어색하고 용어가 익숙하지 않은 사람도 동일하게 대면하는 질문입니다. "내가 보이느냐?"

주님이 보이십니까? 주님은 보이지 않고 교회만 보이고 목사만 보이는 건 아닙니까? 그래서 교만해지고, 그래서 낙심하는 건 아닙니까? 이른바 영적인 침체라는 말도, 영적 열심이라는 말도 종교 생활의 만족도를 말할 뿐 하나님을 누리고 경험함에 관한 것이 아니라면, 어쩌면 현대 교인들에게 '임재', '동행', '다스림'이라는 단어는 무척 생소한 용어일지도 모릅니다.

주님은 우리가 주님을 보기를 원하십니다. 우리가 주님과 동행하기를 원하십니다. 그게 어떤 것인지 관심을 가지고 고민하고 알아가기를 원하십니다. 주님이 우리에게 진정으로 주고 싶어 하시는 그 생명과 자유를 우리가 소유할 수 있기를 원하십니다. 주님을 보지 않으면서 교회를 보고 실망하고, 사람을 보고 실망하고, 교회를 보고 자랑하고, 자기의 유창하고 익숙한 기독교 언어와 문화에 자부심을 가지고 있으면, "네가 본다고 하니 여전히 죄가 있다"는 주님의 말씀대로 영적인 맹인인 것입니다. 요즘 저는 제 눈이 점점 침침해지는 것 같아 불안하고 두렵습니다.

John
요한복음

요한복음 9장 35-41절

예수께서 그들이 그 사람을 쫓아냈다 하는 말을 들으셨더니 그를 만나사 이르시되 네가 인자를 믿느냐 대답하여 이르되 주여 그가 누구시오니이까 내가 믿고자 하나이다 예수께서 이르시되 네가 그를 보았거니와 지금 너와 말하는 자가 그이니라 이르되 주여 내가 믿나이다 하고 절하는지라 예수께서 이르시되 내가 심판하러 이 세상에 왔으니 보지 못하는 자들은 보게 하고 보는 자들은 맹인이 되게 하려 함이라 하시니 바리새인 중에 예수와 함께 있던 자들이 이 말씀을 듣고 이르되 우리도 맹인인가 예수께서 이르시되 너희가 맹인이 되었더라면 죄가 없으려니와 본다고 하니 너희 죄가 그대로 있느니라

29장
만나셨습니까?

　예전에 방송된 프로그램 중에 〈TV는 사랑을 신고〉라는 프로그램이 있습니다. 저는 그런 프로그램이 있다는 것을 몰랐는데 제 친구가 한 국회의원이 그 프로그램을 통해 자기를 찾아서 그 프로그램에 나가게 되었다고 말해 줘서 본 적이 있습니다. 어린 시절 그 국회의원이 몹시 가난해서 점심도 가져오지 못하고 물로 허기진 배를 채우고 있을 때 제 친구가 도시락을 두 개 싸 와서 하나를 주었답니다. 그 은혜를 잊을 수 없어서 꼭 한번 찾아보려고 그 프로그램에 신청해서 제 친구를 찾았답니다. 그때부터 저는 그 프로그램에 관심을 갖기 시작했습니다. 혹시 누가 저를 찾지 않을까 싶어서요. 그런데 그 프로그램을 소개한 것을 보니까 사람들은 크게 세 가지 이유에서 사람을 찾는답니다. 하나는 그리운 만남입니다. 헤어진

첫사랑을 찾는다든지 잃어버린 가족을 찾는 경우입니다. 그리고 다른 하나는 아름다운 용서입니다. 평생을 원수로 여겨 연락도 하지 않고 생사도 확인하지 못한 사람들을 찾아 용서하고 용서를 구하는 경우입니다. 그리고 마지막 하나는 잊지 못할 고마움입니다. 오랜 시간이 지난 후에 사람들이 만남을 원하는 가장 큰 이유일 것입니다.

저는 그 프로그램에 오래 관심을 가질 이유가 없었습니다. 잊지 못할 고마움으로 저를 만나고 싶어 할 사람은 없을 것 같고, 저를 그렇게 그리워할 사람도 없을 것 같고, 그나마 가능한 것은 아름다운 용서인데 제가 생생하게 기억하는 잘못들이 있는 터라 혹 그 피해자들이 나를 찾으면 어떨까 싶어서 그 프로그램이 재미가 없었습니다. 아마도 연세가 많으신 어른들에게 가장 감동스럽고 가슴 아픈 만남은 이산가족 상봉이었을 것입니다. 50년의 긴 세월 동안 그리워하던 사람을 만난 것도 감동스럽지만 잠깐의 만남 후에 그렇게 그리던 사람과 기약 없이 다시 헤어져야 한다는 것은 감동만큼 아프고 슬픈 일입니다.

예수님과 맹인의 만남

살아가면서 경험하는 수많은 만남 중에는 잊을 수 없는 운명적인 만남이 있습니다. 이 만남 중에는 의도적인 만남도 있고, 우연한 만남도 있습니다. 미국에서 투자의 귀재라고 불리는 워런 버핏은 해마다 자신과의 점심 한 끼를 경매에 붙입니다. 버핏은 자신과의 점심 한 끼에 가장 많은 액수로 응모해서 낙찰된 7명에게 자기와 함께 점심 식사를 할 수 있는 기회를 줍니다. 많은 사람이 버핏과 점심 식사를 하고 싶어 합니다. 금년에는 얼마에 낙찰되었는지 아십니까? 역대 최고치인 3,456,789달러입니다. 이 수익금 전액은 글라이드라는 빈민 구제 단체에 기부됩니다. 대체 어떤 사람이 무슨 정보를 얻고 무슨 친분을 얻겠다고 350만 불을 내고 그 사람과 점심을 먹는지 궁금합니다. 아마 어차피 기부할 마음이 있었다면 버핏과 점심도 먹고 언론의 관심도 받을 생각인지 모릅니다. 딱 한 사람, 테드 웨실러라는 사람은 2009년과 2010년에 이 경매에 낙찰되어 두 번 연속 버핏과 점심을 먹기 위해 530만 불을 썼습니다. 그리고 그때 버핏의 마음에 들게 되어서 지금은 승승장구하며 출세의 가도를 달리고 있다고 합니다. 그에게는 진짜 의도된 운명적인 만남임에 틀림없습니다.

제가 일 년간 임시로 목회할 때 제 아내가 교회에 방문했습니다. 그리고 저는 아내에게 첫눈에 반해서 결혼까지 했습니다. 제가 경험한 최고의 우연한 만남이었습니다. 그런데 요즘 가끔 의심이 생깁니다. 아내가 제 외모에 대한 소문을 듣고 계획적으로 예쁘게 하고 교회에 방문한 것은 아니었을까 하는 의심인데 매우 가능성이 높습니다. 저에게는 우연한 만남이었지만 제 아내에게는 계획된 만남이 되는 셈이지요.

저는 오늘 본문에 나오는 주인공인 맹인과 예수님의 만남도 우연인 것처럼 보이지만 예수님에게는 의도된 만남이 아니었을까 싶습니다. 맹인은 그날도 구걸하기 위해서 그 자리를 지나가고 있었을 뿐입니다. 그런데 예수님의 제자들이 호기심으로 예수님께 물었습니다. "저 사람이 맹인이 된 것이 자기의 죄 때문입니까? 아니면 부모의 죄 때문입니까?"(요 9:2 참조) 지나가다가 우연히 흘려들은 이야기였지만 자기 이야기니까 귀가 솔깃했을 것입니다. 맹인 본인으로서는 자기를 상대로 나누는 그런 대화 자체가 상당히 불쾌할 수 있었지만 주님의 대답은 그가 한 번도 들어본 적 없는 신

선하고 충격적인 것이었습니다. 주님은 그를 죄인으로 정죄하지 않았기 때문입니다. 오히려 그 장애도 하나님이 하시는 일을 나타내기 위한 사명이라고 말씀하셨습니다. 평생 처음 들어 보는 말입니다. 그 말씀 때문에 맹인의 마음은 이미 예수님을 향해 열려 있었습니다. 볼 수만 있다면 그분을 보고 싶었고, 그분의 이야기를 더 듣고 싶었을 것입니다.

예수님이 침으로 진흙을 개서 눈에 바르고 실로암 못에 가서 씻으라고 하셨을 때에 자기를 놀린다고 생각하지 않고 기꺼이 순종할 마음이 생긴 것도 주님이 그를 죄인 취급하지 않고 받아 주셨기 때문일 것입니다. 실로암에 가서 눈을 씻은 후에 그의 눈이 떠졌습니다. 하늘도 보이고, 산도 보이고, 사람도 보였습니다. 그렇게 모든 것을 볼 수 있게 되었을 때 그는 부모님도 보고 싶었겠지만 예수님이 더 보고 싶었을 것입니다. 예수님은 그를 보셨고 그가 누구인지 아셨지만 맹인은 볼 수 없었기에 그것은 만남이 아니었을 테니까요. 그래서 그는 눈이 떠지자마자 예수님이 계신 곳으로 왔지만 예수님은 그곳에 계시지 않았습니다.

보인 후에 더 두려운 세상

안타깝게도 이 시각 장애인은 평생 처음 눈이 떠져서 사물을 볼 수 있게 되었다는 이 엄청나고 흥분된 사건의 기쁨을 제대로 누릴 수도 없었습니다. 모두 충격을 받았지만 아무도 그의 기쁨에 쉽게 동참할 수 없었기 때문입니다. 놀람과 기쁨은 잠깐이고 그의 주변이 오히려 시끄러워지기 시작했습니다. 우선은 안식일에 고침을 받았다는 것이 걸림이 되었고, 예수라는 사람에게 고침 받았다는 것도 문제가 되었습니다. 부모도 자식의 치유를 무조건 기뻐할 수 없었고, 이웃들도 처음에는 충격을 받았지만 점점 의심의 눈으로 보기 시작했습니다.

그뿐만이 아닙니다. 자기는 경험한 대로, 느낀 대로 묻는 말에 답했을 뿐인데 바리새인들에게 미움을 받아 결국 출교까지 당하게 되었습니다. 눈이 밝아져서 앞을 보게 되었다는 기쁨은 잠깐이고 그 이후에 찾아온 두려움과 소외는 이전과 달라지지 않았습니다. 차라리 전에는 보이지 않으니까 그나마 견딜 만했다면 이제는 조롱의 눈빛도 보이고, 미움에 일그러진 얼굴도 보이고, 정말 가만두지 않을 것처럼 분노가 가득한 모습도 보이니 훨씬 두려웠을 것입니다.

앞을 볼 수 있게 되었지만 눈앞에 펼쳐진 세상은 그리 희망적이지도, 감동적이지도 않습니다. 볼 수만 있으면 인생의 문제가 다 해결되고 더는 고난도 슬픔도 없을 것이라고 생각했는데 가난, 소외, 미움, 조롱은 여전히 남아 있었고, 볼 수만 있다면 그까짓 가난과 배고픔은 얼마든지 견딜 수 있겠다 생각했으나 세상은 훨씬 더 위협적이었습니다. 자기 인생의 문제 해결이 "보게 되는 것"이라고 생각했지만, 보게 된다고 인생이 그렇게 만만한 것은 아니라는 것을 알게 되었습니다. 아니 지금까지 그가 경험한 것보다 더 복잡해질 수도 있고, 많이 혼란스러웠을 수도 있습니다.

우리도 마찬가지입니다. 우리는 인생이 고난의 연속임을 알면서도 당장의 문제가 시급하게 죄여 올 때는 그것만이라도 해결되면 더 나은 삶을 살게 될 것이라고 생각합니다. 아무튼 이민이나 유학만 가면 될 것 같고, 졸업만 하면 될 것 같고, 사업만 시작하면 모든 게 잘 될 것 같습니다. 사람은 아무리 노력해도 점점 쇠약해지고, 점점 더 기력과 기반을 잃어 가게 될 것임을 알면서도 일단은 상황이 달라지면 사는 게 훨씬 쉬워질 것이라 믿습니다. 그것이 잠깐 숨을 돌리게 만드는 것임에도 마치 문제의 해결처럼 생각하기가 쉽습니다.

오늘 본문에 나오는 시각 장애인처럼 인생의 장애로 여겨지는 문제들이 있는 경우에는 늘 그 문제들을 탓하기도 합니다. 공부를 제대로 하지 못한 것, 몸이 약한 것, 결혼을 잘못한 것, 가난한 집안에 태어난 것이 그렇습니다. 우리 인생에 걸림이 되는 것은 참 많습니다. 저는 학교에서 공부할 때 영어를 잘할 수만 있다면 공부를 진짜 잘할 수 있을 것이라고 생각했습니다. 저의 문제는 영어를 잘 못한다는 데 있다고 생각했고 그러니까 영어를 잘하면서도 공부를 못하는 친구들은 죄다 바보 같았습니다. 사업하는 분들도 영어만 능통하다면 돈 버는 건 시간문제라고 생각했을 겁니다. 영어를 잘하는 것이 유리하고 영어를 못하는 것이 불편하기는 하지만, 영어를 잘하면 공부를 잘하고 영어를 못하면 사업을 못하는 것은 아닙니다.

오늘 본문의 맹인도 그리 생각했을 것입니다. 그의 인생의 불행은 앞을 보지 못한다는 데 있다고 생각했을 것입니다. 그가 원하는 일을 마음대로 하며 성공적인 삶을 살지 못하는 이유가 앞을 보지 못한다는 데 있다고 생각했을 것입니다. 장애를 가지고 있던 맹인은 자기가 경험하는 실제적인 불편함 때문에 인생의 거의 모든 문제는 거기에서 온다고 생각했을 것입니다. 앞을 볼 수 있으면 구걸하지 않을 것이고, 앞을 볼 수 있으면 열심히 일해서 돈을 잘 벌 수 있다고 생각했을 것입니다. 그런 생각들은 충분히 합리적이고, 수긍할 수 있는 것들입니다.

그러나 인생의 문제는 눈이 떠진다고 해결되는 것이 아님을 아는 데는 그리 긴 시간이 필요하지 않았습니다. 또 다른 종류의 소외감이 찾아왔고, 또 다른 종류의 불편함에 낙심해야 했습니다. 한 번 꼬인 인생은 실타래 하나 푼다고 탄탄대로가 되는 것이 아니었습니다. 이제 무엇을 해야 합니까? 이제 어떻게 살아가야 합니까?

예수님이 그를 찾아오다

그의 인생이 더 행복해졌든, 더 복잡해졌든 그에게는 정말로 만나고 싶은 사람이 있었습니다. 맹인이었을 때 그를 받아 주고 고쳐 주었지만 그에게는 만남이라고 부를 수도 없는 그때 만난 그분을 보고 싶었습니다. 예수님을 만나고 싶었습니다. 어찌 생각하면 예수님 때문에 문제가 해결되었고, 또 어찌 생각하면 예수님 때문에 인생이 복잡해졌지만 정말 예수님을 만나고 싶었습니다. 감사하다는 말도 하고 싶었을 것입니다. 이제 어떻게 하면 좋을지 상담을 받고, 도움을 받고 싶었을 것입니다. 그의 주변에는 그를 도와줄 사람이 아무도 없었습니다. 몹시 만나고 싶었지만 그는 그의 눈을 뜨게 해준 분이 누구인지도, 어디에 가면 만날 수 있는지 몰랐습니다.

그런데 예수님이 그를 찾아오셨습니다. 우연한 만남이 아니라 의도된 만남입니다. 그가 출교되었다는 이야기를 들으시고 그를 만나러 오신 것입니다. 눈이 잘 떠졌나를 확인하기 위해서가 아닙니다. 출교된 것이 불쌍해서 위로하기 위해서도 아니었습니다. 출교되었다니까 예수님의 편으로 만들기 위해서도 물론 아니었습니다. 그 영혼을 불쌍히 여기셨기 때문입니다.

처음 그의 눈을 뜨게 하실 때부터 주님의 마음에는 이 영적인 만남의 계획이 있었습니다. 눈이 떠지는 것보다 더 분명하고 더 소중하고 더 간절한 것은 그 영혼이 자유함을 얻는 것입니다. 눈이 떠짐으로 누리게 되는 혜택이나 특권과는 비교될 수 없는 것은 인생 최고의 권세, 하나님의 자녀가 되는 권세를 얻는 것입니다.

그래서 그를 만나자마자 처음으로 물은 질문이 "네가 인자를 믿느냐"(요 9:35)였습니다. 인자라는 말은 우리에게는 생소합니다. 특히 요한복음에서는 인자(The Son of Man)라는 말보다는 그냥 아들이라는 말이 더 많이 사용되었고, 아들은 하나님의 아들을 가리키기 때문에 사본들 중에는 인자 대신에 하나님의 아들이라고 기록된 것이 제법 많습니다. 대체로 인자가 원래 예수님이 사용하신 단어였을 것이라고 생각합니다. 요한복음에서 인자는 주로 구원과 심판에 관한 말씀 중에 사용되었고, 아들이라는 호칭이 더 많이 사용되기는 했지만 아들과 인자는 결국 같은 의미로 호환해서 사용될 수 있다고 생각합니다. 그러니까 약간의 차이가 있을 수는 있지만 아들이든, 인자든 크게 다르지 않다는 것입니다.

문제는 주님이 왜 여기서 인자를 믿느냐고 물으셨는가 하는 것입니다. 물론 이건 단지 구약에서 인자가 의미하는 메시아에 대한 신학적인 입장이나, 구약에 예언된 인자의 존재에 동의하는가를 묻는 게 아닙니다. 믿음은 단순히 지적인 동의만이 아니니까요. 주님은 눈이 밝아지는 해방을 경험하고, 그 이후 달라진 것 없이 소외와 좌절을 경험한 사람에게 하나님의 심판과 구원을 통한 참된 자유를 말씀하시는 것입니다. 그래서 묻습니다. "네가 인자를 신뢰할 수 있느냐?", "눈이 떠지는 것이 아니라 하나님의 아들 됨의 권세만이 너를 자유롭게 해줄 수 있음을 믿고 좌절과 소외 중에도 낙심하지 않을 수 있겠느냐?"는 말입니다. "세상에서는 여전히 무시와 고난이 있겠지만 나를 신뢰하고 따라올 수 있겠느냐?"는 말입니다.

그가 이렇게 대답했습니다. "주여 그가 누구시오니이까 내가 믿고자 하나이다"(요 9:36). 이 대답의 의미를 잘은 모르겠습니다. 지금 예수님이 당신을 가리켜 말하고 있음을 이 사람이 알고 있었는지, 아니면 정말로 몹시 답답하고 힘들어서 예수님이 소개하는 사람이라면 누구든지 믿을 마음이 있었던 것인지는 모르겠습니다. 고난 가운데 살아가면서 그에게 이미 하나님 나라에 대한 소망이 있었는지도 모르겠습니다.

분명한 것은 진심으로 믿고 싶었습니다. 그의 인생을 예수님에게 맡기고 싶었습니다. 눈이 밝아졌으니까 이제 내가 멋지게 살 수 있을 것이라는 들뜬 마음이 아니라, 이제부터 내 인생은 내 것이라고 말하지 않고 그를 진심으로 받아 주고 그의 눈을 뜨게 하신 예수님의 말만 믿고 싶었습니다. 그래서 그는 목마름과 진실함으로 "그가 누구십니까? 내가 믿겠습니다"라고 대답했습니다.

인생을 바꾸어 놓은 만남

예수님이 그에게 말씀하십니다.

> 네가 그를 보았거니와 지금 너와 말하는 자가 그이니라(9:37).

아마도 그러리라 짐작했을 것입니다. 주님의 선언에 그는 예수님 발 앞에 엎드려 절하며 "주여 내가 믿나이다"라고 고백하고 예수님을 영접했습니다. 단순히 그의 눈을 뜨게 해주었음에 대한 고마움의 표시가 아닙니다. 단순히 출교를 당한 후에 그들이 대적하는 반대 세력인 예수님 편에 서겠다는 정치적인 행동도 아닙니다. 이것은 눈이 밝아졌지만 참된 빛은 바로 인자이신 예수 그리스도를 믿음으로 얻게 되는 생명에 있음을 인정하고, 그 인생을 예수님께 맡기겠다는 고백입니다. 그에게는 인생을 바꾸어 놓은 만남입니다. 이 만남을 위해 예수님이 찾아오셨습니다. 그것은 우연한 만남이 아니라 계획된 만남이었습니다.

우리 주님은 그렇게 저를 찾아오셨고, 그렇게 여러분을 찾아오셨습니다. 그리고 우리를 사랑하셨습니다. 예수님은 이 사랑으로 오늘도 저와 여러분에게 묻고 싶어 하십니다. "네가 인자를 믿느냐?", "네가 나를 믿고 신뢰할 수 있느냐?" 사랑으로 우리를 찾아와 이렇게 물으시는 주님을 여러분은 만나셨습니까?

지금까지 함께 묵상한 요한복음 앞부분의 결론입니다. "네가 나를 믿느냐?" 예수님을 믿으면 모든 일이 잘 풀리고, 문제가 해결될 줄 알았는데 여전히 혼란과 연약함 가운데 있는 우리에게 예수님은 또 묻고 계십니다. "네가 나를 믿느냐?" 또 다른 소외와 두려움에 사로잡혀 있던 이 맹인처럼 우리도 그 모든 문제와 소란스러움을 뒤로하고 주님 앞에 무릎을 꿇고 엎드려 고백하면 좋겠습니다. "주여, 내가 믿나이다."

요한복음 Vol. 2 · 5-9장

초판 발행	2018년 12월 30일
초판 2쇄	2023년 9월 20일
지은이	노진준
발행인	손창남
발행처	(주)죠이북스(등록 2022. 12. 27. 제2022-000070호)
주소	02576 서울시 동대문구 왕산로19바길 33, 1층
전화	(02) 925-0451 (대표 전화)
	(02) 929-3655 (영업팀)
팩스	(02) 923-3016
인쇄소	송현문화
판권소유	ⓒ(주)죠이북스
ISBN	979-11-984567-0-0 03230

책값은 뒤표지에 있습니다.
잘못된 도서는 교환하여 드립니다.
이 책 내용을 허락 없이 옮겨 사용할 수 없습니다.